역사화해의 이정표 Ⅲ

−역사적 콘텍스트와 근대성을 중심으로

일러두기

• 이 책은 2021년도 동북아역사재단 기획연구 수행 결과물임(NAHF-2021-기획연구-26).

동북아역사재단
연구총서 107

역사화해의
이정표 Ⅲ
-역사적 콘텍스트와
근대성을 중심으로

이병택 편

동북아역사재단
NORTHEAST ASIAN HISTORY FOUNDATION

책머리에

이 책은 동북아역사재단의 역사화해 기획연구 결과보고서 중 세 번째 책이다. Ⅰ권에서는 역사화해 연구의 방향을 다루었고, Ⅱ권에서는 '화해의 기제와 공존의 조건'을 중심으로 화해의 문제에 천착했다.

이 책에서는 역사적 콘텍스트와 근대성을 중심으로 화해의 문제에 접근하고자 했다. 이를 위해 특정한 의미의 '근대성'을 고집하지 않았다. 근대의 선두 주자였던 영국과 이를 수용하는 나라들은 근대를 이해하는 데 서로 다른 시각 차이를 보였는데 우리가 역사적 콘텍스트에 접근하는 데 있어 근대성을 고정화시키는 본질적인 접근보다 근대를 이해하는 나라 간 시각 차를 그대로 용인하는 것이 더 낫다고 판단했기 때문이다. 또한 사상적으로 근대 서구의 주체성을 절대화하거나 아니면 비판하는 양극적인 태도에서 벗어나고자 했다. 이 책에서 근대성은 사회의 여러 문제를 해결하는 방식에 초점을 두고 있다.

이 책은 역사적 콘텍스트와 근대성의 주제를 중심으로 크게 2부로 구성하였다. 1부는 서구와 남미의 사례를 다루었다. 2부는 동북아시아의 한·중·일 사례를 다룬다. 1장에서는 근대화의 전형으로 간주되는 나라인 영국의 사례로, 영국의 '파벌'을 다스리는 근대적 방법을 다루었다. 파벌 문제에 대한 고대적 처방은 차이를 제거하는 것이었다. 이로 인해 '사이비'나 '이단' 등의 구별과 그러한 이질적 요소의 제거가 고대적 사고의 전면에 등장했다. 반면에 근대적 해법은 정당의 존재에서 보듯이 차이를 인정하면서도 절제된 정치적 논쟁의 장을 만드는 데 핵심이 있다.

2장에서는 패권 다툼이 빈번했던 역사적 콘텍스트를 가진 터키와 러시아가 '이례적인' 협력관계를 이루어 낸 것에 주목했다. 소련 붕괴 후 새로운 전환을 모색하던 러시아연방은 터키와 함께 '블루 스트림 파이프라인(Blue Stream Pipeline)'을 추진하여 천연가스를 터키에 공급하였고, 핵발전소 설립 및 2차 파이프라인 건설을 추진할 정도로 양국의 경제적 협력 관계는 점차 증가하고 있다. 이 글의 필자는 이러한 관계를 '잠재적 화해'라 부른다. 거슬러 올라가면 이것은 경제협력을 통해 독일이 프랑스와 유럽공동체를 형성하는 계기를 연 것에 비교할 수 있다. 일반적으로 이러한 접근법은 자유주의적 기능주의라 간주된다. 낮은 경제 통합에서 시작하여 높은 차원의 통합을 이루어 낼 수 있다는 생각이다. 다른 한편으로 유럽공동체의 아버지로 불린 장 모네(Jean Monnet)는 유럽공동체의 이니셔티브를 맥락 전환적(transforming) 시각에서 이해했다. 그는 '안보'를 '경제'보다 우선시했다. 따라서 유럽공동체는 그에게 무엇보다도 안보를 위한 공동체였다.

3장은 칠레, 페루, 볼리비아의 영토 갈등을 다루었다. 이들 나라는 식민지로 인한 피해가 아니라 식민지 '모국'에 대한 향수를 갖고 있다. 식민지 이전의 역사가 없는 사람들인 것이다. 그렇기 때문에 그들은 근대적 문제해결 수단인 법과 조약, 그리고 국제기구의 결정을 수용하는 태도를 보인다. 이 글의 필자는 그 나라들 사이의 영토 갈등은 사안에 따른 이해관계에서 생기는 것으로 묘사한다. 이러한 행위는 합리적 선택이론이 흔히 가정하는 역사적 콘텍스트를 갖지 않고 이익에 따라 행동하는 '합리적 행위'의 한 유형을 보는 듯하다.

2부에서 다룬 것은 동북아시아의 한·중·일 사례들이다. 4장은 유교가 깊게 배인 조선 후기 정조 시대 천주교의 전파와 그에 대한 사회·정치적 반응과 대응을 다루었다. 낯선 사물의 출현과 그에 대한 사회의 보수적 반응, 그로 인해 생기는 갈등을 조율하려는 정책 등 어떻게 보면 이 사례는 새로운 사물의 수용과 관련된 전형적 현상이라 생각된다. 이 글의 필자가 지적하듯이 정치가의 좋은 의도가 현실적으로 사회를 설득시키지 못하면서 유화주의로 흐를 때 그 귀결은 폭력적 결말이 될 수 있다.

5장은 1870년대 초 메이지 시대를 배경으로 일어난 '마리아 루스호 사건'을 다루었다. 페루 국적의 선장이 마카오에서 문맹인 중국인 노동자들을 속여 노예노동에 해당하는 계약을 한 뒤 페루로 가던 중 일본 요코하마에 정박했는데, 야간에 중국인 노동자가 배를 탈출하면서 전개된 사건이다. 그 당시 일본은 인권에 대한 명확한 번역어조차 확립되어 있지 않았다. 그럼에도 재판이 인권 수용이란 관점에서 진행될 수 있었던 지적 배경을 검토하였다. 한 가지 흥미로운 점은 서로 다른 사회에 공히 통용될 수 있는 '통법(通法)'의 관념이 재판에 큰 역할을 한 것은 사실이지만, 일본은 자국 내의 노예노동이나 인권유린을 금지하는 방향으로 나가지 않았다. 이것은 그 이후 전시에 강제노동이나 일본군'위안부' 등의 문제를 낳게 된 배경이 아닌가 생각된다.

6장은 청이 한족의 동화를 위해 사용한 『대의각미록(大義覺迷錄)』의 현대판 활용을 다루었다. 만주족에 의한 한인 통치를 합리화하기 위해 만들어진 '화이일가(華夷一家)'라는 청조의 관제이데올로기는 한때 반청 지식인을 탄압하고 '제국주의에 투항하는 이론 근거를 창조한' 책으로 공격받았다. 그러나 21세기 들어서 한족 중심의 다민족통일국가를 지지하는 사상 자원으로 새롭게 부각되었다. 간단히 말해 현대 중국판 국내용 '화해(和諧)'와 통합의 사상이 된 것이다. 가족의 원리를 정치공동체의 구성원리로 활용하는 것은 근대정치사상과 전혀 접합되지 못한다. 근대의 중심 원리인 개인과 자유를 배제한 민족 간의 화해가 현실적으로 어떠한 모습이 될 수 있는지는 중국의 현실이 잘 증명하고 있다.

7장은 외세침략과 식민지배의 역사적 굴레와 그에 대한 저항과 폭력의 경험이 층층이 쌓인 오키나와의 '파토스(pathos)'를 문학작품을 통해 다루었다. 오키나와는 우리나라와 비슷한 굴곡의 역사를 갖고 있는 듯하지만, 현재 독립 국가를 성취한 우리나라와 달리 중층적이고 억압된 파토스가 화해의 방향성조차 찾지 못하고 있는 것이다. 이것은 우선적으로 애정이 자리할 확정된 소속이 부재하기 때문이라 보인다. 이 문제가 해결되지 않고서는 '누구에게 분노해야 하는가?'라는 질문은 굴곡진 역사의 미로에 빨려들어 탈출구를 찾지 못할 것이고, 그 결과 화해로 가는 길 또한 창의적으로 모색될 수 없을 것이다.

8장은 근대법에 근거해서 독도영유를 주장하는 일본의 논리를 비판적으로 분석하였다. 일본인은 오래전부터 독도에서 어업활동을 했기 때문에 '장기 점유' 사실을 근거로 독도에 대한 영유권을 주장한다. 사실상 '장기 점유'는 '근대법'이라기보다는 서구의 오랜 관습법으로 간주하는 것이 더 타당할 것이다. 어쨌거나 일본은 서구의 보통법적 근거를 근대법으로 받아들였고, 그러한 근거에서 독도의 영유를 주장한다. 이 글의 필자는 일본의 주장을 뒷받침하는 증거들 사이의 모순적 측면들을 지적한다. 역사적으로 보면 미국, 캐나다, 뉴질랜드 등은 원주민에게 '점유(possession)'의 사실을 인정하지 않았다. 오늘날 '원주민 권리(aboriginal right)'는 점유의 사실이 아니라 사냥이나 어업 등을 한 '점령(occupation)'의 사실만 인정한다. 현재 일본은 '고유성(inherency)'의 논리를 주장하지만, 이 역시 큰 모순을 안고 있다. 이 모든 것은 근대 제국주의 침략에 따른 영토 확장 사실을 숨기려는 것에서 나온다.

역사화해 연구는 진실, 사과, 배상, 용서 등의 용어를 중심으로 사고해 왔다. 이러한 용어들을 대체할 만한 것이 없는 것도 사실이다. 이러한 말들은 가해자와 피해자가 명확하게 분리될 경우 더 큰 힘을 얻을 수 있을 것이다. 그 힘의 원천은 복수라는 인간의 자연적 정념이다. 다른 한편 역사의 많은 경우 가해자와 피해자는 교차되면서 서로 카르마(업보)를 쌓아왔다. 그래서 호머(Homer)의 일리아드(Iliad)가 드러내는 반복되는 업보의 과정이 역사의 진실에 가까울 수도 있다. 공멸이란 막다른 길에서 생존하고자 하는 욕구, 이것 때문에 우리는 화해의 길을 찾아야만 하는 것이 아닐까. 아이스퀼로스(Aischylos)의 비극 3부작은 복수를 넘어서는 그 지점을 말하고 있다. 이러한 배경에서 근대적 수단의 효용성은 고찰되어야 할 것이다. 영어로 '화해(reconciliation)'는 원상으로 복귀한다는 의미를 갖고 있다. 하지만 원상 복귀는 변하는 세계에서는 존재하지 않는다. 그래서 인간은 화해를 위한 갖가지 창의를 발휘한다.

2022년 12월
공동연구자를 대표하여
이병택

차례

책머리에 · 4

제1부 서구와 남미의 사례

1. 영국의 근대화와 정치적 공존
흄의 정파의 문제를 중심으로 _ 이병택

I. 머리말 · 15
II. 당파의 문제와 해결의 방향성 · 18
III. 정치의 본성과 원칙에 입각한 정파 · 20
IV. 정파의 대립과 법치의 성장 · 29
V. 맺음말 · 37

2. 터키-러시아의 역사적 갈등과 가상적 화해 _ 이동수

I. 머리말 · 43
II. 오스만과 러시아의 제국적 발전 · 47
III. 18~19세기 오스만-러시아의 갈등과 충돌 · 55
IV. 20~21세기 터키-소련(러시아)의 협력과 화해 · 62
V. 맺음말 · 71

3. 영토 갈등의 화해 가능성과 한계에 대한 연구
칠레, 페루, 볼리비아를 중심으로 _ 민원정

I. 머리말 · 77
II. 미완의 독립, 불완전한 국가 형성 · 82
III. 태평양전쟁 · 86
IV. 맺음말 · 101

제2부 동북아시아의 한·중·일 사례

4. 낯선 타자의 출현과 사회적 보수화, 그리고 화해의 실패
   신유사옥 이전 천주교에 대한 국가 정책 및 여론 형성을 중심으로 _ 소진형

   I. 머리말 · 109

   II. 1785년 이후 천주교 사건의 전개,
       그리고 천주교를 규정하는 새로운 언어 · 113

   III. 정조의 천주교에 대한 대응과 천주교 사건의 정치화 · 122

   IV. 프로파간다의 실패와 비밀수사:
       교화의 실적으로서 "최필공"과 천주교도 비밀수색 · 133

   V. 맺음말 · 141

5. 역사화해의 사례로서 마리아 루스호 사건과
   메이지 일본에서의 인권 개념 수용 _ 송경호

   I. 머리말 · 149

   II. 인권 문제로서 마리아 루스호 사건 · 153

   III. 1870년대 메이지 일본의 인권 개념 수용 · 177

   IV. 맺음말 · 189

6. 『대의각미록(大義覺迷錄)』 해석의 역사적 변천에 대한 일고찰(一考察)
   '군신대의(君臣大義)'에서 '중화대의(中華大義)'까지 _ 이동욱

   I. 머리말 · 219

   II. 『대의각미록』이 청대 화이질서 인식에 미친 영향 · 222

   III. 20세기 전반 민족국가 건설 시기의 『대의각미록』 해석 · 228

   IV. 1980년대 이래 대륙 학계의 재평가 · 239

   V. 맺음말 · 248

7. 오키나와의 파토스와 화해의 도정 _ 신현선

   I.   머리말 · 255

   II. 파토스의 집성체, 오키나와 · 259

   III. 침묵하는 파토스: 눈감기 · 270

   IV. 맺음말 · 286

8. 일본의 독도영유 주장과 근대 논리의 한계 _ 곽진오

   I.   머리말 · 291

   II. 한일 문헌 속의 독도 · 296

   III. 일본이 주장하는 근세의 독도 · 303

   IV. 일본이 주장하는 근대의 독도 · 312

   V.   맺음말 · 318

찾아보기 · 325

제1부

서구와 남미의 사례

1
영국의 근대화와 정치적 공존
휴의 정파의 문제를 중심으로

이병택 동북아역사재단 연구위원

I. 머리말

홉스(Thomas Hobbes)가 묘사한 '리바이어던(Leviathan)'은 근대국가의 이미지를 가장 잘 표현한 것이다. 그는 국가를 자연 상태에서 발생하는 '만인 간의 전쟁 상태(bellum omnium contra omnes)'를 종식시킬 수 있는 유일한 인공적 장치로 그려낸다. 그러나 그는 역사를 갖지 않는 자연 상태에서 개인들 간의 계약으로 국가가 수립될 수 있다고 상상한다. 이러한 그의 접근법에 우리는 '이성주의(rationalism)'란 이름을 붙일 수 있다. 스키너(Quentin Skinner)는 근대국가의 기초를 역사적 접근법으로 밝혀내려

---

* 이 글은 「정파의 대립과 법치-데이비드 흄의 논의를 중심으로」(『한국정치연구』 제19집, 2010.6)를 수정·보완한 것이다.

한다.[1] 그에 따르면 국가는 'status'에서 유래한 것으로, 이 용어는 본래 지배자가 '자신의 지위를 유지한다'는 관념을 갖는 것이었다. 근대로 진입하는 과정에서 이 관념은 개인의 지위로부터 분리된 법적·헌정적 질서가 있다는 관념으로 전환된다. 이 질서를 유지하는 것이 지배자의 의무가 된다. 이러한 관념의 변화로 국가 권력은 통치의 기초로 상정되었다. 여기서 특징적인 근대적 성격의 국가 개념이 나온다. 곧 국가는 특정한 영토 내에서 법과 정당한 강제의 유일한 원천이자 시민들의 유일한 복종의 대상이 된다.

스키너는 근대정치사상의 네 가지 역사적 조건을 주장한다.[2] 먼저 서구 정치가 중세의 신학적 전통으로부터 분리해 독자적인 영역으로 사유되기 시작했다. 여기에 가장 중요한 역할을 한 것은 아리스토텔레스 저서의 발굴이다. 그는 정치학을 실천 철학의 독립된 영역으로 다룬다. 그의 정치학이 미친 영향으로 중세정치사상을 지배한 아우구스티누스의 신국(神國)의 이상은 서서히 무대 뒤로 물러났다. 마키아벨리의 사상에서 나타나듯이 르네상스 기간 동안 정치학은 독립된 탐구 영역으로서 자리를 잡는다. 두 번째 기초는 법과 관련된다. 로마의 유스티니아누스 법전에 기입된 일인자(princeps)는 로마 황제를 의미하는 것으로 해석되었다. 로마 황제만이 유일한 지배권(Imperium)을 가진 자로 해석되었기 때문에 '상위의 권위를 인정하지 않는 독립적 결사(universitates superiorem non recognoscentes)'의 법적인 믿음이 싹트는 데 어려움이 있었다. 근대의 개

---

1 Quentin Skinner, 2010, *The Foundations of Modern Political Thought Volume 1: The Renaissance*, Cambridge: Cambridge University Press, ix-x.

2 Quentin Skinner, 2010, *The Foundations of Modern Political Thought Volume 2: The Age of Reformation*, Cambridge: Cambridge University Press, conclusion.

별 국가는 상위의 권위를 인정하지 않는 결사의 관념에 기초한다. 세 번째 기초는 두 번째 기초에서 연장된 것이다. 개별 국가는 법의 제정과 복종의 문제에 있어서 그 영토 내에서 다른 경쟁자를 갖지 않는다. 이로써 군주는 법의 관할권과 복종의 문제에서 교회와 봉건 영주의 경쟁을 뛰어넘었다. 네 번째 기초는 정치적 목적을 위해 존재하는 정치적 공동체의 구상과 관련된다. 흔히 지배자는 자신의 기존 지위와 권력을 유지하는 데 관심이 집중되었다. 근대의 세속 국가는 지배자의 지위와 권력을 유지하는 것과 구분되는 정치적 목적을 수립해야 하는 과제를 떠안았다.

근대의 국가 개념만을 고려할 때 평화적인 정치적 공존은 쉽게 달성할 수 있는 것으로 생각될 수 있다. 법적·헌정적 질서를 수립하고, 이 질서에 반대 의사를 표명하는 대항 세력이 없다면 정치적 공존의 문제는 과거의 유물로 비쳐질 것이기 때문이다. 그러나 이와 같은 국가 개념의 외면 뒤에 가려져 있는 현실적 갈등을 이해할 필요가 있다. 예를 들어, 종교와 정치는 권위에 대한 경쟁을 종결하기는 했지만, 정치적 권위의 상위를 인정하는 것으로 마무리된 것이 아니다. 오히려 정치와 종교의 영역을 구분하고 서로의 권위를 침해하지 않는 방식으로 공존을 모색했다. 이러한 자유주의 정치는 로크의 관용론을 통해서 널리 확산되었다. 그리고 정치와 종교의 갈등 못지않게 중요한 갈등이 정파의 문제이다. 복수 정당의 존재는 현대 정치의 민주주의적 공존에 있어 필수로 인식된다. 그러나 복수 정당의 존재가 민주주의적 공존의 충분조건은 아니다. 정파 간의 첨예한 대립을 해결하지 못한다면 현대의 정당정치는 정착될 수 없을 것이다. 이러한 사정 때문에 정파의 대립에 대한 근대적 해법을 고찰하는 일은 필요한 연구가 될 것이다.

다음에서 필자는 흄의 영국 정치사를 중심으로 근대 자유헌정의 수립과 유지에 핵심적인 역할을 한 정당 정치가 수립되는 과정을 살펴볼 것이다. 정당 정치는 평화적인 정치적 공존을 가로막았던 파벌 문제를 근대적인 방식으로 해결한 결과로 얻어낸 정치적 성취이다. 정당 정치에서 우리는 공존을 위한 근대의 정치적 지혜를 엿볼 수 있을 것이다.

II. 당파의 문제와 해결의 방향성

데이비드 흄의 파벌에 관한 논의는 미국 건국의 국부 중 한 사람인 메디슨(James Madison)에 영향을 미쳤다. 그 영향은 크게 세 가지로 정리할 수 있다. 첫째, 파벌의 원인은 인간의 본성 혹은 자연적 성향에서 비롯된 것이기 때문에 그 원인을 제거하려는 시도는 실행 가능하지 않다는 점이다. 원인을 제거할 수 없다면 정치가 할 수 있는 일은 파벌로 인해 생기는 결과를 줄이는 것에 한정될 수밖에 없다. 둘째, 파벌의 정치적 영향력을 줄이는 데는 작은 공화국보다는 비교적 큰 공화국이 효과적이라는 흄의 주장이다. 흄에 따르면 작은 공화국 내에서는 사적인 대립이 공적인 영역으로까지 확대되는 폐단이 빈번하다고 본다. 한편 나라가 클 경우 러시아나 중국의 예에서 보듯이 일인 통치로 귀착할 가능성이 크다. 연방주의자는 연방의 강화가 공화를 해칠 수 있다는 반대파의 우려를 해소시켜야 했다. 따라서 큰 공화국의 가능성에 대한 흄의 논의는 작은 공화국에 대한 믿음을 견지했던 고전적 공화주의자들의 우려를 불식시키는 데 큰 역할을 하였다. 끝으로 주목해야 할 점은 파벌의 영향을 줄이는 방법이다. 흄은 파벌을 억누르는 정책보다는 파벌을 공적인 영역으로 끌어내는 데서 그 해결책을 찾고 있다. 공적인 영역으로 나온 파벌들은 자신을 반성해야 할 상황에 처하게 되고, 서로 경쟁하는 가운데 상호 간의 견제와 균형이 이루어질 가능성이 크다. 흄은 이러한 과정을 세련화(refinement)라 부른다.[3] 오늘날 '정당'의 출현은 이런 맥락에서 고찰될 수 있다. 흄에 따르면, "정파의 모든 구분들을 폐지하는 것은 실행 가능하지도, 아마도 자유로운 정부에서는 바람직하지도 않을 것이다"(Hume 1985, 493).

위의 논의를 큰 틀로 묶어 본다면 다음과 같이 말할 수 있다. 인간의 본성은 수정이 불가능한 것이지만 본성이 드러나는 방식(manner)은 교정될 수 있다. 도식적으로 말한다면, 본성은 고칠 수 없는 것이나 매너(manners)는 고칠 수 있는 것이다. 흄에 따르면, 치우치는 경향(partiality)은 인간의 자연스러운 성향이다. 따라서 이 성향을 직접적인 방식으로 교정하려는 것은 실천적 차원을 넘어선다. 『영국사』를 통해서 그는 이런 시도들의 무용성을 누차 지적하면서 인간의 자연적 경향이 간접적인 방식으로 확장되어 다듬어져 가는 과정을 보여주고 있다. 이 글에서는 정파의 대립 속에서 간접적인 방식으로 자연적 성향의 불편들을 교정하는 방식,

---

3   Douglass Adair 1957, 그리고 포슬(Peter S. Fosl)에 따르면, 흄의 논의는 프랭클린 (Benjamin Franklin), 해밀턴 (Alexander Hamilton), 메디슨뿐 아니라 초기 미국 사상에 광범위하게 영향을 미쳤다. 그리고 인종이나 종교 문제에까지 직접적 혹은 간접적 영향을 미친 것으로 분석한다(Fosl 1999). 나아가 프랭크(Jason Frank)는 『연방주의 백서』가 미국의 정치적 상상력에 영향을 미친 만큼이나 상상력의 정치(the politics of the imagination)에 대한 교과서임을 주장한다. 그리고 흄의 상상력에 대한 논의가 이에 영향을 미친 것으로 분석한다(Frank 2009). 한편 흄이 토리로 알려졌기 때문에 직접적인 자료를 통해서 그가 초기 미국 사상에 미친 영향을 조사하는 것은 쉬운 일이 아니다. 가령 제퍼슨(Thomas Jefferson)은 흄의 『영국사』를 애독한 것으로 짐작되지만 그는 흄의 역사가 자유의 원리를 훼손한다고 비판하므로 그의 사상에서 흄의 영향력을 판독하기는 쉽지 않다. 특히 흄에 대한 해석의 문제가 개입한다면 사태는 더 복잡하게 전개된다고 할 수 있다.

특히 법의 의미에 대해서 고찰할 것이다.[4] 이를 드러내기 위해 필자는 "정치는 과학으로 변형될 수 있다"와 "완벽한 공화국에 대한 발상"을 중심으로 이루어졌던 흄의 파벌 연구를 새로운 방식으로 관찰하기 위해 흄의 에세이들, 『영국사』 그리고 『인성론』을 적절하게 활용할 것이다.

III. 정치의 본성과 원칙에 입각한 정파

「정파 일반론」에서 흄은 분파와 파벌에 대한 신랄한 비판으로부터 논의를 시작한다. 그에 따르면, 파벌의 영향은 법의 영향과 직접적으로 대립한다. 파벌은 정부를 정복하며 법을 무력하게 하고 한 나라 사람들 속에 대립의 감정을 유발한다. 이런 정파의 발생이 제기하는 더 큰 문제는 "잡초들"을 근절하기 어렵게 한다는 것이다. 정파는 오랜 기간 동안 자연스

---

4   흄의 법사상은 주로 도덕철학의 범주에서 연구되었다. 이런 연구 경향은 그의 법사상을 주제적으로 다루지 못하게 한 원인이기도 하다. 다른 한편으로 켐프 스미스(N. Kemp Smith)의 『데이비드 흄의 철학(The Philosophy of David Hume)』 이후 자연주의적 흄 해석이 지배적이 되면서 흄의 철학과 역사는 단절되어 버렸다(Smith 1949). 이런 자연주의적 해석을 받아들이면서 하콘센(Knud Haakonssen)은 『입법자의 과학(The Science of a Legislator)』에서 아담 스미스와 연결해서 흄의 법사상을 다루고 있다(Haakonssen 1981). 리빙스턴(Donald Livingston)은 자연주의적 입장을 받아들이면서도 흄의 역사연구를 수용하려 노력하지만 그의 해석은 도덕철학의 고답적 분위기를 떨쳐버리지 못한다(Livinston 1984; 1998). 흄의 역사연구에서 법적 판단(judicial)의 중요성을 지적한 사람은 다름 아닌 볼테르였다. 하지만 오키(Laird Okie)는 볼테르의 언급을 해명이 아니라 비판을 위해서 인용하고 있다(Okie 1985). 한편 대륙 철학자인 들뢰즈(Gille Deleuze)는 영국의 보통법을 이해하지 못했기 때문에 법이 아닌 제도의 관점에서 흄 사상에 대한 흥미로운 분석을 시도했다. 따라서 그가 말하는 "제도"를 법의 관점에서 읽을 수 있다. 그럼에도 그의 분석 또한 역사문제를 철학에서 제외시킨다는 점에서 여러 가지 한계를 노정한다(Deleuze 1953).

럽게 확산되는 경향이 있으며, 정부에 정파가 뿌리내리고 있다면 정부가 해체되고 나서야 정파의 해악이 그치게 될 것이다. 그 외에도 정파는 토양이 비옥할수록 번창하게 자라는 식물과 같다. 그래서 절대정부도 정파로부터 자유롭지 않지만 자유로운 정부일수록 더 빨리 확산되는 것이다. 자유로운 정부에서는 입법만이 정파를 몰아낼 수 있는데 정파는 바로 이 입법을 오염시킨다. 이와 같이 흄이 신랄하게 파벌을 비판한 이면에는 파벌의 원인이 다름 아닌 인간의 자연스러운 성향, 즉 본성에 기인하고 있다는 통찰이 깔려 있다. 흄은 인간의 자연스러운 성향에 따른 파벌의 원인을 크게 사적인(personal) 원인과 실재적(real) 원인으로 나누어 고찰한다. 그리고 실재적 원인을 이익(interest), 원칙(principle), 애착심(affection)에 따른 파벌로 나누고 있다.

파벌에 대한 분류 중 일반적으로 가장 잘 알려진 것은 이익에 따른 정파이다. 「정파 일반론」에서 흄은 이해관계에 따른 정파를 "가장 이치에 맞으면서도 용서할 수 있는" 것으로 언급한다. 하지만 정파의 문제를 다루는 글에서는 정작 원칙에 따른 정파를 주로 언급하고 있다. 좀 더 면밀히 검토해 보면 여러 글을 통해서 흄이 주목하고 있는 것은 근대에 등장한 원칙에 따른 정파이다. 그에 따르면, 원칙에 입각한 정파는 "지금껏 인간사에 나타난 가장 놀랍고 해명이 힘든 현상"이면서도 "오늘의 시대에 철학적 혹은 사변적 원칙의 체계 없이는 어떠한 정파도 잘 존립할 수 없다"(Hume 1985, 60 & 465). 이런 언급은 결국 정부 혹은 통치의 근거는 여론(opinions)이라는 그의 주장과 통하는 것이다. 『영국사』에서 스튜어트 왕조 시대는 원칙에 대한 갈등을 중심으로 기술되어 있다. 이런 의미에서 흄은 영국에서 최초의 정파 대립이 1642년 시작된 시민전쟁을 통해서 본격적으로 드러났다고 본다. 일반적으로 알려진 흄의 실천적 금언은 절제

(moderation)에 있다. 그렇다면 원칙에 입각한 정파를 긍정하는 것은 그의 실천적 금언과 일견 모순되는 것처럼 보인다. 모순처럼 보이는 흄의 태도를 이해하려면 『영국사』에 드러난 그의 정치의 본성에 대한 견해에서 출발할 필요가 있다.

『영국사』는 크게 영국을 둘러싼 네 번의 정복을 다루고 있다. 로마의 정복, 앵글로 색슨의 정복, 노르만의 정복, 그리고 일반인들(the commons) 혹은 하원의 정복이다. 그리고 이러한 정복들 사이에 크고 작은 정치적 싸움들이 배치되어 있다. 이를 통해서 정치는 쟁(爭), 즉 싸움의 성격을 지니고 있음을 쉽게 짐작할 수 있다. 싸움을 뺀 정치의 모습은 상상할 수조차 없다. 흄은 정치의 모델을 싸움에서 찾고 있다. 『영국사』를 바탕으로 한 흄의 정치 모델은 계약의 모델뿐 아니라 절대군주의 모델을 동시에 비판한 것이다. 그중에서 흄이 가장 비판한 것은 홉스의 정치 모델이라고 볼 수 있다.

홉스의 계약 모델은 두 가지 해석을 가능하게 한다. 하나는 계약의 발상은 시민적 분쟁에서 정부의 권리를 제거하려는 궁정을 반대하는 정파의 논거가 될 수 있었다. 그들은 노르만의 멍에(the yoke of the Normans) 혹은 노르만에 의한 영국 정복을 통치의 정통성에서 배제하고자 했다. 계약 사상은 노르만의 영국 정복과 그에 따른 정복의 권리를 희석시키면서 저항권을 옹호하는 전략과 잘 들어맞는다. 다른 한편으로 홉스의 모델은 정치적 평화를 확보하기 위해 정치에서 전쟁을 몰아내는 데 초점을 두고 있다고 볼 수도 있다.[5] 흄이 볼 때 홉스의 『리바이어던』은 토리의 원칙인

---

5 (M. Foucault 1997). 푸코는 사변적-법적 담론(philosophico-juridical discourse)과 역사적-정치적 담론(historico-political discourse)을 구분하여 기존의 권력 분석이 전자를 중심

무조건적 복종(passive obedience)을 극단화시키며 저항을 생략한 복종을 가르치고 있는 것이다. 즉 홉스가 제안하는 정파 싸움에 대한 해결책은 정치의 본성을 제거하려는 것과 다르지 않다. 그러나 치유책(저항)을 갖지 못한 채 권리(자유)를 주장하는 것은 부조리한 것(absurdity)이다.[6]

한편 1688년 명예혁명으로 대변되는 일반인들의 정복은 앞서 언급한 다른 정복들에 비해 독특한 것으로 드러난다. 이 혁명의 독특성을 해명하는 것이 바로 『영국사』 집필의 중요한 목적이다. 흄은 1688년 혁명을 스튜어트 왕가의 비판에 초점을 두는 휘그의 주장을 반박한다. 그에 따르면, "스튜어트 왕가 전체의 통치를 인민의 논쟁의 여지가 없는(incontestible) 권리들에 대한 계속된 침해로 규정하면서 비난하는 것은 1688년 혁명을 제대로 평가하는 것이 아니다"(Hume 1983, VI. 531). '논쟁의 여지가 없는 권리'라는 표현은 토리가 왕권에 부여하는 파기할 수 없는 권리

으로 이루어졌다고 비판한다. 그는 홉스의 담론을 전자에 해당하는 것으로, 궁정의 반대파들의 담론을 후자에 해당한다고 본다. 홉스가 자신의 저작에서 환시시키는 전쟁은 추상적인 것으로 구체적인 전쟁에 대한 언급은 없다고 푸코가 지적한 점은 대단히 정확한 통찰이다. 하지만 그가 두 담론의 방식을 대립되는 것으로 파악한 점은 단순한 감이 없지 않다. 통치에서 전쟁을 전적으로 배제하려는 홉스에 대조적으로 로크(John Locke)는 휘그의 입장에서 정복 권리의 의미를 축소하려고 노력한다. 정복의 권리를 제한함으로써 저항권의 근거를 남겨두려 한 것이다(Locke 1988). 휘그파가 노르만 정복의 의미를 축소하여 고전적 정체(the ancient constitution)의 연속성을 확보하려는 여러 가지 시도에 대해서는 포비스(Duncan Forbes)의 책을 참조하라(Forbes 1975).

6   (Hume 1985, 492). 홉스의 계약사상의 가장 취약한 부분은 약속을 지켜야 하는 이유를 해명하는 데 있다. 홉스는 '약속을 지켜야 한다(pacta sunt servanda)'는 것을 자연법에서 찾는다. 이것은 약속 준수의 이유를 합리적으로 설명할 수 없다는 고백에 다름 아니다. 한편 휘그의 경우 복종 약속의 준수는 상대편이 약속을 준수하는 한에서만 구속력을 가진다. 그런데 문제는 약속이란 것이 특정한 것에 적용되기 때문에 만약 통치자의 어떤 구체적 정책에 반대할 경우 그것이 복종의 의무를 깨는 것에까지 정당성을 부여하느냐는 점이다. 이것이 약속에 근거한 저항이론이 봉착하는 법적인 문제다.

(indefeasible right)라는 용법과 비슷한 뉘앙스를 풍긴다. 이 두 표현은 대체로 정치에서 논쟁을 배제하려는 의도를 강하게 함축하고 있다. 명예혁명의 의의는 그 이전에 일어났던 시민전쟁과 비교하면 두드러지게 나타난다. 하원이 왕의 자의적 권한을 제한하기 위해서 벌인 논쟁이 결과적으로 칼싸움으로 흘러간 시민전쟁과 비교해서 명예혁명은 논쟁 중심적이었다. 다시 말해 싸움의 방식이 칼에서 말로 전환된 것이다. 이는 가히 명예로운 혁명이라고 부를 만하다. 의회 지배의 역사적 의의는 바로 여기에 있다. 이런 관점에서 볼 때『영국사』기술의 전반이 논쟁을 중심으로 구성되어 있는 이유가 자연히 드러난다.

한편 흄은 싸움의 수단이 다시 말에서 칼로 흐르지 않게 하려는 정치적 지혜를 소통에서 찾는다. 소통의 지혜는『영국사』를 관통해서 흐르는 흄의 정치적 메시지다. 무엇보다도 흄은 정파의 대립으로 소통 장애에 걸린 영국 사회에 소통의 문을 열어 주려는 의도로『영국사』를 집필하였다. 우선 소통의 장애 및 거부와 관련된 몇 가지 사례를 정리하자.

스코틀랜드 왕 제임스 6세가 영국의 왕 제임스 1세(1603~1625)로 등극하면서 영국 사회는 소통의 난맥상을 드러냈다. 제임스 1세로부터 시작하는 스튜어트 왕가의 소통 장애의 한 원인은 제임스 1세가 '새로운 인민'이 된 영국민의 진실성에 대한 의심(doubts)을 떨쳐버리지 못한 데 있었는데, 흄에 따르면 이 의심이 근거 없는 것은 아니었다(Hume 1983, V. 113). 제임스 1세의 뒤를 이어 등극한 찰스 1세(1625~1649)는 재위하자마자 의회와 친근한 관계를 유지하기 위해 의회를 소집하지만 의회는 차가운 반응을 보였다. 그 후 몇 차례 의회와 관계 복원을 시도했지만 실패로 돌아가고, 찰스 1세는 11년간 의회 없이 국정을 운영하였다. 장기간의 소통 단절은 불신의 벽을 높였고, 그 여파로 찰스 1세와 의회의 마찰은 심화

되었으며 결국 시민전쟁에 이르게 되었다. 찰스 1세의 처형 이후 왕정은 폐지되고 공화정(Commonwealth)이 수립되었다. 공화정의 실험은 크롬웰의 일인 통치를 넘어서지 못했고, 그의 사후 공화정도 유지되지 못했으며 다시 왕정으로의 복고가 이루어졌다. 그러나 왕정복고 이후 등극한 찰스 2세(1660~1685)는 집권 이전부터 가졌던 영국민에 대한 의심(suspicion)을 끝내 극복하지 못했다. 그는 시간이 지날수록 깊은 불신(distrust)을 품게 되었고, 이러한 불신의 연장선상에서 그의 동생 제임스 2세(1685~1689)는 의회와의 논쟁을 거부하고 소통을 완전히 단절함으로써 파국을 맞게 되었다. 스튜어트 왕들의 통치는 의심과 불신으로 인해 전반적으로 공통감각이 결여되는 양상을 보인다. 특히 왕정복고 이후 등극한 찰스 2세와 제임스 2세는 '공통감각에 반하는(against all common sense)' 정책까지 추진하게 된다(Hume 1983, VI. 290).

소통을 거의 단절한 채 통치한 제임스 2세는 국왕에게 대단히 호의적인 상황에서 등극하였으나 급속히 몰락했다. 흄에 따르면, 제임스 2세의 급속한 몰락은 그의 형인 찰스 2세가 취했던 다소 애매한 태도를 버리고 '명백하게' 혹은 '공공연하게' 인민의 정서에 반하는 정책을 아무런 반성 없이 '빈번히' 자행했다는 점에 원인이 있다. 법과 종교에 대한 존중의 부재는 그의 통치행위의 기본적 정조였다. 그의 통치행위에는 국왕의 합법적 권리에 대한 과도한 관념이 자리했다. 제임스 2세는 재임 초기의 성공에 도취되어 곧 영국 의회를 경시하기 시작했다. 1685년 11월 9일 제임스 2세는 반란 진압에 추가로 투입된 군대를 유지하기 위한 비용 지급을 의회에 요구했고, 자신에게 충성한 가톨릭 장교들을 계속 고용할 뜻을 밝혔다. 특히 그는 가톨릭에게 공직 신앙 검사를 요구하는 법을 면하게 할 것이라고 '분명히(plainly)' 말했다. 이에 대해 하원이 먼저 왕의 면제권(dispensing power)에 대해 이의를 제기했으나 제임스 2세는 '딱 잘라 거절(flat denial)'했다. 그 후 주도권을 잡지 못한 상원과 심지어 주교 측에서 이의 제기가 터져 나왔다. 이에 대응해 제임스 2세는 몇 차례의 정회로 그들의 기를 꺾으려 했으나 성공하지 못하고, 결국 의회를 해산시켜 버렸다. 이 사건으로 국왕의 권위에 헌신할 프로테스탄트 인민을 찾지 못할 것이 명백해졌다. 결국 제임스 2세는 의회 없이 전적으로 혼자 통치하게 되었다(Hume 1983, VI.). 요약하면, 제임스 2세는 정치가로서 상당한 자질을 갖추었지만, 소통 거부로 인해 신속하게 정치적 파산에 이르게 되었다.

헌정의 혼란은 영국 땅에 처음 발을 들인 스튜어트 왕가의 태도 이외에도 새로운 정파의 등장에서 기인하였다. 소통의 어려움이 가장 많이 야기될 때는 헌정과 관련해서 서로 상반되는 견해를 가진 정파가 대립할 때다. 영국의 헌정이 변해 가는 과정에서 여러 파벌 간의 갈등은 있었지만, 원칙에 따른 정파가 본격화된 것은 제임스 1세로부터 시작하는 스튜어트 왕가 때부터이다. 그리고 정파 간 갈등의 원인은 대체로 영국의 제한적 군주제(limited monarchy)의 성격에서 비롯되었다.

우선 「영국의 정파들」에 나타난 휘그와 토리 간의 갈등과 함께 소통에 대한 흄의 논의를 정리해 보자. 1642년 시작된 청교도혁명에서 원두당(Roundhead)과 기사당(Cavalier)으로 대변되는 정파가 처음으로 영국사에 등장했다. 이 두 정파에 대한 논평에서 흄은 두 집단 모두 군주나 자유 중 어느 하나만을 인정한 것은 아님을 지적한다. 단지 원두당은 정부의 공화주의적 부분에 더 끌렸고 기사당은 군주적 부분에 더 끌린 것이다. 이런 점에서 그들은 지방(나라)파(country-party)와 궁정(군주)파(court-party)로 간주될 수 있다. 휘그와 토리의 구분은 시간이 흘러 찰스 2세 치하에서 만들어졌다. 찰스 2세는 아버지의 비극적 사례를 경험하고도 현명해지지 못했다. 사실 찰스 2세는 그의 아버지와 동일한 정책을 처음에는 보다 더 은밀한 방식으로 진행했고, 시간이 지나면서 더 명백하게 강행했다. 이러한 상황에서 휘그와 토리가 생겨나고, 이 정파들은 이전에 있었던 정파들과는 다른 모습을 보였다. 토리는 기사당과 마찬가지로 군주를 옹호했지만, 기사당보다 훨씬 교조주의적 원칙을 내세웠다. 즉 토리가 내세운 무조건적 복종(passive obedience)과 파기할 수 없는 권리(indefeasible right)의 주장은 기사당을 통해서는 들어볼 수 없었던 것이다.

이러한 군주 옹호파의 변화는 자유 옹호파의 변화와 대조된다.『영국사』에서 흄은 시민전쟁 후 자유 옹호파가 종교적 광신주의에서 벗어나는 모습을 보였다고 기술했다. 그들은 더 이상 '신적인 당(the godly party)'이라며 자신들을 과장하지 않았고, '좋고 정직한 당(the good and the honest party)'의 명칭을 사용하는 데 만족했다. 이것은 "그들의 정책이 광폭하지 않으며 그 주장이 그렇게 터무니없지 않다는 확실한 징후"인 것이다 (Hume 1983, VI. 377). 자유 옹호파가 저항의 원칙을 확산시킨 것은 영국의 혼합적 정체의 특성상 불가피한 측면이 있다. 또한 반대파인 토리의 극단적 원칙에 대항하려 했다는 점에서 그들의 행동은 이해할 만하다.

흄에 따르면 토리가 극단적 원칙들을 주장했지만 이 터무니없는 원칙들은 실행되기에는 너무나 허약한 것이었다. 토리는 압제에 적대적인 사람들이었고 자의적 권력에 대해 적대적인 영국인이었다. 자유에 대한 열의에서 토리는 그들의 반대자에 못지않았다. 이러한 정서 때문에 토리는 자신들에게 익숙한 전통적 정부가 전복될 위기에 처했을 때 자신들이 표방한 원칙을 잊어버리고 압제에 저항할 수 있었다. 흄은 바로 이러한 정서들로 인해 1688년 명예혁명이 일어났다고 보았다. 이런 관점에서 흄은 명예혁명을 거치면서 토리의 성격에 변화가 있었다는 점을 지적한다.

첫째, 토리는 자유에 대한 애착이 강하고 가능한 한 자유를 추상적 원칙이나 왕의 상상적인 권위에 희생시키지 않는다는 확고함을 보여 주었다. 명예혁명 이전에 토리는 자신들이 표명한 원칙이나 궁정에 순응함으로써 당연히 그 성격을 의심받을 만했다. 이런 점에서 명예혁명은 토리가 자유보다는 군주를 더 사랑하는 이전의 궁정파에 다름 아니었음을 드러내 보여준다. 둘째, 토리는 원칙에서나 애정으로도 명예혁명과 그 이후 진행된 안정화 과정에 전적으로 혹은 기꺼이 동조할 수 없었다. 이러한 그들의 모습은 자유에 대한 애착이 강한 첫 번째 성격과 모순되는 것처럼 보인다. 왜냐하면 명예혁명 이후의 정황에서 다른 방식의 안정화는 자유를 위협하게 될 것이 분명하였기 때문이다. 하지만 흄은 토리가 보여준 그러한 모순이 명예혁명에서 드러난 무조건적 복종과 저항 사이의 모순보다는 크지 않다고 보았다. 흄에 따르면 인간의 가슴은 그러한 모순들을 화해시킬 수 있게 구성되어 있다. 따라서 토리와 휘그를 간략히 정리하면, 토리는 군주를 사랑하지만 자유를 버리지 않고, 스튜어트 가문의 지지자로 특징지을 수 있다. 반면 휘그는 자유를 사랑하지만 군주를 포기하지 않고 프로테스탄트 계통의 왕위 정착의 친구로 특징지을 수 있다 (Hume 1985, 69-71). 이렇게 해서 토리와 휘그는 자신들의 원칙을 극단화함으로써 생긴 딱딱함을 극복하고서 서로 연합해서 명예혁명을 성취하게 되었다.

IV. 정파의 대립과 법치의 성장

원칙에 대한 논쟁에서 사람들이 흔히 빠질 수 있는 허약함은 논쟁의 예리함(keenness)을 세우는 것이다(Hume 1985, 62-63). 논쟁에서 예리함을 드러내려 할수록 원칙은 극단화되는 양상을 보인다. 흄은「원초적 계약」, 「무조건적 복종」, 「정파의 연합」에서 토리와 휘그의 원칙들이 갖고 있는 극단적인 면들을 철학적, 실천적, 그리고 역사적 측면에서 교정하려는 논의를 펼친다. 휘그에 대한 흄의 비판은 인민의 동의를 정부의 유일한 근거로 간주하려는 데 모아진다. 인민의 동의가 정부의 유일한 근거라면 이 지상에 존재하는 어떠한 확립된 정부도 그 기준에 들어맞을 수 없을 것이다. 심지어 1688년 명예혁명도 휘그들의 세련된 이념과는 거리가 멀었다. 인민의 동의는 고귀한 근거이기는 하지만 장기 점유, 현재의 점유, 정복, 계승, 실증법 등의 권리도 통치의 근거로 인정되어야 한다. 왜냐하면 복종할 의무는 궁극적으로 인간사회의 이익과 필요성에 근거하기 때문이다. 한편 토리의 저항을 배제한 복종은 치유책이 없는 권리를 주장하는 것에 다름 아니다. 모든 규칙은 예외가 있기 마련이다. 저항을 배제한 복종은 그러한 예외를 제거하려는 시도라고 할 수 있다. 더 나아가 예외를 인정하는 데에도 일정한 규칙 같은 것이 있어야 한다. 예외적 규칙 없이 일어나는 저항은 사회를 혼동으로 몰아갈 뿐이다. 따라서 복종할 것인가 저항할 것인가의 양자택일이 문제의 핵심이 아니라, 법의 시선에서 바라본 복종의 척도(measures of allegiance)가 행위 기준의 핵심이 되는 것이다.

　제임스 2세의 자의적 권력 사용에 대한 저항에서 복종의 척도를 살펴보자. 인민의 확립된 권리와 교회의 권위에 대한 제임스 2세의 계속된 침해의 극적 반전이 1688년에 일어났다. 제임스는 2차 관용령을 포고한 이후 곧바로 교회를 상대로 예배를 마친 후 관용령을 낭송할 것을 명령했다. 이 조처는 교회의 성직자를 모욕하고 비웃음거리로 만들기 위한 의도였다. 이에 분노해서 6명의 고위성직자는 불복종 사유를 청원의 형식으로 비밀리에 왕에게 전달했다. 제임스 2세는 이들을 즉각 잡아들여 구속하고 처벌하기 위해 재판을 강행했다. 그러나 온 인민의 관심을 모은 이 재판은 성직자 측의 설득력 있는 변론으로 배심원의 무죄 평결이 내려졌다. 변론의 요지는 다음과 같다.

법은 인민에게 특정한 고충이 있을 경우 규정된 한계 내에서 청원의 형식으로 왕에게 문의할 수 있게 허용하고 있다. 현 청원의 경우 성직자들은 엄격하게 그 규정을 준수했다. 양심에 반하는 사례의 경우 정부는 인민으로부터 적극적 복종을 요구할 수 없다. 인민의 순응과 복종의 위대한 기준은 법이다. 어떤 사람이 자신이 복종할 수 없는 명령이 부과될 경우 자신의 거부 이유를 제시하는 것이 음울한 침묵을 고수하는 것보다 더 존경할 만한 것이다. 모든 사람이 깊이 관심을 갖고 있는 공적 조처들에 대해 요구받지 않았을 때도 자신의 감각(sense)을 밝히는 것은 인민의 의무를 파기하는 것이 아니다. 이 사안의 경우 성직자들은 요구를 받았고 그들은 순응함으로써 찬성을 표하거나 아니면 청원으로 찬성하지 않음을 밝혀야 했다. 그리고 법을 정지시키는 국왕대권을 부정하는 것은 선동죄가 될 수 없다. 왜냐하면 그런 국왕대권은 합법적이고 제한적인 정부에서는 실제 있지도 있을 수도 없기 때문이다. 심지어 그것이 실제로 있다고 하더라도 지금까지 역사를 보면 전 국민 앞에서 빈번히 논박되어져 왔다. 따라서 누구도 국왕대권의 부정을 범죄로서 처벌할 생각을 해본 적이 없다. 그리고 현 성직자들은 비밀리에 청원하였기 때문에 선동의 죄목을 물을 수 없다. 오히려 이것을 공개적으로 만든 것은 궁정이 아니었나(Hume 1983, VI. 492-493).

「정파의 연합」에서 흄은 시민전쟁 이전 왕당파의 온건한 입장을 비교적 상세하게 각색한다. 왕당파의 가장 탁월한 주장은 헌정의 온건한 변화 혹은 점진적 개선이다. 통치의 참된 규칙은 바로 그 시대에 확립된 관습으로, 가장 잘 알려져 있고 많은 권위를 지닌다. 따라서 권력이 확립된 곳에서 그것을 행사하는 것을 당연하게 여기기 때문에 헌정의 변화를 꾀할 때는 온건한 저항을 통해 이루는 것이 쉽고 안전하다. 이러한 점진적 변화는 사람들이 잘 느끼지 못할 정도이기 때문에 변화로 생긴 간극을 봉합하기에 용이하다. 흄에 따르면, 점진적 변화의 논의는 법률가와 정치가의 확립된 격률에 비추어 보았을 때 틀림없이 보다 견고하고 안전하며 합법적으로 보였을 것이다.

이 논의는 『영국사』 전반을 흐르는 흄의 핵심적인 법적 논리로, 즉 안정 속에서 변화를 추구하는 논리다. 이와 관련된 흥미로운 발상이 「정부의 으뜸 원리들」에 나타난다. 흄에 따르면, 의회와 대비해서 재산상의 불균형을 갖고 있지만 아직까지도 국왕은 7년마다 열리는 선거에서 인민들에게 상당한 영향력을 행사하고 있다. 이러한 영향력을 국왕에게 더 자주 사용하게 한다면 그의 영향력은 곧 소진될 것이다. 바로 이와 같은 작은 부분을 변경하면 자연적인 사물의 흐름에 따라 정부의 완전한 변경이 있게 될 것이고 곧 순수한 공화국, 그것도 불편하지 않은 형태의 공화국으로 변하게 될 것이라고 진단한다(Hume 1985, 36).

안정 속에서의 변화는 법이 성장하는 방식으로 표현된다. 가령 점유가 안정되지 않으면 전쟁이 계속 일어날 것이기 때문에 법은 성장할 수가 없다. 그래서 점유의 안정이 가장 먼저 정착해야 한다. 점유를 안정시키기 위한 관념이 재산(property)이다. 점유의 안정 이후 각자의 필요(needs)에 맞게 재산이 재조정되어야 할 필요가 생긴다. 혼란과 전쟁 없이 재산을 이전할 수 있는 방법이 바로 동의에 의한 양도이다. 다시 말하면 안정 이후에 생기는 여러 불편들을 교정하기 위해서 변화의 원리인 동의에 의한 양도가 성장하고, 나아가 동의에 의한 양도가 갖고 있는 협소한 양도의 한계로 인해 생기는 불편들을 교정하기 위해서 약속의 관행에 의거한 계약이 성장한다. 달리 표현하면 법의 성장에는 공동체 성원들의 역사적 경험 혹은 학습이 전제되어 있다. 특히 공동체에서 발생하는 불편들에 대한 경험이 마음을 특정한 방향으로 움직이게 하는 것이다. 이런 이유로『인성론』에서 흄은 법의 성장을 인간의 본성이 교정되면서 확대되는 방식으로 묘사하고 있다. 여기서 가장 큰 역할을 하는 것이 관행(conventions)이다.

흄이 보는 법의 성장 과정은 그의 후배인 스미스의 관점과 다르다. 일반적으로 잘 알려진 스미스의 공식은 이기심과 공감의 '상호 대칭적 체계(symmetrical edifice)'로 표현된다.[7] 하지만 앞의 설명에서 드러나듯이 흄은

---

7   (J. Cropsey et al , 1987, 642). 크롭시에 따르면, 스미스는 자신의 체계를 상호 대칭적인 것으로 상정하였지만 그 속에 많은 불일치가 있음을 자각하고 있었다. 달리 표현하면 그는 자연의 섭리에 무한한 신뢰를 두었지만 그것을 명백히 해명하지 않은 채로 두었다. 필자는 스미스가 자연주의에 상당히 경도되었다고 생각한다. 그리고 그의 자연주의에 대한 비판으로서 태동한 역사주의 또한 다른 한쪽으로 치우쳤다고 본다. 자연과 역사에 대한 균형 잡힌 시각을 보여준 사례로는 흄과 법사상의 분야에서 홈즈 판사를 들 수 있다.

법의 성장을 근본적으로 비대칭적인 과정으로 보고 있다. 관행의 성장은 무엇보다도 사회적 불편에 대한 반복되는 경험에 근거하기 때문에 관행은 불편함의 완화 혹은 해소에 그 의의가 있는 것이지 공리론의 주장처럼 주관적인 행복에 대한 느낌 혹은 견해에 근거한 것이 아니다. 다시 말하면 제도는 사회적 불편함의 완화에 목적이 있는 것이지 행복의 추구에 방점을 두지 않는다.

관행의 성장을 중심으로 법을 보는 흄의 시각-후에 버크(E. Burke)는 관습권(prescription)을 중심으로 헌정(constitution)을 바라보게 된다-을 정황론이라고 부를 수 있다. 정황에 대한 전반적인 고려를 중심으로 전개되는 사고는 특정한 원칙을 중심으로 세계에 질서를 부여하려는 사고의 경향과 대립한다. 원칙론은 일원론적 사고방식으로 귀착될 가능성이 농후할 뿐 아니라 다른 원리와 첨예하게 대립할 위험성을 안고 있다. 이런 이유로 흄은 여론(opinion)을 다룰 때에도 다원적 방식으로 분류하고 있다. 흄은 정부가 여론에 근거하고 있다고 주장한다. 그렇지만 흄이 제시하는 여론은 하나의 원리를 중심으로 위계적 구조를 갖지는 않는다. 흄은 여론을 크게 이익에 대한 여론과 권리에 대한 여론으로 나누면서 일상인의 사고방식을 드러내어 정리하는 것에 초점을 두고 있다. 그리고『영국사』에서는 역사의 변화하는 정황들 속에서 여론이 그때마다 새로운 강세를 드러내며 구성되어 가는 모습을 그리고 있다. 다시 말하면 역사의 구체적 사건들을 통해서 여론은 계속해서 재구성되는 것이다.

이러한 시각에서 볼 때 튜더의 왕들과 스튜어트 왕들의 차이는 비교적 선명하게 나타난다. 튜더의 왕들은 외관상일지라도 법의 형식을 따르면서 권위를 행사하였고 필요한 경우가 아니면 되도록 자의적 권력의 사용을 삼갔다고 할 수 있다. 반면 스튜어트 왕들의 자의적 권력 사용은 사

회적 필요에 대한 공통의 감각을 결여함으로써 편의주의적 경향을 보였다.[8]

편의주의적 권위 사용에 대항한 유명한 재판이 건함세(ship-money)의 납부를 거부한 햄브던(Hambden)을 비롯한 젠트리에 대한 재판이다. 햄브던 측의 주장에 따르면, 필요의 판단을 왕에게 맡긴다면 왕의 자의적 의지에 국민의 특권을 종속시키는 것과 마찬가지다. 만약 위험이 급박하고(urgent) 극심한(extreme) 것이라면 사회의 모든 구성원들에게 매우 뚜렷하게 드러날(palpable) 것이다. 또한 찰스 1세가 주장하는 지금 확립된 재정으로는 대단히 근검절약하더라도 해군을 정비하고 유지할 수 없다는 점, 합리적인 조건으로 의회로부터 자발적 지원을 얻을 수 없다는 점 등은 정치적 이유(reasons of state)에 해당하는 것이지 법적인 논제는 아니라는 것이다. 덧붙여 의회와의 소통 단절로 독자노선을 걷던 찰스 1세가 편의주의적 권한 사용으로 기울게 된 배경에는 그의 성급함도 한몫을 차지했다. 그는 새로운 통치 기풍에 대한 인민의 열망을 거슬러 군주 중심주의가 '영국법의 한결같은 방침(the uniform tenor of the English laws)'이라는 과도한 관념을 성급하게(rashly) 받아들였다. 그러나 영국사를 조망해 보면 그러한 인상은 희석될 것이다.

---

8 스튜어트 왕들에 대한 흄의 평가는 일반적 역사가들이 보는 것과 상당한 차이를 보인다. 대체로 기존의 연구는 절대군주의 이념과 관련해서 제임스 1세를 평가했다. 흄은 제임스 1세가 절대군주 관념을 강조하게 된 계기를 역설적이게도 왕의 실질적 권력이 쇠락한 데서 찾는다. 그리고 그의 권력 행사는 사실상 튜더 왕들과 비교했을 때 온건했다고 본다. 그런데도 자의적 권력 행사 필요라는 외관을 내세워 법을 우회함으로써 편의주의적 경향을 보였다. 다시 말하면, 필요(necessity)와 편의(expediency)의 구분을 일반인의 공통감각에 근거해서 판단하지 않은 것이 그들의 정치적 과오라고 볼 수 있다.

김홍우에 따르면 흄의 법사상은 크게 두 가지로 정리된다. 첫째는 이성우위론에 대한 비판이고, 둘째는 의지우위론에 대한 수정이다(김홍우 2007, 196~213). 다시 말하면, 이성우위론과 의지우위론이라는 근대 법사상의 두 가지 흐름을 비판하면서 흄은 정황 중심의 법사상을 개척한다. 더 적확하게 말해서 흄은 영국 보통법 사상의 핵심을 철학적으로 해명하고 있다고 볼 수 있다. 나아가 그는 보통법의 정신을『영국사』를 기술하는 데 직접적으로 적용하고 있다고 보아야 할 것이다. 법에 대한 흄의 시각은 인간의 행동 범위를 넓혀 줌과 동시에 자의적 행위에 대해서는 제한을 가하는 것이다.

위와 같은 시각에서 권위와 자유의 관계가 조명되어야 한다. 권위와 자유를 관념적으로 극단화시킨다면 두 관념은 결코 서로 연결될 수 없다. 예를 들어 무조건적으로 복종하는 토리와 권위에 대해 맹목적으로 저항하는 휘그의 자유는 연합이 불가능한 것이다. 이러한 모순에도 불구하고 공동의 삶 속에서 권위와 자유는 적절한 척도(measures)를 가지면서 섞여 가는 것이다. 명예혁명에서 토리와 휘그가 정치적 연합에 이르는 것처럼 말이다. 흄이 볼 때 특정한 원리에 지나치게 집착하는 것은 편협(bigotry)이다. 이런 편협을 극복하기 위해서 일상적 삶의 호흡을 느껴보는 것이 도움이 될 것이다. 일상적 혹은 공통의 감각을 회복하는 방법 이외에는 관념의 극단화로부터 생기는 편협을 극복할 수 없을 것이다. 이런 편협이 교정될 수 있다면 근대에 등장한 원칙에 입각한 정파는 서로의 견제를 수행함으로써 사회에 도움이 되는 효과를 가져올 것이다. 시샘(jealousy)이 인간의 본성으로 존재하는 한 그것을 제거하려 노력하기보다는 잘 활용하는 편이 좋을 것이다. 그것이 견제와 균형의 원리가 존

재하는 까닭이다.[9]

흄의 정황 중심의 법사상은 정치적 행위의 폭을 넓혀주었다. 거의 절대적 권위를 행사했던 튜더 왕들뿐만 아니라 하원이 왕의 대권을 제약하기 위해 정치력을 발휘한 것에 이르기까지 법의 잣대로 옹호한 점은 정치 세계를 복원시키는 데 중요한 역할을 한 것이다. 여기서 정황론적 법사상이 자의적 권위 행사에 대한 동조가 아님을 명심할 필요가 있다. 이것은 앞서 찰스 2세와 제임스 2세의 평가에서도 잘 드러났었다. 오히려 법의 중요한 문제는 그 조건이 가혹하지 않아야 한다는 점이다. 왜냐하면 법의 가혹함(rigours)은 군사적 폭정에 의한 약탈과 다를 바 없을 것이기 때문이다(Hume 1983, VI. 463). 따라서 법의 기준은 일반인의 행위 기준에 의거한 것이어야 한다.

찰스 1세의 과오에 대해 흄이 적절한 구실(excuse)을 주는 것도 그에게 적용된 행위의 조건이 너무 가혹한 것이었기 때문이다. 하지만 찰스 1세의 사례를 통해서 명확하게 드러난 행위의 기준을 학습하지 못하고 자의적 권위를 명백히 그것도 빈번히 행사한 제임스 2세의 행위에는 찰스 1세에게 준 구실을 줄 수 없다. 이와 반대로 법을 어기지 않으면서 정치적 역량을 발휘한 놀라운 사례로는 크롬웰을 들 수 있다. 더욱 놀라운 점은 이런 일이 파벌이 만연한 상황에서 그것도 군사에 의거한 통치에서 일어났다는 사실이다. 이런 점에서 크롬웰의 통치는 영국에 법치가 정착하는 결정적 계기가 되었다. "크롬웰 호국관은 법이 아니라 단지 칼에 근거해 강탈한 권위가 허용할 수 있는 한 정의와 관대(clemency)에 대한 존경을

---

9   이런 시각에서 볼 때 니체가 원한(resentment)에 의한 정치를 비판한 것은 과도한 측면이 있다.

보였다. 사법부의 주요 직책은 모두 정직한 사람들로 채워졌다. 만연된 파벌 싸움 속에서 재판관들의 판결은 곧았으며 공평무사했다. 그 자신을 제외한 모든 사람에게, 그리고 불가피한 경우가 아니면 그 자신에게도 법은 행동과 행위의 위대한 규칙이었다"(Hume 1983, VI. 85).

V. 맺음말

현재 한국 사회에서 정파의 갈등은 역사 해석과 관련해서 첨예한 대립을 야기하고 있다. 필자는 이와 같은 대립이 이익에 따른 분열일 뿐만 아니라 더 근본적으로는 법을 보는 원칙론적 시각에 기인하는 측면이 크다고 생각한다. 각 정파가 주장하는 원리를 중심으로 지나치게 딱딱하고 가혹한 행위의 조건들을 역사 속의 정치적 행위자에게 부여하여 평가하고 있는 것이다. 이러한 원칙의 대결은 정파들의 소통을 불가능한 것으로 만들고 있으며 정치의 장을 화석화시키는 결과를 가져오고 있다. 극단적인 정파의 대립 상황은 사람들에게 이편이나 저편의 선택을 강요하며 머뭇거리거나 주저하는 사람은 반역자라는 낙인을 찍는다. 그리고 원칙을 지나치게 딱딱하게 활용하는 것에서 오는 다른 불편함이 있다. 원칙 혹은 목적에 대한 맹목적 추구는 수단의 적절성을 망각하게 하기에 충분하다. 이것 또한 편의주의의 한 양상일 것이다. 이런 경우는 대체로 정치적 적대자에 대한 인정이 결여되어 있다.

　휘그 역사가들에 대한 흄의 비판의 초점은 바로 그들의 조야한 역사 왜곡이 정치적으로 소통 장애를 야기했기 때문이다. 의심의 여지없이 그 당시 휘그의 원리는 왕의 자의적 권력을 견제함으로써 영국 사회의 성장에 긍정적 역할을 했다. 하지만 그 원리의 방점을 잘못 이해할 경우 교조주의로 흐르게 되고 변화를 거부하는 원리로 작동할 수 있음은 역사가 증명하는 바이다.

법이 정상적인 기능을 회복하는 데는 일반적 혹은 공통의 감각을 복원하는 것이 필요하다. 일반인의 감각을 떠나서 법의 기준을 말하는 것은 편의주의와 다르지 않다. 이런 의미에서 법을 활용하는 데 일반인의 능력을 넘어서서 초인적인 헤르쿨레스(Hercules)를 불러들이는 것은 법의 의미에 대한 무지로부터 나온다. 초인에 대한 욕구는 어려운 사례(hard case)에 대한 해결책(solution)을 추구하는 데서 나오는 듯하다.[10]

사실상 인간사에 있어서 해결책이란 존재하지 않는다. 다만 그때그때 공동의 결의(resolution)를 통해서 공동생활의 방향을 정하는 정도만이 존재할 수 있을 것이다. 특히 헌정이란 고정된 것이 아니라 변하는 것이기에 근본적 원리에 대한 집착은 사태의 자연적 발전과 과정을 왜곡하는 것으로 작용할 것이다. 헌정이란 성문법이든 불문법이든 구성되는 것으로 파악되어야 한다. 문자의 고착성이 사물의 동일성을 보장하듯이 사람들의 지각을 현혹하는 것은 법의 연속성을 느끼게 한다는 점에서 나름의 의의가 있다. 영국의 경우도 "고전적 헌정(the ancient constitution)"에 대한 관념은 일반인의 법 정체성을 유지하는 데 긍정적 역할을 했다. 하지만 이런 현혹이 그 의미의 고착으로까지 확대되지는 말아야 할 것이다. 헌정의 의미는 역사의 흐름 속에서 논쟁을 통해 재구성되는 것이기 때문이다. 흄의 말을 따르면, "사태는 그것들의 자연스러운 발전과 작용에 내맡겨져야만 한다"(Hume 1985, 52).

---

10 "헤르쿨레스"와 "어려운 사례"의 표현은 드위킨(R. Dworkin)에게서 빌려온 것이다.

한편 앞서 말했듯이 정황론은 편의주의와 대립적인 관계에 있다. 정황 중심의 사고는 공동생활에서 나오는 필요의 감각(sense of necessities)에 근거하고 있다. 그리고 사회의 필요에 대한 감각으로부터 법의 성장에 대한 발상이 나온다. 홈즈 판사(O. W. Holmes)의 『보통법』은 사회의 필요에 근거한 법의 성장에 대한 발상에 뿌리를 두고 보통법의 성장 과정을 추적하고 있다. 이런 법의 성장에 대한 발상은 의지에 의한 법의 제정 발상과 대립한다. 그리고 법의 제정 주체를 신, 군주, 인민, 단체 어느 것으로 상정하든 간에 권력의 자의성에 대한 혐의를 벗어나기는 어렵다고 생각한다.

필자는 한국 사회에서 권력과 법의 자의성에 대한 의혹이 짙게 깔린 것은 법 제정주의와 깊은 관련이 있다고 생각한다. 이와 관련해서 대체로 로마법의 영향을 받은 나라가 절대주의의 어두운 그림자에 시달렸다는 것을 상기하는 것은 유익한 일이 될 것이다. 흄은 정파의 극단적 대립을 완화시키고 법의 성장을 보여주기 위해서 영국의 역사를 기술했다. 그리고 그 기술의 특징은 논쟁 중심적이었다. 심지어 어떤 사안에 특정 정파의 논의의 자료가 없는 경우에는 유사 논의를 마련하기까지 하였다. 아마도 흄의 시도와 같은 논쟁 중심의 역사 해석과 법 해석은 오늘날 한국 사회가 보여주는 격렬한 대치를 온건한 논쟁으로 전환시키는 데 도움을 줄 수 있을 것이다.

참고문헌

김홍우 저, 2007, 『한국정치의 현상학적 이해』, 서울: 인간사랑.

파운드 저, 김회환 역, 1956, 『영미법의 정신』, 서울: 민중서관.

흄 저, 이준호 역, 1994, 『인간 본성에 관한 논고1』, 파주: 서광사.

흄 저, 1996, 『인간 본성에 관한 논고2』, 서울: 서광사.

토크빌 저, 임효선 박지동 역, 1997, 『미국의 민주주의 I』, 파주: 한길사.

Adair, Douglass, 1957, "That Politics May be Reduced to a Science: David Hume, James Madison, and the Tenth Federalist", *The Huntington Library Quarterly*, Vol. 20, No. 4.

Cropsey, J, et al, 1987, *History of Political Philosophy*, Third edition, Chicago University Press.

Deleuze, Gilles, 1953, *Empirisme et Subjectivité*, Presses Universitaires de France.

d'Entrèves, Alexander Passerin, 1999, *Natural Law*, Transaction Publishers.

Forbes, Duncan, 1975, *Hume's Philosophical Politics*, Cambridge University Press.

Fosl, Peter S, 1999, "Hume, Skepticism, and Early American Deism", *Hume Studies*, Vol. XXV, No. 1 and 2 (April/November).

Foucault, M, 1997, "Society Must Be Defended": Lectures at the Collège de France 1975-1976, trans, by D, Macey.

Picador, Frank, Jason, 2009, "Publius and Political Imagination", *Political Theory*, 37; 69.

Hart, H, L, A, 1994, *The Concept of Law*, Second edition, Oxford University.

Press, Haakonssen, Knud, 1981, *The Science of A Legislator*, Cambridge University.

Press, Hobbes, Thomas, 1651, *Leviathan*, ed, C, B, Macpherson, Penguin Press.

Holmes, Oliver W, 1991, *The Common Law*, Dover Publications, Inc,.

Hume, David, 1978, *A Treatise of Human Nature*, ed, L, A, Selby-Bigge, Oxford University Press.

Hume, David, 1983, *The History of England*, 6 vols, Liberty Fund.

Hume, David, 1985, *Essays, Moral, Political, and Literary*, ed, E, Miller, Liberty Fund.

Livingston, Donald, 1984, *Hume's Philosophy of Common Life*, University of Chicago Press.

Livingston, Donald, 1998, *Philosophical Melancholy and Delirium*, University of Chicago Press.

Locke, John, 1975, *An Essay Concerning Human Understanding*, Oxford University Press.

Locke, John, 1988, *Two Treatises of Government*, Cambridge University Press.

Madison, James, 1961, *The Federalist*, ed, J, E, Cooke, Wesleyan University Press.

Maitland, F, W, 1968, *The Constitutional History of England*, Cambridge University Press.

Montesquieu, 1989, *The Spirit of the Laws*, trans, et edit, Anne M, Cohler, Basia C, Miller & Harold S, Stone, Cambridge University Press.

Okie, Laird, 1985, "Ideology and Partiality in David Hume's History of England", *Hume Studies*, Vol. II, Issue 1 (April).

Pound, Roscoe, 1999, *The Spirit of the Common Law*, Transaction Publishers.

Skinner, Quentin, 2010, *The Foundations of Modern Political Thought Volume 1: The Renaissance*, Cambridge: Cambridge University Press.

Skinner, Quentin, 2010, *The Foundations of Modern Political Thought Volume 2: The Age of Reformation*, Cambridge: Cambridge University Press.

Smith, N, Kemp, 1949, *The Philosophy of David Hume*, Macmillan and Co, Limited.

2

터키-러시아의
역사적 갈등과 가상적 화해

이동수 경희대학교 공공대학원 교수

I. 머리말

인접한 패권국가들 간의 충돌과 전쟁은 역사 속에서 빈번하다. 유라시아 지역의 패권을 다투던 오스만제국과 러시아 제국의 관계 역시 수 세기에 걸쳐 충돌과 전쟁으로 점철되어 있다. 러시아의 표트르 대제(재위 1682~1725)가 18세기 남진정책을 추진한 이래 2세기 동안 양국의 격돌은 치열하게 전개되었다. 하지만 오늘날 두 제국을 잇는 터키공화국과 러시아연방은 과거를 뒤로 하고 협력과 화해의 모습을 보여준다. 특히 20세기 말 소비에트연방(소련) 붕괴 후 새로운 전환을 모색하던 러시아연방이

---

* 이 글은 「터키-러시아의 역사적 갈등과 가상적 화해」(『한국정치연구』 제31집 1호, 2022.2)를 수정·보완한 것이다.

터키와 함께 추진한 '블루 스트림 파이프라인(Blue Stream Pipeline)'은 러시아의 천연가스를 흑해 지하 송유관을 통해 터키에 공급하는 경제교류의 상징물로서 양국의 경제성장에 크게 기여하고 있다. 또한 러시아연방은 터키의 핵발전소 설립을 지원하고 2차 파이프라인 건설을 추진할 정도로 양국의 경제적 협력관계는 점차 증가하고 있다.

이러한 협력관계는 사실 양국의 역사적 관계를 고려해 볼 때 상당히 이례적이다. 역사상 양국은 팽창을 목표로 하는 제국적 국가로서 군사적 충돌과 패권 다툼이 지속되었다. 터키의 전신인 오스만은 투르크계 유목민들이 중심이 되어 호전적인 이슬람교를 국가정체성으로 삼아 유럽 진출의 야망을 품었으며, 러시아는 군사적 능력이 앞선 모스크바공국을 중심으로 루시인공국들을 합치고 동유럽과 아시아 및 유라시아 남부를 향해 제국적 팽창을 추구하였다. 양국의 공통점은 제국적 팽창을 도모하면서 '로마'를 염두에 두었다는 것인데, 오스만은 발칸과 오스트리아를 거쳐 기독교의 심장인 로마에 입성하기를 원했고, 러시아는 비잔틴제국이 몰락한 상황에서 기독교 정교회를 정체성으로 삼아 '신성한 러시아'로서 '제3의 로마'가 되기를 희망하였다.

그런데 17세기까지는 오스만이 러시아에 비해 더 강한 국가였다. 모스크바공국은 침략을 방지하기 위해 오스만에 조공을 바치기도 하였다. 하지만 모스크바공국이 영토를 확장해 러시아제국으로 발전하면서, 두 나라는 경쟁 관계에 돌입하였다. 모스크바공국은 먼저 몽골인들에게 빼앗긴 예전 루시인들의 중심지인 우크라이나 지역을 탈환하고, 이후 슬라브인들의 중심지인 발칸 지역과 남러시아의 카프카스 및 흑해 연안에 진출했는데, 이로써 두 나라는 동서 양쪽에서 국경을 마주하게 되어 군사적 충돌을 피할 수 없게 되었다. 또한 러시아가 비잔틴으로부터 기독교 정교를 받아들이고 러시아 황제가 비잔틴의 마지막 공주와 결혼하면서 러시아는 비잔틴 멸망 후 자연스럽게 동로마를 계승하는 국가가 되어 정교회의 본산인 콘스탄티노플을 원했으므로, 두 나라의 대결은 결코 피할 수 없었다.

18세기 러시아의 남진 이후 양국의 격돌은 본격화되었다. 특히 19세기는 양국의 격돌이 최고조에 이른 시기였다. 러시아는 '1차 동방전쟁(크림전쟁, 1853~1856)'을 통해 크림반도를 두고 오스만과 격돌했는데, 러시아가 우세해지자 이를 견제하기 위해 영국과 프랑스 연합군이 개입해 겨우 러시아를 물리쳤다. 그러나 20여 년 후 러시아는 '범슬라브주의(Pan-Slavism)'라는 명분 아래 불가리아 등 발칸 국가들과 연합해 '2차 동방전쟁(1877~1878)'을 일으켜 오스만에 대승을 거두었다. 이때 러시아와 불가리아는 발칸 지역에 있는 오스만제국의 무슬림 수십만 명을 학살하고 강제로 개종시켰는데, 이로 인해 양국 국민들의 감정적 충돌은 극에 달하였다.

그러나 20세기 접어들면서 양국 관계에 변화가 생겼다. '제1차 세계대전' 후 러시아제국이 소련으로 체제가 전환되고 오스만제국도 몰락하여 터키공화국으로 대체되면서, 양국 사이에 동병상련의 감정이 싹트기 시작하였다. 19세기까지만 하더라도 강국이었던 두 나라가 더 이상 국제정치적 영향력을 발휘할 수 없게 된 것에 따른 결과였다. 이런 변화의 과정 속에서 '세계대공황'이 발생해 터키가 어려움을 겪게 되자, 1930년대 소련은 터키에 자금을 지원하고 공장건립을 도와주면서 화해의 손길을 내밀었다. 하지만 '제2차 세계대전' 후 냉전시대가 도래하자, 근대적 서구화를 추진하던 터키는 자유 진영의 일원이 되어 다시금 소련과 각을 세웠다. 그러다가 1991년 소련이 무너지고 러시아연방 체제로 전환되자, 다시 양국 사이에 화해 분위기가 형성되고 경제적 협력이 급속히 증가하기 시작하였다. 특히 1980년대 말부터 준비하던 소련-터키 가스송유관 건설계획이 러시아연방 하에서 현실화되면서, 양국 경제는 실질적으로 발전하고 상호 화해와 협력의 가능성을 높여 가고 있다.

하지만 오늘날 터키와 러시아의 관계는 소위 '가상적 화해(virtual rapprochement)' 관계라고 볼 수 있다. 여기서 '가상적 화해'란 "국가적 차원에서 공식적인 적대감이나 적개심이 사라지고 각자의 국가이익(national interest)을 위해 상호협력의 중요성을 인지하면서도, 다른 한편 여전히 상호 두려움과 불신, 의심이 존재하는 상태"(Sezer 2000, 62)를 가리킨다. 즉 진정한 화해라기보다는 서로 여전히 두려워하고 믿지 못하면서도 겉으로는 적대행위 없이 국가이익을 위해 서로 화해하고 협력하는 상태라는 것이다.

이는 양국이 필요에 따라 경제협력을 추진하며 '전략적 파트너(strategic partner)' 관계를 맺고 있지만, 국민 정서적 차원이나 국제관계적 차원에 있어서는 서로 적대감과 경쟁심을 계속 유지하고 있다는 것을 의미한다. 특히 유라시아에 이웃한 두 나라는 지역의 중요한 문제인 시리아 문제나 우크라이나 문제에서 서로 충돌함으로써, 예전 오스만-러시아 갈등 시대의 지정학적인 문제들을 여전히 안고 있다.

이 글은 이러한 문제의식 아래 터키와 러시아의 관계를 과거 18세기 이후 제국적 팽창 과정에서 나타난 갈등과 충돌을 역사적으로 추적하고, 이것이 오늘날 양국이 기저에 놓여 있는 근본적인 정치적 갈등을 숨긴 채 경제적 이익을 공유하면서 협력하는 일종의 '가상적 화해' 상태로 전환했음을 보여주고자 한다. 특히 다소 광범위하고 비약적이기는 하지만 지난 300여 년 동안 양국 사이에 일어난 사건들을 종합하고 그 추세를 보여줌으로써 갈등과 화해라는 이분법을 뛰어넘을 수 있는 방법을 모색해 보고자 한다. 이를 위해 서론에 이어 2장에서는 과거 오스만과 러시아의 제국적 발전에 대해 알아보고, 3장에서는 18세기 이후 양국의 갈등과 충돌의 양상을 살펴본 후, 4장에서는 20세기 이후 터키와 소련 및 러시아연방의 경제적 협력과 화해가 일종의 '가상적 화해' 상태임을 추적한다. 그리고 마지막 결론에서는 이런 '가상적 화해'의 의미를 분석할 것이다.

II. 오스만과 러시아의 제국적 발전

1. 오스만[1]

오스만은 투르크족이 세운 국가이기는 하지만 민족명을 국명에 붙인 셀주크투르크와는 달리 건국자 가문의 명칭을 국명으로 삼았다. 이는 오스만이 다른 투르크 국가들에 비해 투르크 정체성을 강조하는 민족공동체는 아니라는 것을 의미한다. 또한 오스만은 이슬람교를 받아들이지만, 종교적 동질성을 추구하는 종교공동체는 아니다. 이슬람교를 믿으면서 오스만 왕조에 충성하는 다양한 사람들, 즉 투르크인뿐만 아니라 아랍인, 그리스인, 발칸인, 유대인, 아르메니아인 등으로 구성된 혼합 국가이다. 왕실도 여러 종족과의 통혼정책을 통해 투르크적 속성을 잃고 점차 이민족들의 혼합체로 변화하였다(Quataert 2005, 27). 오스만에서 투르크는 왕실과 국가의 기원을 나타낼 뿐이며, 이슬람교는 다양한 사람들을 하나로 묶어 주는 정신적 통합의 요소로만 작동할 뿐이다.

---

1   이 부분은 필자의 졸고(2021, 4~7)를 참조하여 재구성하였다.

따라서 오스만은 아랍의 이슬람 국가들과는 달리 이슬람의 교리를 실천하는 종교공동체 국가가 아니라, 호전적인 이슬람 신앙으로 국민통합을 추진하는 실용적인 세속주의 국가다. 이는 오스만이 1517년 이집트 맘루크조를 정복해 칼리프국가의 지위를 물려받았음에도 불구하고, 황제를 칼리프(calif, 계승자)보다 술탄(sultan, 세습군주)으로 부르며 세속주의를 강조한 데에서도 잘 드러난다. 오스만이 이슬람교를 받아들인 이유는 실제적인 것으로서 무엇보다 "초기 무슬림들의 '원초적 정열'과 '호전적 신앙'을 신조로 삼고, 전투명령에 순응하는 용사들의 종교를 추구했기"(Lewis 2002, 19) 때문이다. 즉 이슬람교가 오스만의 정복사업에 가장 적합한 종교였기 때문에 채택되었다는 것이다.

유목민과 무슬림을 양축으로 하는 오스만은 아나톨리아 북서부의 조그만 지역에서 출발해 강력한 군사력을 바탕으로 영토적 팽창을 거듭하면서, 1453년 콘스탄티노플 함락을 통해 비잔틴제국을 멸망시키고 이후 발칸과 동유럽, 아랍, 북아프리카 지역까지 병합해 제국을 완성하였다.[2] 정복국가 오스만은 비잔틴제국을 대체하면서 자신이 로마를 잇는 국가라는 '로마 지향성'을 갖고 있었다(Quataert 2005, 26). 이는 1453년 콘스탄티노플 함락 후 메흐메드 2세가 자신을 로마 황제 계승자인 카이사르(caesar)로 지칭한 것에서도 잘 드러난다. 또한 16세기 전성기 시절 슐레이

---

2 오스만은 비잔틴제국을 멸망시킨 후에도 서쪽은 신성로마제국, 북쪽은 러시아제국, 동쪽은 페르시아제국과 대치했기 때문에 군사에 대한 의존도를 줄일 수 없었다. 1400년부터 슐레이만 대제가 사망하기 전인 1559년까지는 주로 신성로마제국과 72% 기간 동안 전쟁을 벌였고, 1559년부터 베스트팔렌 조약이 체결된 1648년까지는 주로 스페인을 상대로 74% 기간 동안 전쟁을 치렀으며, 1648년부터 1789년까지는 러시아 및 오스트리아와 70% 기간 동안 전쟁을 벌였다(Finer 1997, 1164).

만 대제(재위 1520~1566)가 발칸을 넘어 헝가리를 제압하고 비엔나 공략을 시도한 것도 로마로 가고자 하는 목표를 갖고 있었기 때문이다. 즉 오스만의 국가 목표는 아랍과 북아프리카 지역을 석권해 이슬람 국가들의 맹주가 되는 것이 아니라, 로마를 점령해 그 전통을 계승하는 새로운 로마로서의 오스만제국의 건설이었다.

그러나 1683년 '제2차 비엔나 공략' 실패 후 서구에 밀리게 되자 팽창 대신 수성에 전념했지만 내부에 균열이 생기면서 서서히 쇠퇴하기 시작하였다. 국력이 약화되면서 왕권보다 귀족들의 권한이 더 강해지고, 이러한 귀족권의 강화가 지방권력의 분열을 낳았기 때문이다. 본래 오스만은 소아시아 지역의 아나톨리아와 발칸 지역의 루멜리아로 영역을 나누고 각 영역에 산자크(sancak, 주)와 카자(kaza, 군)를 설치해 지방을 통제했으나, 17세기 말 이후 서구에 밀리기 시작하면서부터 지방은 중앙의 통제에서 벗어나 지역 유지들이 장악하였다. 이들은 대체로 3가지 부류인데, 먼저 오스만 이전부터 지역의 토호세력들이 그대로 유지된 경우, 둘째 중앙에서 파견된 관료가 지역에 정착해 가문 중심의 세력을 형성한 경우, 셋째 아랍 지역처럼 맘루크 출신의 군인들이 지역을 장악해 군사정권을 이룬 경우다. 또한 중앙 귀족인 베지르(vezir)-파샤(pasha)들도 나름의 권력을 유지하였으므로 술탄 중심의 중앙집권화는 불가능하였다(Quataert 2005, 102-110).

이와 같이 국력이 약화되고 정복한 지역들의 분권화가 가속화되는 가운데 오스만은 '이슬람주의(Islamism)'와 '민족주의(nationalism)'가 대두되고 국가의 성격이 점차 변하기 시작하였다. 먼저 서구에 밀리게 된 이유를 종교적·도덕적 문제에서 찾으려는 사람들은 이슬람 정화운동을 벌이면서 이슬람 교리에 충실할 것을 요구하였다. 대표적으로 1740년 아랍 학자 와합(Muhammad Abdul ibn Wahhab)이 지역 통치자인 사우드(Muhammad ibn Saud)[3]와 함께 코란의 가르침, 예언자의 언행, 전통에만 근거한 통치이념과 이슬람 사상에 입각해 국가를 통치한다는 협정을 맺고 '와하비운동'을 벌였다. 이를 통해 아랍 지역에서는 오스만의 정통성이 흔들리기 시작했고, 오스만 왕조를 개혁된 이슬람 국가로 대체하고자 하였다(Quataert 2005, 50-51).

위기의식을 느낀 오스만 정부는 19세기 접어들면서 서구적 근대화의 필요성을 인식하고 장기간에 걸쳐 이를 실현하고자 했으나 큰 성과를 거두지 못하였다.[4] 그 대신 이슬람 법전인 샤리아(Sharia)에 의한 국가건설과 통치체제 구축, 범이슬람 세계에 기반을 둔 단일 정치체제의 건설, 그리고 더 나아가 이슬람 세계로부터 서구적 정치이념 및 서구의 정치적, 경제적, 문화적 침투를 저지하고 이를 제거해야 한다는 생각이 국민의 마음을 사로잡았다(Berman 2003, 258). 요컨대 오스만이 서구 기독교인들과의 대결에서 승리하기 위해서는 전 세계 무슬림의 도움을 받아야 하며 그러기 위해서는 이슬람주의를 표방해야 한다는 것이다.

다른 한편 19세기엔 이슬람주의 외에 민족주의가 새로이 등장하였다. 서구 열강의 점증하는 간섭과 충돌 속에서 '조국'과 '민족'이라는 개념이 생기면서 국가정체성을 대신하게 되었다. 민족주의는 발칸 지역에서 먼

---

3 사우드는 오늘날 사우디아라비아 사우드 왕조의 시조로, 1902년부터 압둘 아지즈 사우드가 아랍의 4개 지역을 묶어 1932년 사우디아라비아를 건국하였다.

4 프랑스대혁명으로부터 영향을 받은 오스만 정부는 셀림 3세(재위 1792~1807)가 처음 서구화 개혁을 시도한 이래, 마흐무드 2세(재위 1808~1839)는 1826년 정치권력과 밀접한 예니체리 근위대를 해체하고 신식군으로 대체했고, 이후 두 명의 술탄에 의한 장기간에 걸친 개혁인 '탄지마트(1839~1876)'가 시도되었으나 큰 성과를 거두지는 못하였다.

저 대두되었는데, 오스만 통치하에 있는 세르비아와 그리스가 19세기 전반 민족주의를 내걸고 제국으로부터의 독립을 쟁취하였다. 또한 19세기 후반엔 서구열강들이 개입하여 오스만 영토를 할양하면서 점점 오스만의 영토가 축소되자, 오스만도 자신의 영토를 지키기 위해 민족주의를 내세울 수밖에 없었다.

특히 오스만의 현실을 비판하던 민족주의 성향의 '청년투르크인들'이 1908년 청년장교들의 군사반란을 계기로 〈연합진보위원회〉를 구성하고 오스만의 권력을 장악하였다. 그러나 이들도 제국의 몰락을 막지 못하고 자유주의자들을 탄압하면서 권력에 매몰되었다가 '제1차 세계대전'에서 패하자 해외로 망명해 버렸다. 이후 연합국 세력들, 특히 오스만에게 적대감이 높은 그리스가 영토에 진입해 들어오자, 케말(Mustafa Kemal)을 중심으로 한 일단의 투르크 민족주의자들이 식민지로 전락하는 것을 막기 위해 독립전쟁을 치르면서 1923년 터키공화국을 새로이 건설하였다. 이슬람 혼합제국 오스만은 사라지고 이제 투르크 민족주의자들이 아나톨리아 지역을 중심으로 세운 새로운 민족국가인 터키공화국이 이를 대신하게 된 것이다.

2. 러시아

러시아는 루시인들의 국가를 의미하는 용어로, 9세기 동슬라브계 루시인 12개 부족이 흑해와 다뉴브강, 우크라이나, 노브고로드, 볼가강 지역까지 광활한 평원에 널리 퍼져 있다가 여러 공국들을 수립하면서 형성되었다. 노브고로드 루시가 처음 수립되었고 이어 키에프 루시가 중심이 되었으나 몽골의 침략으로 멸망했고, 각 지역이 분열된 '분령 시기(1240~1480)'엔

모스크바공국이 중심이 되어 '몽골의 멍에'로부터의 독립을 추구하였다. 이후 모스크바공국은 영토 팽창을 거듭하여 주변 민족들, 예컨대 리투아니아인, 아르메니아인, 그루지아인, 아제르바이잔인, 투르크인 등의 지역을 포함해 광대한 러시아제국을 형성하였다.

이 과정에서 러시아는 전제정(autocracy)의 성격을 갖게 되었다. 먼저 국가 운영의 차원에서 부족들을 통합하고 국가적 팽창을 도모하기 위해 권력을 집중할 필요가 있었다. 특히 '분령 시기' 루시인들은 독립을 위해 모스크바공국의 강력한 독재자를 중심으로 부족들이 뭉쳐야 했으며, 간간이 혼돈의 시대인 '동란의 시기(1598~1613)'[5]와 '혼란의 시기(1725~1762)'[6] 등을 겪으면서, 러시아는 분열과 혼란을 극도로 싫어하게 되었고 통합과 중앙집권을 선호하는 정치문화가 확고히 자리 잡았다.

러시아가 전제정을 용인한 것은 '집단주의'와 '집권주의' 전통이 컸기 때문이다. 모스크바공국의 팽창 과정에서 제국에 흡수된 사람들은 숲이 칙칙하게 우거진 원시림과 하얀 눈이 쌓인 시베리아 대평원과 같은 외경스러운 자연환경 속에서 자연에 도전하기보다는 순응하며 살아왔으며, 수없이 겪은 역사적 수난들에서 살아남기 위해 서로 집단을 이루어 대처

---

5 '동란의 시기'는 1598년 표도르 1세가 왕위계승법이 없는 상황에서 후사 없이 사망하자, 계승자를 자처하는 사람들이 다수 등장해 혼란이 발생한 시기를 일컫는다. 이때 유명한 '가짜 드미트리 사건'이 발생하고, 왕이 없는 '공위기'를 거쳐, 결국 1613년 로마노프왕조가 새로이 수립되었다. 이때도 러시아인들은 전제정을 외세를 극복하고 사회통합을 이루는 확실한 안정 보장책으로 생각하였다.

6 '혼란의 시기'는 1725년 표트르 대제가 사망하자 후계자 문제를 둘러싸고 연속된 분쟁이 발생해, 그의 둘째 부인 예카테리나 1세를 비롯한 여자 황제 3인, 12살 소년 1인, 젖먹이 1인, 정신박약자 1인이 제위에 올랐던 시기를 일컫는다. 이는 1762년 예카테리나 2세가 궁중혁명으로 남편 표트르 3세를 몰아내고 즉위해 국정을 안정시킴으로써 막을 내렸다.

해 왔다. 요컨대 그들은 자영농 대신 미르(mir)라는 농촌공동체를 만들어 집단적으로 생활했고, 이 집단생활 속에서 공동체장이 가부장적 집권주의로 통솔하면서 공동체를 유지하였다(기연수 1998, 220~226).

한편 러시아에서는 고대 로마와 동로마 비잔틴을 잇는 세 번째 로마라는 뜻의 '제3로마' 사상이 대두되었다. 러시아는 988년 비잔틴으로부터 기독교 정교를 받아들인 후 정교회의 일원이 되었는데, 1453년 비잔틴이 오스만에 멸망하자 신앙심이 깊은 모스크바공국의 이반 3세가 비잔틴 공주 소피아와 결혼하고 자신을 비잔틴의 후계자로 자처하면서 '제3로마'로 정당화하기 시작하였다(김은실 2001, 211~212). 그런데 러시아에서 종교와 정치의 관계는 서구와 사뭇 다르다. 러시아 황제는 비록 정교회로부터 정통성을 인정받지만, 1666년 황제가 주교회의에서 선출된 니콘 총주교를 해임하고 교회인사권을 장악한 때를 기점으로 황제 중심의 정교일치를 이룬 '황제교황주의(caesaropopism)'[7]가 성립되었다(Fukuyama 2011, 392). 이는 종교를 국가통치의 도구로 사용했다는 것을 의미하며, 1721년 표트르 대제는 아예 총주교직을 폐지하고 '신성종무원'을 설치해 종교를 정부의 한 기관으로 전락시켰다.

전제정과 정교일치로 중앙권력이 강화된 러시아는 차르(czar)라는 전제군주 아래 지배계층인 귀족과 피지배계층인 농민들로 편재되었다. 18세기 말 인구 구성은 귀족 1.5%, 성직자 1%, 도시민 3%, 농민 45%, 농노 50% 정도이다(Riasanovsky 2011, 408). 지배계층인 귀족은 소수이지만

---

7 러시아의 '황제교황주의'는 이슬람교의 '정교일치'와는 다른 측면이 있다. 이슬람교에서는 종교지도자가 정치권력도 갖는 것을 정교일치라고 하는 반면, 러시아에서는 황제가 교리를 자의적으로 해석하지는 못하지만 종교계 인사권을 장악함으로써 종교를 정치에 예속시킨 상태를 일컫는다.

전제정 국가로부터 각종 특혜와 혜택을 받아 영지를 소유하고 부유한 삶을 영위했으나, 서구의 귀족만큼 특권과 자치권을 누리지는 못하였다. 앞서 지적한 바와 같이 황제의 전제정이 용인된 상태에서 귀족의 한계도 분명하였다. 예컨대 '분령 시기'에 작지만 비교적 자치권을 누렸던 작은 공국들은 몽골과의 대항전선에 앞장선 모스크바공국에게 주도권을 넘겨주었고 점차 중앙집권화 속에서 자치권을 잃어갔다.

러시아는 팽창주의적 특성을 갖고 있다. '분령 시기' 몽골의 멍에에서 벗어나기 위한 투쟁이 영토 팽창으로 이어졌다. 특히 표트르 대제 때에는 동쪽으로 시베리아, 북쪽으로는 상트페테르부르크, 그리고 남쪽으로는 발칸과 러시아 남부평원에 도달했으며, 예카테리나 2세(재위 1762~1796) 때에는 서쪽의 폴란드 분할에 참여하고 리투아니아와 우크라니아 지역까지 영토를 확대하였다. 이는 자연적 방어물이 별로 없는 러시아가 적대국과의 사이에 최대한의 완충지대를 확보하려는 안보적 측면과 비옥한 농토 및 부동항을 얻기 위한 경제적 이유 때문이었다. 또한 기독교 정교회의 수장으로서 메시아적 태도로 오스만 무슬림에 박해받는 정교도를 보호하려는 정신적 이유도 한몫을 거들었다.

한편 19세기 러시아의 팽창 과정에서는 '범슬라브주의'가 득세한다. 이는 15세기 러시아가 비잔틴을 잇는 '제3로마'로 자처할 때, 오스만에 귀속된 발칸의 정교를 믿는 슬라브인들의 해방자가 되려는 의도에서 처음 나타났다. 하지만 당시 러시아는 오스만에 비해 국력이 약하고 내부에 전제정 수립이 더 시급한 문제여서 '제3로마' 사상에 더 무게가 실렸다. 그러다가 19세기 접어들면서 발칸 국가들이 민족주의를 내세워 오스만으로부터의 독립을 추진하자, 러시아는 오스만과의 대결에서 우위를 점하기 위해 이들의 독립운동을 지원하면서 '범슬라브주의'를 근거로 내세웠던 것이다(정희석 2000, 260).

　군사적 성공이 이어지던 19세기 러시아는 제국의 전성기에 도달하였다. 하지만 여전히 영국 및 프랑스 등 서구에 비해 근대화는 매우 부족하여 성장에 한계가 있었다. 비슷한 처지의 프로이센이 19세기 전반 근대화를 성공적으로 추진한 것에 고무되어 19세기 후반 알렉산드르 2세(재위 1855~1881)는 '대개혁'을 시도하였다. 1861년 농노제 폐지, 1864년 지방정부와 사법제도 개혁, 1866년 국립은행 창설, 1874년 군사개혁과 국민개병제 등을 실행했으나 권력구조의 핵심인 입헌군주제에는 반대하였다. 더욱이 1881년 알렉산드르 2세가 '인민의 의지' 당원에게 암살당하자 후임 황제들은 다시 반동주의로 회귀했고, 이는 제국의 몰락을 재촉해 1917년 두 차례의 인민혁명을 통해 막을 내렸다.

III. 18~19세기 오스만 – 러시아의 갈등과 충돌

앞서 살펴본 것처럼 오스만과 러시아는 양국 사이에 공통점과 차이점이 뚜렷하다. 먼저 공통점은 양국 모두 다양한 민족 구성원(비록 중심은 투르크족과 루시족이지만)이 혼합제국을 이루었으며, 국가정체성을 형성하기 위해 종교(오스만은 이슬람교, 러시아는 기독교 정교)에 의존했고, 군사강국으로서 영토의 확장과 특히 로마를 잇는 세계제국 건설을 목표로 삼았다는 것이다. 하지만 차이점은 러시아가 집단주의와 집권주의를 통해 단결력을 과시하고 차르의 영도에 따라 일사불란하게 움직인 반면, 오스만은 왕권보다 지역 귀족들과 고위급 인사들의 권한이 강해 항상 지역 반란에 직면하였다. 또한 러시아는 슬라브족의 일원이고 기독교 정교를 믿는 국가로서 유럽 국가들과의 교류가 용이해 서구화에 대한 반감이 적었던 반면, 오스만은 투르크족이며 이슬람교를 믿는 국가로서 서구에 대한 반감이 깊었다. 하지만 러시아는 19세기에도 지속된 전제정의 전통 때문에, 그리고 오스만은 19세기에 국력이 약화되면서 득세한 이슬람주의와 민족주의 때문에 근대화에 실패하고 더 이상 체제 유지가 힘들었다.

이렇듯 다른 민족과 종교에 기초하면서도 영토를 넓히고 또 다른 로마가 되려는 국가 목표를 가진 양국이 국경을 마주하면서 크고 작은 전쟁을 통해 서로 충돌한 것은 당연해 보인다. 오스만의 전성기인 16~17세기까지만 하더라도 러시아는 비약적으로 성장했지만, 오스만에 비해 뒤처져 있었다. 심지어 러시아는 오스만에 공물을 바치는 위치에 있었으며, 러시아인들은 오스만의 속국인 크림칸국 사람들에게 노예로 잡혀 오스만에 팔려 가기도 하였다.

하지만 18세기 초 러시아의 표트르 대제가 급격한 서구화와 남진정책을 추진하면서부터 두 나라의 관계는 역전되었다. 특히 1683년 오스만의 '제2차 비엔나 공략'의 실패가 중요한 계기가 되었다. 당시 오스트리아는 오스만의 공격을 막아내는 동시에 1684년 '신성동맹'의 도움으로 오스만에 반격을 가해 승리를 거두었고, 1699년 '카를로비츠 조약'을 맺어 오스만의 서구 침략의 꿈을 아예 접게 만들었다. 이때 러시아는 '신성동맹'에 참여해 오스만과 전투를 벌인 바 있는데, 오스트리아가 주도한 '카를로비츠 조약'에 참여했으나 영토를 할양받지는 못하였다. 이에 1700년 오스만과 '콘스탄티노플 조약'을 따로 체결해 흑해 요충지인 아조프를 획득하는 성과를 거두었다.

아조프 획득 후 러시아는 본격적인 남진정책을 추진하여 발칸 지역과 카프카스 지역에서 오스만과 계속 격돌하였다. 특히 러시아와 스웨덴이 발트해 패권을 놓고 벌인 '북방전쟁(1700~1721)' 기간 중 1708년 '폴타바 전투'에서 패배한 스웨덴 왕 칼 12세가 오스만에 망명해 러시아를 함께 공격할 것을 권유하자, 오스만은 이에 동의하였다. 그 결과 오스만은 몰다비아에서 러시아에 승리하고 1712년 '프루트 조약'을 체결하였다. 이를 통해 오스만은 흑해 연안의 아조프를 되찾고 몰다비아의 러시아 요새들을 점령함으로써 양국은 팽팽하게 맞서게 되었다.

이후 러시아는 카프카스 지역에서 오스만 대신 먼저 페르시아 세력을 몰아내는 데 집중하였다. 원래 카프카스 지역은 오스만과 페르시아가 각축을 벌이던 지역인데, 여기에 러시아가 참여해 먼저 페르시아 세력을 제거하려 한 것이다. 이때 러시아는 다게스탄과 아제르바이잔 지역을 획득하고 카스피해 연안 중심인 바쿠에 이르렀다. 러시아는 1723년 페르시아와 '페테르부르크 조약'을 체결해 획득한 지역을 자신의 영토로 인정받았다. 이후 카프카스 지역은 150여 년간 러시아-오스만 군사 대결의 최전선 역할을 담당하였다(정세진 2013, 125).

1735년 러시아는 몰다비아와 크림반도를 둘러싸고 다시 오스만과 전쟁을 벌였다. 러시아는 오스트리아의 도움을 받아 몰다비아와 크림반도 및 아조프를 점령하지만, 1739년 '니시 조약'을 체결할 때 오스트리아가 러시아를 견제하고자 압력을 넣어 러시아는 크림반도와 몰다비아에서는 철수하고 아조프의 소유만 인정받았다. 그래도 러시아는 다시 흑해로 진출할 수 있는 교두보를 확보하는 전과를 올렸다(정세진 2013, 126).

러시아의 남진정책이 본격적으로 재개되기까지는 좀 더 시간을 기다려야 했다. 예카테리나 2세가 '혼란의 시기'를 끝내고 나서야 비로소 러시아는 다시 남쪽으로 눈을 돌릴 수 있었기 때문이다. 예카테리나 2세의 목표는 크림 타타르 지배하에 있던 크림 지역을 병합하고 남부의 자연적인 국경선인 카프카스 산맥까지 영토를 확보해 흑해에 안정적으로 진출하는 것이었는데, 이 모든 것이 오스만 세력을 몰아내야만 가능한 일이었다. 그리하여 러시아는 1768년 '제1차 러시아-오스만 전쟁'을 일으켰다. 먼저 해군은 발트해에서 출발해 지중해를 거쳐 오스만 해역으로 진격해 승리를 거두었고, 육군은 오스만 속국인 크림칸국과 발칸반도로 진격해 모두 승리를 거두었다. 1774년에 맺은 '쿠축 카이나르지 조약'은 러시아 역사에서 가장 중요한 조약으로, 그 결과 러시아는 흑해, 크림반도, 카프카스 지역에 모두 진주하게 되었고, 오스만 해역에서 자유롭게 항해가 가능해졌으며, 오스만 수도인 콘스탄티노플에 정교회 교회를 건립하고 이를 보호하게 되었다(Riasanovsky 2011, 387-388).

'제2차 러시아-오스만 전쟁'은 러시아가 크림칸국을 합병한 이후인 1787년 발발했는데, 이 전쟁은 오스만이 러시아에 복수하기 위해 영국과 스웨덴의 도움을 받아 시작되었다. 하지만 강력한 러시아군이 승리를 거두고 오스만 수도인 콘스탄티노플 근처까지 진격하자 1792년 '야시 조약'을 맺어 오스만은 러시아의 흑해 연안과 크림칸국 합병을 공식적으로 인정하게 되었다(Riasanovsky 2011, 389). 두 차례에 걸친 러시아-오스만 전쟁의 결과 러시아의 약진에 놀란 영국과 프랑스는 오스만을 적극적으로 지원하면서 소위 '무슬림 장벽'을 이용해 러시아의 남진을 막는 정책을 채택하게 되었다(정세진 2013, 134).

이 전쟁에서 승리함에 따라 자신감을 얻은 예카테리나 2세와 그녀의 총신 포템킨은 소위 '그리스 프로젝트'라는 것을 구상하였다. 이 계획은 러시아가 오스만 전체 혹은 오스만의 유럽 지역인 루멜리아를 정복해 콘스탄티노플을 중심으로 거대한 기독교 정교회 국가를 건설하는 것을 목표로 삼았다. 심지어 예카테리나 2세는 자신의 둘째 손자 이름을 콘스탄틴으로 지었고, 그를 그리스인 유모에게 맡겼으며, 콘스탄티노플의 성 소피아 대성당 모양을 담은 메달을 만들게 하였다. 오스트리아는 이 계획에 동의한 바 있는데, 이는 러시아가 오스트리아에 발칸 지역에서 보상해 주겠다는 약속을 한 덕분이었다. 하지만 이 계획은 포템킨이 죽자 흐지부지되었다(Riasanovsky 2011, 388-389).

19세기에 두 나라가 다시 충돌한 것은 그리스 문제를 둘러싸고서이다. 러시아는 그리스가 오스만으로부터 독립하는 것을 적극 지원했는데, 이 때문에 1827년 오스만과 다시 전쟁을 벌이게 되었다. 전쟁은 러시아와 그리스의 승리로 끝났고, 전후 처리를 위해 1829년 '아드리아노플 조약'을 체결하였다. 그 결과 오스만은 그리스의 독립 혹은 자치를 보장하며, 러시아는 다뉴브강 삼각주와 그루지아 지역 일부를 할양받고, 오늘날 아르메니아와 아제르바이잔 지역 일대의 영유를 인정받았다. 또한 러시아는 오스만의 보스포루스 해협과 다르다넬스 해협의 통행권을 다시 보장받았고, 오스만 영내에서 러시아인들의 통상권을 획득하였다. 그뿐만 아니라 몰다비아와 왈라키아는 형식상 오스만 속국으로 남지만 각자 자치를 할 수 있게 되었고, 세르비아도 자치권이 보장되었다. 요컨대 발칸 지역에서 오스만의 영향력은 크게 줄어들었으며, 발칸 국가들의 독립과 자치가 이루어짐으로써 오스만 국력이 크게 쇠퇴하였다.

전쟁을 통해 강력한 힘을 갖게 된 러시아는 1853년 오스만에서 예루살렘, 즉 성지 관할권 문제를 둘러싸고 정교회 교도와 가톨릭 교도들이 충돌하자 정교회 교도들을 보호한다는 명목으로 오스만 내정에 개입하는 한편, 다뉴브강 유역의 공국들을 점령해 버렸다. 이에 '제1차 동방전쟁(크림전쟁)'이 발발하였다. 오스만은 처음엔 열세였으나 러시아를 견제하기 위해 영국과 프랑스가 돕자 전세가 크게 변하였다. 카프카스에서는 러시아군이 승리했지만, 크림반도에서는 오스만과 영불연합군이 러시아 흑해함대 주둔지인 세바스토폴을 점령함으로써 이 전쟁에서 궁극적인 승리를 거두었다. 전쟁 결과 1856년 '파리 조약'을 체결했는데, 여기엔 러시아의 오스만 내정 불개입, 러시아 흑해함대 폐지, 러시아가 점령한 다뉴브 공국들의 포기 등이 포함되었다(Riasanovsky 2011, 486-487).

만회할 기회를 노리던 러시아는 발칸 지역에서 반오스만 정서가 대두되고 민족주의적인 독립운동이 확산되자, 오스만과 '제2차 동방전쟁'을 벌였다. 이미 1875년 보스니아와 헤르체고비나에서 오스만의 지배에 반대하는 봉기가 일어났으며, 1876년 불가리아에서 대규모 봉기가 발생하였다. 특히 불가리아에서는 오스만의 훈련이 덜 된 비정규군이 잔인하게 불가리아인들을 진압함으로써, 불가리아인 15,000여 명이 학살되고 마을과 정교회 수도원들이 크게 파괴되었다(김현수 2006, 179). 러시아는 이 기회를 틈타 '범슬라브주의'에 입각해 발칸 국가들을 지원하는 명목으로 오스만과의 전쟁을 벌인 것이다.

이렇게 발칸 국가들의 독립을 지원하면서 러시아는 오스만과 다시 조우하게 되었다. 여기서 러시아는 세르비아, 루마니아, 몬테네그로, 불가리아와 함께 오스만을 공격해 발칸 국가들의 독립을 성취하고 오스만에 최종적인 승리를 거두었다. 1878년 러시아는 오스만과 '산스테파노 조약'을 맺었는데, 이에 따라 오스만은 유럽 내 영토를 거의 잃어버리고 발칸 국가들의 독립을 승인하게 되었다. 그런데 러시아의 확장을 경계한 영국과 프랑스, 그리고 범슬라브주의의 득세를 우려한 오스트리아-헝가리 제국이 이에 반대하자, 독일 재상 비스마르크가 여러 유럽 국가들이 참가하는 회의를 열어 러시아에게 유리한 결과를 재협상하게 만들고 '베를린 조약'을 맺어 러시아를 견제하였다. 그 결과 불가리아는 독립을 획득했으나 그 영토가 크게 줄어들고 여전히 오스트리아-헝가리 제국의 종주권 아래 놓이게 되었으며, 세르비아, 몬테네그로, 루마니아의 독립은 인정되었으나 일부 영토를 오스만에 돌려주어야 했다. 한편 영국은 중재의 대가로 키프로스의 관할권을 얻었으며, 오스트리아-헝가리 제국은 보스니아-헤르체고비나에 대한 실제적 지배권을 획득하였다. 그리고 오스만은 동부 루멜리아와 마케도니아를 반환 받았다(Riasanovsky 2011, 579-580).

이 전쟁은 러시아와 오스만 양국 국민의 적대적 감정을 최고조로 끌어올림으로써, 양국에 가장 큰 갈등을 안겨주었다. 먼저 오스만의 경우, 이 전쟁에서 발칸 지역에 거주하던 오스만 무슬림 50만 명 정도가 슬라브인들에게 학살당하는 참화를 겪었다. 초기엔 불가리아에 진주한 러시아군에 의해서, 그 후엔 독립을 쟁취하려는 불가리아인들에 의해 발칸 무슬림들이 무참히 학살당했으며, 참화를 피한 불가리아에 살던 100만여 명의 무슬림들이 고향에서 쫓겨나 오스만의 아나톨리아 지역으로 이주해야만 했다.

다른 한편 '베를린 조약'에 따라 러시아는 아르메니아의 점령지에서 물러나야 했는데, 정교회 국가인 아르메니아는 다시 오스만의 지배를 받게 됨으로써 본의 아니게 참화를 겪게 되었다. 오스만 영토에 남겨진 아르메니아인들 중 2만여 명이 러시아군을 따라 러시아 본국으로 이주했지만, 그러지 못한 아르메니아 정교도들은 오스만 무슬림들이 발칸 지역에서 당한 것에 대한 보복으로 학살당하고 가옥과 마을이 심하게 파괴되었다(강윤희 2018, 33~34).[8]

---

8 오스만 무슬림의 아르메니아 정교도에 대한 학살은 이후 두 차례에 걸쳐 대규모 학살로 이어졌다. 먼저 1894년에서 1896년에 걸쳐 행해진 집단학살은 콘스탄티노플 등

두 차례에 걸친 '동방전쟁'은 오스만과 러시아 사이에 깊은 적대감을 심어주었다. 18세기까지만 하더라도 갈등과 전쟁이 국경선을 마주한 국가들의 경계선 쟁탈전 성격을 갖고 있었던 반면, 19세기에는 여기에 정신적 갈등, 예컨대 범슬라브주의와 같은 민족적 갈등이나 무슬림과 정교도의 학살에 따른 종교적 갈등으로 비화되기에 이르렀다. 양국이 감정을 가라앉히고 다시 화해의 분위기로 돌아서기까지는 양국 모두의 체제 전환을 기다려야만 했다.

IV. 20~21세기 터키-소련(러시아)의 협력과 화해

'제1차 세계대전'을 기점으로 러시아는 공산혁명을 통해 소비에트연방 체제로 전환되었고, 오스만 역시 제국이 무너지고 아나톨리아 지역 중심의 터키공화국으로 변신하였다. 새로 등장한 양국 간에는 크게 세 단계를 거쳐 갈등과 협력관계가 이어졌다. 먼저 1929년 시작된 '세계대공황' 시기엔 경제협력을 도모했으며, '2차 세계대전' 후 냉전 시기엔 터키가 서구 자유 진영에 가담함으로써 서로 불편한 관계를 이루었고, 1991년 소련 붕괴 후 등장한 러시아연방은 터키와 경제협력에 바탕을 둔 '전략적 협력' 관계에 돌입하였다.

먼저 1917년 공산혁명으로 등장한 소련과 1923년 탄생한 터키공화

서쪽의 대도시를 중심으로 오스만 국토 전체에서 일어났으며, 두 번째는 1915년에서 1916년에 걸쳐 오스만령 아나톨리아 동부에서 아르메니아인의 강제 이주로 인해 약 100만 명의 아르메니아인이 희생되었다.

국은 자국의 질서를 회복하고 내치에 집중하느라 외부에는 별다른 주의를 기울이지 않았다. 차르와 술탄의 전제정을 경험한 양국은 체제 전환 이후에도 전통적인 정치문화에 따라 국가권력이 주도하는 '국가주의 (statism)'에 입각해 당시의 혼란된 위기를 탈출하고자 하였다. 터키는 오스만 말기 대두된 이슬람주의와는 거리를 두고 투르크 민족주의를 채택했으며, 서구의 도움을 받아 근대화를 추진하고자 하였다. 터키 건국자인 케말은 영토 확장의 야망과 범이슬람주의 등 오스만의 전통을 포기했으며, 심지어 샤리아에 따르는 이슬람 사법체계와 칼리프제를 폐지하고 세속주의 국가로 근대화와 경제발전을 추진하였다(Lewis 2002, 257-258). 따라서 터키는 과거 오스만의 지배 아래 있던 중앙아시아, 카프카스, 터키 외 투르크 국가들 및 이슬람 세력들과의 교류를 의도적으로 기피하였다. 실제로 이 국가들은 대부분 소련의 세력권에 편입되어 터키가 그들과 교류하는 것도 힘들었다. 소련 역시 혁명 후에 내전을 겪고 권력의 안정을 추구했으며, 1921년 '신경제정책'을 채택하고 1928년 국제혁명 대신 '일국사회주의' 노선을 따르면서 자국의 경제발전에 집중하였다. 요컨대 터키는 자국의 근대화에 몰두하느라 더 이상 소련과 충돌할 여유가 없었고, 소련도 내부에 공산 체제를 안착시키느라 터키와 분쟁을 일으킬 여력이 없어서, 양국 관계는 소강상태를 이루었다.

터키 내부를 들여다보면, 초기에 경제는 국가의 주도 아래 서구식 자본주의를 받아들여 일정 부분 성장하였다. 전통적으로 오스만 경제는 '준비주의(provisionalism)'를 채택했는데, 이는 항상 전쟁에 대비하고 대중의 굶주림을 피하기 위해 국가 주도로 군수품과 생활필수품을 준비하고 경제를 통제하는 정책이다. 따라서 오스만은 주요 물자들, 예컨대 금속, 화약, 목재, 곡물, 육류 등의 생산을 철저히 감독하고 수출을 금지시켰으며,

무역도 수출보다 수입 위주의 무역이었다. 그 결과 생산양식은 산업화 이전의 수공업 단계에 머물렀고, 분업이나 새로운 기술은 출현하지 못하였다(Inalcik 1994, 717).

터키는 이런 준비주의적 경제 체제로부터 초보적이기는 하나 자본주의적 시장경제 체제로 전환을 시도하였다. 그러나 1923년 터키의 독립이 승인된 '로잔 조약'에서 부분적으로 터키의 관세부과 권한을 제한함으로써 후진적 경제에 머물러 있는 터키에게 무역에 있어서 불리한 환경이 조성되었다(Lewis 2002, 281). 또한 터키 정부는 자본주의적 경제성장을 도모하면서 국가가 산업을 주도했기 때문에 민간기업을 육성하지 않아 민간자본의 축적도 더디게 이루어졌다. 그 결과 1929년 '세계대공황' 시기가 되자 터키 경제는 큰 타격을 입었다.

그런데 터키가 소련과 다시 밀접한 관계를 맺기 시작한 것은 바로 이때부터다. '세계대공황' 당시 소련은 자본주의 경제질서 외부에 있어서 그로부터 거의 영향을 받지 않았기 때문에 터키는 여력이 있는 소련으로부터 경제적 도움을 얻기 시작하였다. 양국은 1925년 '상호우호조약'을 체결한 바 있는데, 그렇다고 해서 터키가 정치적으로 소련의 공산주의를 받아들인 것은 아니다. 케말은 터키에서의 공산주의 활동을 억제하고 자신의 국가주의와 소련의 공산주의와의 유사성을 공식적으로 부인하기도 하였다. 또한 국제 공산주의 운동가들도 케말은 진보적이며 혁명적인 인물로 간주하기는 했지만 본질적으로 반공주의자로 규정한 바 있다(Lewis 2002, 470). 따라서 양국의 우호적 협력은 경제 부문에 국한되었는데, 특히 '세계대공황' 시기에 접어들자 터키는 1929년 소련과 '통상조약'에 서명하고 1932년부터는 본격적인 경제협력을 통해 소련에서 차관을 도입하였다. 터키는 이 자금을 기초로 1934년 '제1차 경제개발5개년계획'을

수립하고 공장과 산업을 육성할 수 있었다.[9]

소련과 터키의 관계가 틀어진 것은 '제2차 세계대전' 후 냉전 시기에 접어들면서부터이다. 양국 관계는 소련이 터키 북동부 영토와 터키 해협에 대한 영유권을 주장하면서 악화되기 시작하다가, 1950년 터키가 '한국전쟁'에 UN군으로 참가하고 1952년 자유진영의 안보공동체인 북대서양조약기구(NATO)에 가입하면서 틀어지게 되었다. 전통적으로 서구는 터키(오스만)를 통해 러시아의 남진을 막는 것을 전략적 목표로 삼아 왔으며, 이때도 터키의 궁극적 목표는 서구의 도움을 받아 근대화를 추진하는 것으로서, 경제지원을 받기 위해 1963년 유럽경제공동체(ECC) 후보회원 자격을 얻는 등 친서방정책을 계속 추진하면서 소련과 각을 세웠다(김연규 2010, 178).

그러나 1991년 소련이 붕괴되고 러시아연방이 새로 탄생하면서 양국 관계는 또다시 변하기 시작하였다. 처음엔 유라시아 지역에서 전통적으로 경쟁 관계에 있던 두 나라가 다시 지역 패권을 둘러싸고 경쟁할 것으로 예측되었다. 특히 러시아연방 내부에서는 자신의 힘이 약해진 이때 터키가 과거 오스만의 패배에 대해 보복할지도 모른다고 우려하였다. 그 구체적 방법으로는 소련에서 독립한 카프카스 및 중앙아시아 그리고 공산진영에서 이탈한 발칸 지역에서 터키가 옛날 오스만의 영향력을 다시 행사할지도 모른다고 걱정하였다. 이것은 어느 정도 일리가 있었는데, 터키는 중앙아시아 투르크 국가들에 노골적으로 접근하고 러시아로부터 독립

---

9   소련의 입장에서 터키에 차관을 제공하고 경제적 협력을 추진한 것은 공산주의를 확산하려는 정치적 고려 때문이다. 또한 터키의 '제1차 경제개발5개년계획'은 1934년부터 1939년까지 진행되었는데, 소련의 도움뿐 아니라 전통적으로 터키에 이해관계가 있는 영국의 도움이 컸다.

하려는 체첸 반군을 직접 지원하기도 하였다(김연규 2010, 200).[10]

그러나 1992년 양국이 '우호협력 조약'을 맺은 후에 경제와 무역 부문에서의 협력이 진행되었으며, 1990년대 후반부터 양국은 경제적으로 밀접한 협력관계를 이루었다. 특히 에너지 분야에서의 협력이 크게 증대한 2000년대 들어와서는 '전략적 파트너' 관계로까지 진전하였다. 이러한 관계 개선을 가져온 일등 공신은 러시아 천연가스를 터키까지 흑해 해저로 운송하는 '블루 스트림 파이프라인'의 건설이었다. 1997년 양국이 계획에 합의하고 2003년 가스운송관 건설을 시작하면서 양국 경제는 이해관계를 함께 하게 된 것이다. 사실 양국 사이의 가스운송관 사업은 1980년대 소련 시절 동부 발칸 지역에서 시작되었는데, 2005년 '블루 스트림 파이프라인'이 개설되자 그 효과가 엄청나 경제협력이 절정에 달하였다. 그 결과 터키 경제는 2005년부터 2010년 사이에 연평균 8~9%의 고속 경제성장률을 기록했으며, 터키 가스 소비의 66%를 이 가스운송관에 의존하게 되었다(Troulis 2016, 116).

양국의 경제교류에 있어서 또 다른 중요한 분야는 무역과 건설 및 관광 부문이다. 먼저 무역 부문에 있어서 양국 사이에는 공식적으로 여러 종류의 거래가 이루어졌는데 특히 농산물의 러시아 수출은 터키 경제에 큰 도움이 되었다. 또한 양국은 지역적으로 인접해 있기 때문에 소위 비공식적인 셔틀무역(shuttle trade)이 크게 증가하였다. 건설 부문에 있어서는 터키 기업들이 러시아에 진출해 수년에 걸쳐 300억 달러가 넘는 투자를 하고 1만여 명의 근로자들을 파견하였다. 한편 터키는 관광 부문에서

---

10 터키의 체첸 반군 지원에 대응하여 러시아연방은 터키에서 분리하려는 쿠르드 반군을 지원하였다.

수입을 크게 올렸는데, 2000년부터 2015년 사이에 터키를 방문한 러시아인 관광객 수가 60만 명에서 450만 명까지 추산될 정도로 터키 관광업은 호황을 누렸다(Coskun 2019, 39).

하지만 양국의 경제협력 증진에는 또 다른 정치적 이유가 숨어 있다. 터키가 경제문제에 있어서 러시아연방과의 협력을 강화한 것은 냉전 시대부터 친서방정책을 추진해 온 터키가 유럽으로부터 원하는 만큼 환대받지 못해 발생한 반작용의 결과이기도 한 것이다. 터키는 서방국가의 완전한 일원이 되기 위해 오랫동안 노력하였다. 1952년 NATO 가입, 1963년 EEC 후보회원국 진입, 1987년 EEC 정회원국 가입 신청, 그리고 1999년 EU 가입을 신청한 것이다. 하지만 유럽 국가들은 터키의 EEC 정회원국 가입과 EU 가입을 일부 회원국들이 반대한다는 이유로 모두 유보하였다. 후발 주자이자 바르샤바조약기구(WTO, Warsaw Treaty Organization) 회원국이었던 폴란드, 헝가리, 체코, 슬로바키아, 불가리아, 루마니아 등의 EU 가입이 승인되는 동안에도 터키는 여전히 후보국에 머물렀다.[11] 이렇게 터키와 유럽의 관계가 소원해짐에 따라 터키는 유럽에 대한 대안으로서 러시아와의 협력을 고려했으며, 러시아와 유라시아의 공동정체성 형성을 강화하게 된 것이다(김연규 2010, 202~203).

또한 터키의 국내정치적 측면에서, 2002년 온건 이슬람 정당인 정의개발당(JDP)이 선거에 승리해 정권을 장악하고 2003년 에르도안(Recep Tayyip Erdoğan)이 총리에 취임했는데, 이때 경제성장률이 연평균 7.3%에 이르고 1인당 GDP가 2배로 증가하면서 경제가 크게 개선되고 정의개발

---

11 더욱이 2020년 3월 유럽의회에서 터키의 EU 가입 논의를 중단해야 한다는 결의안이 가결되어, 현재는 사실상 모든 절차가 멈춘 상태이다.

당은 국민에게 큰 지지를 얻게 되었다. 그 결과 터키에서는 친이슬람주의와 신오스만주의가 새로 대두하였고, 지지부진한 EU 가입 대신 과거 오스만이 통치했던 중동과 중앙아시아 등에서 영향력을 확대하자는 전략 아래 러시아와의 협력을 강화하게 된 것이다(김연규 2010, 182~183).

하지만 오늘날 터키와 러시아의 '전략적 파트너' 관계가 진정한 화해와 상호협력의 관계로 진전되었다고 보기는 어렵다. 여기에는 크게 두 가지 이유가 있다. 먼저 경제적 측면에서 양국의 경제협력 관계가 상호의존적(interdependent)이라기보다 터키가 러시아에 보다 의존적(dependent)이라는 데 문제가 있다. 이는 다른 부문보다 에너지 부문에서 특히 심하다. 앞서 살펴본 것처럼 터키는 러시아에서 값싼 에너지를 공급받아 경제성장을 도모했는데, '블루 스트림 파이프라인'을 비롯해 러시아에서 수입하는 천연가스가 터키 소비의 66%를 차지해 의존도가 상당히 높았다. 반면, 러시아의 가스 및 석유 수출의 터키 의존도는 20%도 채 안 될 뿐 아니라 러시아가 터키의 또 다른 에너지원인 원자력발전소 건설을 지원하기 때문에 터키의 러시아에 대한 의존도가 훨씬 높다. 이러한 에너지 파트너십은 상호의존성이 아니라 의존성에 더 가까운 형태로서, 러시아는 언제든지 이 협력관계를 파기할 수 있는 유리한 위치에 있다(Troulis 2016, 117).

다른 한편 국제정치적인 측면에서, 터키와 러시아는 유라시아 지역에서 항상 경쟁 관계에 놓여 있다는 점이다. 앞서 지적한 것처럼, 양국이 유라시아 지역공동체 형성을 도모한다고 하더라도 궁극적으로는 어느 한 국가가 패권을 갖게 될까 봐 항상 상대방을 견제하고 감시할 수밖에 없다. 사실 터키가 유럽에 대한 대안으로 러시아를 '전략적 파트너'로 삼았더라도, 양국은 예전 오스만-러시아 시절처럼 지정학적으로 카프카스, 발칸, 중앙아시아 등지에서 계속 충돌을 피할 수 없다. 특히 터키는 소련 붕괴 이후 독립한 중앙아시아 투르크 국가들에게 자신이 큰 형님 역할을 해주겠다면서 '범터키주의(Pan-Turkism)'를 내세워 접근한 적이 있는데, 이는 러시아연방의 심기를 크게 건드리는 일이었다. 다만 터키가 그들에게 실질적인 지원을 해줄 정도의 경제적 여력이 없어서 별다른 도움을 주지 못하자, 1990년대 후반부터 터키는 범터키주의 대신 여러 투르크 민족들과의 협력과 연대를 강조하는 '범투르크주의(Pan-Turanism)'로 선회함으로써, 러시아의 긴장감은 완화되었다(김연규 2010, 185~186).

반면 터키 입장에서는 아직도 진행되고 있는 러시아의 남진정책이 가장 신경 쓰이는 부분이다. 이는 터키의 안보와 직결되는 것으로서, 오스만제국 시절부터 계속 이어져 온 문제이다. 1990년대 후반 경제협력으로 인해 양국 관계가 급속히 개선될 때에는 초반의 대결적 구도를 넘어 정치적-군사적 협력관계를 이루려고도 하였다. 이는 터키의 EU 가입이 거부된 것과도 연관이 있으며, 이런 맥락에서 2002년엔 양국이 정치적-군사적 동맹관계를 모색하기도 하였다. 그러나 2008년 러시아와 조지아의 '5일 전쟁',[12] 장기간 지속되고 있는 시리아 내전, 2014년 러시아의 우크라이나 침공 및 크림반도 합병을 포함해 일련의 사건들이 발생하면서 다시 소원해졌다(Coskun 2019, 38).

현재 양국이 국제정치적으로 보다 첨예한 대결을 벌이고 있는 곳은 특히 시리아와 우크라이나 문제이다. 먼저 터키의 턱밑에 있는 시리아는 터키를 우회해 지중해로 진출할 수 있는 요충지로서 러시아는 항상 이 지

---

12 러시아와 조지아의 '5일 전쟁'은 2008년 8월 7일 조지아군이 친러시아 성향의 남오세티아 분리주의자들을 공격하자, 러시아가 이에 반응해 다음 날 국경을 넘어 남쪽 남오세티아에 전차 및 야전포 등으로 무장한 지상 부대를 진군시켜 전투가 본격화되었다. 8월 12일 EU 의장국인 프랑스가 중재해 전투를 멈췄다.

역에 대한 욕심이 있었다. 그런데 시리아에서는 2000년부터 부친 하페즈의 뒤를 이어 대통령에 당선된 바샤르 알-아사드(Bashar al-Assad)에 대해 반군이 정권 퇴진을 주장하며 시리아 내전을 진행 중이다. 여기서 터키는 반군을 지원하고 있는 반면 러시아연방은 정부군을 지원하면서 서로 이해관계가 충돌하고 있다(Troulis 2016, 118).

또 다른 충돌 지역은 소련 붕괴 후 독립한 우크라이나이다. 이 지역은 원래 소련의 영토로서 러시아의 이해관계가 걸려 있는 곳인데, 우크라이나가 독립 후 친서방 노선을 걸으면서 러시아와 불편해졌다. 이에 러시아는 2014년 크림공화국을 우크라이나로부터 자신의 영토에 병합시켰다. 크림반도 역시 과거 오스만-러시아 시절부터 상호 쟁탈의 요충지이며, 여전히 타타르족과 터키인들이 많이 살고 있어서 터키의 주된 관심 대상이다. 이런 지역을 러시아가 합병하자 터키는 러시아를 경계하면서 우크라이나와 서로 협력하고 있다. 크림반도가 러시아에 합병되면서 많은 크림 타타르족들이 터키로 이주했으며, 우크라이나 내의 경제가 안 좋아서 터키로 이주한 우크라이나인들도 많은 편이다. 따라서 터키와 우크라이나는 밀접한 관계로 엮여 있으며, 공동의 적인 러시아를 상대로 공동전선을 펴고 있다(Troulis 2016, 118).[13]

이런 측면들을 고려할 때, 현재 터키와 러시아연방의 관계는 경제적으로는 '전략적 파트너'로서 협력을 도모하는 반면, 안보적으로는 우크라이나와 함께 러시아를 경계하면서 '전략적 적대감(strategic antagonism)'을 공

---

13 2020년 8월에는 우크라이나산 천연가스가 터키로 수출되었다. 또한 2021년 4월에는 터키의 에르도안 대통령과 우크라이나의 젤린스키 대통령이 만나 회담을 열었는데, 여기서 터키는 크림반도가 우크라이나의 영토라고 인정하였다.

유하고 있다. 따라서 터키와 러시아의 경제적 협력관계는 아직 양국의 역사적 갈등을 넘어 화해와 평화를 담보하기엔 부족해 보인다.

V. 맺음말

이상의 논의를 요약하면 다음과 같다. 첫째, 이슬람교를 앞세운 오스만은 17세기까지 로마점령을 목표로 하는 유라시아 지역 패권 국가로서 러시아보다 강대국이었다. 둘째, 러시아는 비잔틴 멸망 후 기독교 정교회 명맥을 이으면서 '제3로마' 건설을 목표로 삼았으며, 국력이 강해진 18세기 이후 남진정책을 추진해 크림반도, 발칸 지역, 카프카스 지역 등에서 오스만과 충돌하면서 치열한 경쟁 관계를 이루었다. 셋째, 양국은 18세기 두 차례의 '러시아-오스만 전쟁'과 19세기 두 차례의 '동방전쟁'을 치르면서 점차 러시아가 오스만을 압도했으나, 러시아의 팽창을 우려한 서구열강의 견제로 오스만을 정복하지는 못하였다. 넷째, 20세기 접어들면서 양국은 각각 터키공화국과 소비에트연방으로 체제가 전환되고 새로운 관계를 형성했는데, '세계대공황' 시기에는 소련이 터키에 차관을 제공하고 '제1차 경제개발5개년계획'을 지원하는 등 경제적 협력관계를 이루었다. 다섯째, '제2차 세계대전' 후 냉전 시기에는 소련이 국경 문제로 터키를 압박하고 터키는 서구로부터 근대화 지원을 얻기 위해 NATO에 참여함으로써, 양국은 다시 갈등상태에 놓이게 되었다. 여섯째, 1991년 소련이 붕괴되고 러시아연방이 출현한 이후 양국 사이엔 경제적 협력, 특히 '블루스트림 파이프라인'을 비롯해 에너지 분야에서의 협력이 크게 증진되어 '전략적 파트너' 관계를 맺고 있으나, 안보적 차원에서는 시리아, 우크라이나 문제 등으로 인해 여전히 갈등 관계에 놓여 있다.

러시아는 표트르 대제 이후 발전과 팽창을 거듭하여 18세기부터 세계 열강 대열에 합류한 군사 강국이다. 특히 20세기 냉전 시기에는 미국과 더불어 초강대국의 반열에 오르기도 하였다. 그런데 이런 강국인 러시아에 인접한 국가로서 유일하게 서로 대결해 정복되거나 식민지 혹은 위성국 형태로 종속되지 않은 국가는 오스만과 그 후예인 터키가 유일하다(홍순남 1991, 131). 이는 오스만 역시 러시아와 마찬가지로 군사력에 기초한 유라시아의 거대 제국이었기 때문이다.

양국은 수 세기 동안 충돌과 전쟁을 이어 왔으며, 화해와 협력관계를 이루었던 시기는 극히 드물다. 20세기 전반 양쪽 제국이 모두 무너지고 새로운 국가인 공산주의 소비에트연방과 민족주의 터키공화국이 탄생하면서, 양국 사이에 이례적으로 공감대가 형성되고 경제적으로 협력하던 시기가 있었다. 하지만 이 시기는 상당히 짧게 끝났는데, 그 이유는 소련이 '제2차 세계대전' 후 연합군에 크게 공헌해 발언권이 강해졌을 때 터키 해협과 터키 동북부 지방을 얻으려고 계속 압력을 가하자, 터키가 미국과 군사동맹을 맺고 NATO에 가입했기 때문이다(Sezer 2000, 61).

양국이 다시 경제협력을 통해 화해의 길을 걷게 된 것은 소비에트 체제가 붕괴하고 러시아연방이 자본주의 질서에 편입되면서 주변국들과 경제적 협력이 필요해졌을 때이다. 특히 러시아가 에너지를 수입하는 터키에 송유관을 통해 천연가스를 저렴하게 공급하면서 양국의 이해관계는 밀접해지고 화해 분위기가 조성되었다.

그러나 앞서 살펴본 것처럼, 지금도 안보적 측면에서는 서로 갈등하고 있다. 필자가 보기에 이와 같은 현재의 양국 관계는 일종의 '가상적 화해' 상태라고 할 수 있다. 즉 공식적으로는 적대감이나 적개심을 표출하지 않고 각자의 국가이익을 위해 상호협력을 시도하지만, 다른 한편 수면 아래에서는 여전히 상호 두려움과 불신, 의심이 존재해 불확실한 화해 상태에 있다는 것이다. 겉으로 경제적 협력은 하되 역사 속에서 기억되는 서로에 대한 불신이 여전하고 국민감정상 적대감이 완전히 사라지지 않아 '진정한 화해'에는 이르지 못한 상태이다.

사실 양국 관계의 성격을 규정하는 데 있어서 중요한 요소 중 하나는 역사이다. 앞서 설명한 것처럼 양국은 수 세기 동안 유라시아 지역의 패권을 놓고 경쟁과 충돌을 거듭하였다. 특히 오스만이 비잔틴을 멸망시킨 후에는 양국이 이슬람교-투르크와 기독교 정교-슬라브라는 두 개의 문명을 대표하면서 경쟁하는 구도를 형성하였다. 이런 과거 역사에 대한 기억이 살아 있는 한, 양국 관계가 진정한 화해로 진전되기는 쉽지 않다. 아픈 '역사기억(historical memory)', 즉 역사 속에서 만들어진 서로에 대한 아픈 기억들은 상대방에 대한 적대적인 '국민감정(national feeling)'을 불러일으키며, 이는 다시 상대방에 대한 특정한 인상, 즉 '국가의식(national consciousness)'으로 형성된다.

충돌, 전쟁, 학살 등으로 점철된 터키-러시아 관계의 과거 아픈 역사 기억들은 양국 사이에 적대감을 형성하기에 충분하며, 이는 서로에 대한 의심과 불신의 국가의식을 조성한다. 먼저 터키 입장에서 볼 때, 러시아는 19세기 범슬라브주의를 내세워 발칸 지역, 특히 그리스와 세르비아의 독립을 지원함으로써 결국 오스만제국을 몰락시킨 주범이라고 생각한다. 반면 러시아는 자국민의 과반수는 슬라브족이지만 나머지 민족들 중 가장 다수는 투르크족이기 때문에 터키가 민족주의적 입장에서 범투르크주의나 범터키주의를 내세워 언제든지 러시아 내부를 흔들 수 있다고 우려한다(Sezer 2000, 62). 서로에 대한 이러한 인상은 긍정적이기보다는 부정적이며 또 그 인상이 서로 충돌하면서 불신과 의심 상태를 유지함으로써 진정한 화해는 이루어지기 어렵다.

다만 작금의 현실을 들여다볼 때, 양국은 이런 의심과 경계심에도 불구하고 각자 자신의 이익을 위해 가상적으로라도 화해 상태를 유지하려 애쓰고 있는 것처럼 보인다. 그런데 여기서 주의할 점은 '가상적 화해'라는 말이 결코 부정적인 측면만 강조하는 것은 아니라는 점이다. 이 용어는 비록 '가상적'이라는 다소 부정적인 뉘앙스가 포함되어 있기는 하지만, '국가이익'의 필요에 따라 표면적인 화해라도 필요할 때 이를 충족시켜 줄 수 있는 용어이다. 따라서 '가상적 화해'란 국가이익을 계산하는 인지능력인 '국가이성(raison d'État)'에 따라 국가의 실질적 이익을 위해 적대감과 적개심을 수면 아래로 끌어내리고 임시로라도 화해하고 실제적인 상호협력을 도모하기 위한 고심의 결과라고 할 수 있다.

이런 점에서 오늘날 터키-러시아 관계는 우리에게 시사점을 던져준다. 즉 국가 간 관계에 있어서는 갈등과 화해 중 어느 한쪽에 치우칠 것이 아니라, 갈등의 현실 속에서도 국가이익을 위해 어떻게 화해의 고리를 만들어 낼 것인가를 고려하는 것이 보다 중요한 문제이다. 역사의 기억은 쉽게 바뀌지 않는다. 국민감정과 국가의식은 이러한 역사기억에 기초해 있다. 하지만 현실 세계에서 이보다 더 중요한 것은 국가이성에 기초한 실질적인 국가이익의 도모이며, 이는 가상적이라도 일정 부분 화해를 필요로 한다.

참고문헌

강윤희, 2018, 「아르메니아 문제와 유럽 강대국 외교: 1877-78 러시아-투르크 전쟁과 베를린 회의를 중심으로」, 『러시아연구』, 제28권 2호, 1~48쪽.

기연수, 1998, 「러시아문화와 소비에트문화 사이의 계속성과 단절성: 정치문화적 요소를 중심으로」, 『슬라브연구』, 제14권, 217~258쪽.

김연규, 2010, 「터키의 범투르크주의 신외교노선과 중앙아시아, 러시아와의 유라시아 연대」, 『중소연구』, 제34권 1호, 175~206쪽.

김은실, 2001, 「러시아 정교이념의 정치적 수용: '성루시,' '제3로마'사상, '메시아니즘'을 중심으로」, 『정치사상연구』, 제5집, 205~225쪽.

김현수, 2006, 「동방문제와 영국정치 1876~1878: 글래드스턴과 디즈레일리의 외교정책을 중심으로」, 『사학지』, 제38권, 177~198쪽.

이동수, 2021, 「제한된 근대화의 딜레마: 오스만제국을 중심으로」, 『사회과학연구』, 제47권 1호, 1~27쪽.

정세진, 2013, 「러시아와 오스만투르크의 국제관계에 대한 소고: 전쟁과 종교적 특성을 중심으로」, 『국제지역연구』, 제17권 1호, 115~140쪽.

정희석, 2000, 「러시아적 범슬라브주의의 유형과 역사적 전개에 관한 연구」, 『한국정치학회보』, 제34권 2호, 255~276쪽.

홍순남, 1991, 「터키의 외교정책기조」, 『중동연구』, 제10권 1호, 131~164쪽.

Berman, Sheri, 2003, "Islamism, Revolution, and Civil Society," *Perspectives on Politics* 1(2), pp.257-272.

Coskun, Bezen Balamir, 2019, "Turkey's Relation with Russia after the Failed Coup: A Friend in Need of a Friend Indeed?" *New Middle Eastern Studies* 9(1), pp.36-52.

Finer, S, E, 1997, *The History of Government*, Vol. 3, Oxford: Oxford University Press.

Fukuyama, Francis, 2011, *The Origins of Political Order: From Prehuman Times to the French Revolution*, NY: Farrar, Straus and Giroux.

Inalcik, Halil, ed, 1994, *An Economic and Social History of the Ottoman Empire*, Vol. 2,

Cambridge: Cambridge University Press.

Lewis, Bernard, 2002, *The Emergence of Modern Turkey*, 3rd, ed, Oxford: Oxford University Press.

Quataert, Donald, 2005, *The Ottoman Empire, 1700-1922*, Cambridge: Cambridge University Press.

Riasanovsky, Nicholas V. and Mark D. Sterberg, 2010, *A History of Russia*, 8th, ed, Oxford: Oxford University Press; 니콜라스 랴자놉스키, 마크 스타인버그 저, 조호연 역, 2011, 『러시아의 역사』, 제8판, 서울: 까치.

Sezer, Duygu Bazoğlu, 2000, "Turkish-Russian Relation: The Challenges of Reconciling Geopolitical Competition with Economic Partnership," *Turkish Studies* 1(1), pp.59-82.

Troulis, Markos, 2016, "Beyond the Gas Trade: The Structural Determinants of Russo-Turkish Relations," *Human & Society* 5(10), pp.113-123.

3

영토 갈등의 화해 가능성과 한계에 대한 연구

칠레, 페루, 볼리비아를 중심으로

———

민원정 칠레가톨릭대학교 아시아센터 교수 & 서울대학교 아시아연구소 선임연구원

I. 머리말

이 글은 중남미 국가 중 칠레, 페루, 볼리비아의 영토분쟁 사례를 통해 역사, 문화적 배경에 따른 갈등과 해결의 인식 차이를 살펴보고, 이들 국가의 역사 인식 방식의 차이가 한국에 주는 함의를 보고자 한다. 중남미 지역은 지정학적 충돌 요소가 많지 않다고 보일 수 있지만 국가 간 갈등과 분쟁은 끊임없이 이어져 왔다. 호르헤 도밍게스 외(Jorge Dominguez et al. 2003)는 중남미 지역이 독립과정에서 비롯된 불분명한 국경선으로 인한 복잡한 국경 분쟁에도 불구하고 대부분 평화를 유지할 수 있는 요인

———

*   이 글은 「영토갈등의 화해 가능성과 한계에 대한 연구: 칠레, 페루, 볼리비아를 중심으로」(『라틴아메리카연구』 35권 1호, 2022)를 수정·보완한 것이다.

으로 이 지역 고유의 특성, 즉 지역 내 세력 균형, 정체성 공유, 국제 정치 질서로부터의 격리 등을 꼽았다. 그러나 이 글에서 다룰 페루, 볼리비아, 칠레 간 갈등 이외에도 1978~1979년 칠레와 아르헨티나 간 무력 분쟁, 1981년 페루와 에콰도르 간 갈등, 1982년 남대서양 지역 영토권을 둘러싼 아르헨티나와 영국의 갈등뿐만 아니라, 여타 중미 지역 국가 사이에도 분쟁이 존재한다. 중남미지역 내 갈등은 초강대국들 사이의 권력 분쟁과는 성격이 다르다. 이 지역의 풍부한 자원 개발 위기 또한 긴장을 고조시키는 데 한몫한다. 인구 증가, 토지와 일자리의 부족 등으로 지역 내 이주가 증가하며 새로운 갈등 또한 야기되었다. 정치·경제적 불안정에 기인한 중남미 국가들의 군사 및 독재 정권과 반란도 이 지역의 독특한 갈등 요소 중 하나이다. 중남미의 갈등을 해석하는 일은 지역 특유의 다극성(multipolarity)을 보여주는 예다.

한국과 중남미는 식민지배를 받았다는 점에서 공통점을 가지고 있으나 맥락은 전혀 다르다. 중남미에서 스페인은 적대국이 아닌 어머니의 나라다. 중남미 독립을 이끈 크리올들은 독립 이후에도 식민지배 방식을 이어받았다. 독립 이후 신대륙으로 건너온 유럽 이민들도 중남미의 정치, 경제, 사회, 문화에 지대한 영향을 미쳤다. 한국과 일본의 독도·다케시마 논쟁 또한 중남미의 국가 간 영토분쟁과 논의의 출발점이 다르다. 중남미 국가 간 영토분쟁은 공유하는 역사적 유산을 모두 자국의 역사라 주장하는 데에서 비롯되었다. 논쟁의 해결 방식 또한 한국과 일본과는 다르다. 칠레와 페루, 볼리비아는 국제사법재판소를 통해 문제를 해결했음에도 불구하고 지속적인 갈등을 이어오고 있다. 그러나 이와 관련한 학술적 연구는 극히 드물거나 추상적인 결론에 머무르는 경우가 많다 (Deustua C. 2004 등). 이 글은 역사적 사실에 기반하여 이들 국가 간의 영토 갈등 및 화해 가능성을 분석함으로써 통합과 타협의 의미를 고찰하려 한다.

1492년 크리스토발 콜론이 첫발을 디딘 이후 스페인을 중심으로 한 유럽의 중남미 정복사가 시작되었다. 스페인 왕실은 아메리카 식민지의 교역을 관장할 목적으로 스페인 남부 카디스(Cádiz)에 세관을 설치했다. 1511년 페르난도 5세는 특수 기구를 설립하여 카스티야 최고 자문회의 위원들이 아메리카 식민지를 관리하도록 했다. 1524년 카를로스 5세는 독립된 기구로 인디아스 최고 자문위원회를 설치하여 행정적, 입법적 권한 및 왕실 사법 행정원과 무역관 등에서 판결한 주요 소송의 최고 재판소 역할을 할 수 있도록 사법적 권한을 부여했다. 식민지로 진출하는 자국민에게는 새로운 영토에서 경비를 부담하여 개발을 주도하는 조건으로 귀족 지위를 주었다. 이는 중세 시대에 아랍 민족을 축출할 당시 국경 지대 개발자들에게 부여한 직위인 아델란타도제도(Adelantado)를 본뜬 제도였다. 또한 광활한 중남미 대륙을 다스리기 위해 수 세기에 걸쳐 인디아스 총독부(Virreinato de las Indias, 1492~1535), 누에바 에스파냐 총독부(Virreinato de Nueva España, 1535~1821), 페루 총독부(Virreinato de Perú, 1542~1824), 누에바 그라나다 총독부(Virreinato de Nueva Granada, 1717~1819) 등 모두 네 개의 총독부(Virreinato)라고 부르는 부왕령을 만들었다.

본격적인 식민지배가 시작되며 유럽의 문화, 정치, 사회, 기구, 경제, 교육, 예술 및 과학이 통합적으로 전파되고 동시에 정복자들 사이에 권력 남용과 분쟁이 시작되었다. 스페인 왕실은 정복자들의 권력 남용과 분쟁 종식을 위해 각 지역의 자원, 개발 가능성 및 지리적 상황에 따라 부왕청 관할지 총독부(Virreinatos)와 총독청 관할 일반 도시-주(Capitanas Generales-Provincia)를 구분하여 관리했다. 그러나 스페인에서 멀리 떨어진 광활한 중남미 대륙을 다스리기에는 무리였다. 네 개의 부왕령 중에서도 중심은 현재 멕시코의 수도인 멕시코시티와 페루의 수도 리마였으나 각 부왕청은 각각 자치 지역처럼 운영되고 상호 연관이 거의 없었다. 그리고 각 부왕청 내에서도 중남미 대륙의 지리적, 문화적 접근의 어려움으로 인해 베네수엘라, 과테말라, 칠레, 그리고 에콰도르의 키토 등에는 부왕청에서 독립한 여러 지방 거점 수도가 생겨났고 이 지역이 후일 각각의 국가로 독립하게 되었다. 칠레는 페루 부왕령에 속해 있으면서 동시에 자체적으로 통치 체제를 가지고 있었다. 멕시코의 역사학자 아빌라 루에다(Avila Rueda)는 "스페인 식민지의 국경 개념은 미국과는 달랐다. 관할권이 명확히 구별되지 않고 중복되었다"고 말한다(Barrucho 2018). 18세기 말부터 19세기 초에 출현한 중남미 공화국들은 16세기에서 18세기까지 각각의 행정단위였다. 식민시절 통치를 위해 시작된 행정단위는 시작은 자의적이고 우연적이었으나 제국의 행정과 군사 편의를 위해 설정되었고, 이후 지리·경제·정치 요소의 영향으로 확고히 독립된 단위로 발전했다. 독립 전쟁 동안 정치 엘리트들은 효과적인 중앙집권화에 실패했다. 독립의 주체인 크리올들은 하위 계층의 정치적 동원력에 대한 두려움과 식민 본국 스페인 왕실에 대한 불만을 빌미로 독립 운동을 시작했다. 그러나 이들이 권력 공백기에 서로 경쟁에만 몰두하면서 단일국가 건설에 실패했고, 이러한 과정에서 형성된 불분명한 국경선은 후일에도 전쟁과 갈등의 원인으로 작용했다. 이 외에도 중남미가 하나의 국가, 혹은 최소한 각 부왕청이 하나의 국가를 형성하지 못하고 30개국 이상으로 갈라진 데 대해서는 역사학자들의 의견이 분분하다.

브라질의 역사학자 주제 무릴루 드 카르발류(José Murilo de Carvalho 1982)는 스페인이 식민지에서 태어난 크리올들을 서자 취급하여 브라질과 성격이 다른 엘리트 계급을 형성했다고 지적한다. 포르투갈의 경우 브라질에 대학 설립을 허락하지 않아 엘리트들은 포르투갈로 고등교육을 받으러 가야 했고 이로 인해 자연스럽게 본토와 식민지 엘리트 간에 공동체 의식이 형성되었다. 반면 스페인은 식민지 현지에 대학 설립을 허용했고 약 15만 명 이상이 고등교육을 받았다. 식민지 시기에 23개의 대학이 설립되었고, 그중 1/3은 멕시코에 있었다. 그러나 아무리 교육 수준이 높아도 식민지에서 태어난 크리올들은 경제권만 가질 수 있었고 행정과 권력은 스페인 본토 출신이 독점했다. 스페인 사람들은 수적으로는 적으나 특권 계층으로서 요직을 독차지했다. 식민지에서 태어난 스페인 후손들(크리올)은 공직과 고위직으로의 접근이 어려웠다. 그나마 1700년 합스부르크 왕조까지는 식민지에 비교적 자치권이 많이 허용되었다. 그러나 카를로스 3세에 이르러 부르봉 왕조가 들어서면서 상황이 바뀌었다. 당시 스페인은 전쟁에 필요한 물자를 조달하고 왕조를 유지하기 위해 많은 재원이 필요했다. 크리올들도 가질 수 있었던 행정적 권한은 본토인들만 누릴 수 있도록 했고 크리올 출신 신부들조차 그나마 가지고 있던 역할과 특권이 더 축소되었다.

나폴레옹의 침공으로 스페인의 카를로스 4세와 그의 아들 페르난도 7세는 나폴레옹의 동생이자 후일 스페인의 호세 1세가 될 호세에게 왕위를 양도해야 했다. 이 과정에서 권력의 공백기가 생겨났고 식민지 관리들은 나폴레옹의 명령을 따르기를 거부하고 페르난도 7세에게 충성을 보였다. 그러나 스페인 왕조가 복귀했을 때에는 오히려 식민지의 복종을 회복하기 위해 힘을 사용하려 했다. 식민지 기간 중 크리올들의 자치력과 경험은 향상했으나 차별정책은 지속되었다.

미국과 프랑스 혁명에 자극받은 계몽주의 사상이 인기를 끌며 1809~1826년 반란이 발발하고 중남미 각지에서 피비린내 나는 독립 전쟁이 일어나기 시작했다. 불만을 품은 크리올들이 독립운동을 주도했고 특히 대학이 위치한 지역이 독립운동의 거점이었다.

중남미 지역은 다른 지역에 비해 국경 분쟁이 전쟁으로 이어지는 경우가 드물다. 그런데도 칠레, 페루, 볼리비아는 태평양전쟁을 통해 국경을 결정지었고 이후 발생한 분쟁은 서구식 해석에 따라 국제헌법재판소를 통해 국경 문제를 일단락지었다. 이는 중남미에서 유럽의 영향으로 '법'과 '조약'에 대한 서구식 해석이 지배하는 한 예다.

II. 미완의 독립, 불완전한 국가 형성

누에바 에스파냐 총독부(El Virreinato de Nueva España, 현재의 멕시코를 중심으로 한 지역)는 통일된 하나의 나라로 유지되었고 독립 이후 오늘날의 중미를 포함하는 멕시코제국이 세워졌다. 그러나 이후 멕시코제국이 해체되면서 멕시코연방과 중미연방으로 나뉘고, 중미연방은 또 여러 개의 나라로 쪼개졌다(Barruco 2018). 이와 비슷한 방식으로 스페인 아메리카 전 지역에서 분열이 일어났다. 바루코(Barruco 2018)는 "몇몇 지역은 군사력을 강화하고 다른 적들에 대적하기 위해 연방을 구성했다. 시몬 볼리바르(Simón Bolívar)가 그 한 예"라고 지적한 바 있다. 그라함(Graham)은 독립 무렵 크리올들이 "스페인으로부터 독립하는데 뭐 하러 다른 명령에 복종해야 하는가?"라고 생각했다고 말했다. 중남미 국가 간 국경이 정해지기까지는 독립 이후로도 오랜 시간이 걸렸으며 국경은 독립 이후 내부 분쟁의 결과물이었다(Barruco 2018).

스페인으로부터의 독립은 완성된 독립이 아니었다. 불안정한 국가 형성 과정으로 인해 중남미 국가들은 식민주의와 공존하는 민족주의를 형성하게 되었고 국가 위에 존재하는 법에 의존해야만 했다. 중남미의 근대화는 이러한 식민 경험에 의존할 수밖에 없었다. 상상 속 민족주의와 민족국가의 형성은 중남미 국가들의 최대 과제였다.

국가는 언어, 역사, 민족, 문화 및 영토와 같은 공유하는 특징의 조합을 기반으로 형성된 사람들의 공동체다. 따라서 국가는 그러한 특징으로 정의되는 사람들의 집합적 정체성이며 일반적으로 인종 그룹보다 더 명백하게 정치적이다(Garner 2014, James 1996). 즉, "완전히 동원되거나 제도화된 민족 그룹"으로 설명될 수 있다(Smith 1991, 17). 베네딕트 앤더슨(Anderson, 1991, 6-7)은 국가를 "상상된 공동체"로 특징지었고, 폴 제임스(James 1996)는 "추상적인 공동체"로 보았다. 유럽은 라틴어에서 언어 간 계층 분화가 생성되고 권력 언어가 생성되며 근대 민족 개념이 등장할 무대를 마련했다. 그러나 유럽의 식민지배를 받은 중남미는 유럽식 근대화의 과정을 거치지 못한 채 시간성의 문제로 인한 문화적 모더니즘과 사회적 근대화의 불일치를 겪어야 했다(García Canclini 1990).

18세기 후반 교통수단의 발달로 중남미의 엘리트들은 서유럽에서 일어나는 정치·경제 사건들을 비교적 빨리 접할 수 있게 되었다. 1776년 미국의 독립과 1780년대 프랑스 혁명의 발발은 중남미 독립 전쟁에 큰 영향을 미쳤다. 앤더슨(Anderson 1991, 47-66)은 독립 무렵 중남미에는 중산 계급과 지식인들의 층이 두텁지 못했음을 지적한다. 크리올들은 독립 전쟁 당시 인디언과 흑인 노예 등 하층 계급의 정치적 참여를 독려하기보다 오히려 이들의 봉기에 두려움을 느꼈다. 중남미 여러 나라의 독립운동을 주도한 시몬 볼리바르(Simón Bolívar)가 독립운동에 원주민들을 참여시키려고 노력했으나 결국 주체는 크리올들이었다. 정복과 식민의 과정에서 새로운 인종이 출현하고 피부색에 따른 사회적 계층이 형성되었다. 독립과 더불어 백인 크리올들은 과두계급으로 자리 잡았다.

앤더슨(Anderson 1991)은 크리올 공동체 형성과 민족성 창조의 주요 요인으로 크리올 관리자의 순례(pilgramge)와 신문의 등장을 든다. 인류학자 터너(Turner 1980)는 여정(혹은 순례)이 시간, 지위, 장소 사이에서 의미를 창조하는 경험이라고 말한다. 모든 여정은 해석이 필요하며 해석을 통해 관념이 발생하기 때문이다. 이때 순례는 정해진 양식을 따르는 여정이며 지역적으로 떨어져 있어 연관성이 낮은 사람들이 서로의 존재를 인식할 수 있는 계기를 마련해 주고 이를 통해 하나의 상상된 종교적 공동체가 형성된다. 순례의 의미는 엄밀히 말해 종교적이라기보다는 낯선 곳으로의 여정에서 자신을 반추하는 기회를 마련해 주는 만남의 장을 의미했다(Anderson 1991, 47-66). 중남미의 크리올들은 자신들의 정체성에 대한 고민 끝에 자신들만의 민족주의를 형성해야만 할 상황에 놓여 있었다. 언어, 문화, 조상 등 모든 것을 스페인 사람들과 공유하지만, 태생적 이유 하나로 본국으로부터 차별받고 배제되었던 크리올들은 제한된 만남(순례길)에 의존하던 상상된 공동체의 실재인 인쇄물의 출현과 더불어 상호 유대를 통해 공동체를 형성할 수 있었다. 식민 본국에 대한 저항에는 이러한 경제적 이해관계, 자유주의, 계몽운동이 모두 영향을 미쳤다. 앤더슨이 강조했듯 비록 그 어느 것도 본국으로부터 지켜낼 자신들만의 '상상된 공동체'를 만들어 내지 못했지만 순례와 인쇄물이 민족적 정체성의 새로운 틀을 제공하는 데 결정적인 공헌을 했다는 점은 부인할 수 없다.

유럽의 민족주의가 공동의 역사적 경험과 연속된 사건들의 축적물이었다면 중남미의 경우는 생각과 상상을 통한 유대감을 쌓을 시간과 기회가 거의 없었다. 유럽의 근대화는 신대륙에서 수탈해 간 천연자원과 금을 바탕으로 이루어졌고 긴 혁명의 역사를 통해 차곡차곡 국가 모델과 민족주의를 만들어 왔다. 반면 중남미는 유럽으로부터 미완의 근대화를 받아들이고 모방했을 뿐이었다. 앤더슨은 "민족(nation)은 근대국가 울타리 안에서 운명을 함께한다고 믿는 집단, 그들이 만든 상상의 공동체다"라고 말했다(Anderson 1991, 6-7). 중남미 대륙 내에서도, 심지어 한 국가 내에서도 백인 과두계급과 혼혈, 인디오가 하나의 '상상된 민족주의'를 만들어 내기는 거의 불가능했다. 이에 대해 가르시아 칸클리니(García Canclini)는 중남미는 부족한 근대화에 비해 풍부한 모더니즘을 가진 지역이라고 표현했다. 독립 이후에야 비로소 불안한 근대화가 시작된 셈이다. 그러나 근대화와 민주화를 이끌 수 있는 지식인층은 충분하지 않았고 이를 뒷받침할 경제 상황마저 좋지 않았다. 가르시아 칸클리니는 앤더슨을 비판하면서도 그의 글에서 중요한 점을 발견했음을 인정한다. 단, 문화적 모더니즘이 경제적 근대화를 의미하지는 않는다고 중남미를 옹호한다. 그는 중남미의 근대화를 엘리트들이 서로 다른 역사적 시간성의 상호교차를 담당하고 이 다양한 시간성을 도구로 전 지구적 기획을 만들려는 하나의 양식으로 정의한다(García Canclini 1990, 41-65). 중남미의 근대화는 시장의 제한적인 확장, 소수를 위한 민주화와 사회화 과정에 있어서 사고 체계의 비효율적인 변화 등 한계를 안고 진행되었다. 따라서 서구 중심부 국가들에서 진행된 근대화 과정에 최적화된 이미지를 기반으로 중남미의 근대화를 재단할 수 없다.

III. 태평양전쟁

근대화 이론은 사회 내의 근대화 과정을 설명하는 데 사용된다. 근대화는 '전근대' 또는 '전통' 사회에서 '근대' 사회로의 점진적인 이행 모델을 의미한다. 근대화 이론은 사회 발전과 이에 기여하는 사회적 변수를 식별하고 사회 진화 과정을 설명하려고 시도한다. 근대화 이론은 사회주의와 자유시장 이념, 세계체제론자, 세계화론자, 종속론자 사이에서 비판의 대상이 되기도 한다. 또한 변화의 과정뿐만 아니라 변화에 대한 대응을 강조한다. 근대화 이론은 전통 사회가 더 현대적인 관행을 채택함에 따라 발전할 것이라고 제안한다.

정복자들은 효과적인 식민 정책의 하나로 정치적 목적의 지도를 만들었다. 지도와 인구조사는 국가가 영토를 상상하는 방식, 그리고 그 안에 거주하는 모든 사람이 확고한 국민으로서의 정체성을 부여받도록 하는 데 기여했다(García Canclini 1990). 이러한 기능은 신생 독립국에도 계승되었다. 새뮤얼 헌팅턴(Samuel Huntington 1996)은 탈냉전 세계에서 사람들의 문화적·종교적 정체성이 갈등의 주요 원인이 될 것이라고 주장한 바 있다. 『개발도상국의 민주주의: 라틴아메리카』라는 책에서 다이아몬드와 린스(Larry Diamond & Juan Linz 1988)는 경제적 성과가 최소한 세 가지 방식으로 민주주의 발전에 영향을 미친다고 주장한다. 첫째, 경제 성장은 주어진 사회경제적 발전 수준보다 민주주의에 더 중요하다. 둘째, 사회경제적 발전은 잠재적으로 민주화를 촉진할 수 있는 사회적 변화를 일으킨다. 셋째, 사회경제적 발전은 중산층의 조직화와 같은 민주주의에 이바지하는 다른 변화를 촉진한다(44-46). 유럽은 식민지에서 거둬들인 부를 통해 근대화를 완성했지만, 중남미는 유럽으로부터 불완전한 근대화를 물려받았다. 식민지 산업개발의 목적이 수탈이었던 탓에 중남미 신생국들은 독립 이후에도 자체적 산업과 생산이 거의 없었고 이는 결과적으로 민주주의 확립을 실패로 이끌었다. 식민 체제 그대로 형식만 독립인 미완의 독립이었다. 인구조사는 피부색에 따라 계급을 구분 짓는 도구가 될 뿐이었다.

1. 전쟁의 원인

식민 시절 볼리비아와 칠레는 페루 부왕령에 속했으나 미완의 독립과 불완전한 근대화로 인해 이해 다툼이 불거지기 시작했다. 페루 부왕령의 범위는 원칙적으로 남미 지역 대부분을 포함했다. 그러나 부왕령의 직접적인 권한은 리마나 키토 정도에만 미칠 뿐이었다. 파나마, 칠레 및 리오데라플라타는 부왕령의 권한이 미치지 않는, 대통령–총독(왕실이 있는 정부의 최고 권위자)이 통치하는 영토였으며, 권력 투쟁의 장이기도 했다. 결과적으로 이 지역은 부왕령의 영역 내에서 완전한 정치적 자율성을 누렸다.

페루가 부왕령으로 자리 잡을 수 있었던 데는 귀금속의 초기 채굴이 중요한 역할을 했다. 그러나 16세기와 17세기 초반 호황을 누리던 귀금속 채굴은 이후 식민지 막바지까지 쇠퇴의 길을 걸었다. 18세기 후반부터 식민지에서 동요가 일기 시작해 원주민들이 반란을 일으키고 크리올들도 개혁을 요구했다. 이들은 사태가 변함에 따라 분리주의자들로 돌변했다. 리마 지역 지식인들 사이에서 유럽 계몽사상이 대두하고 원주민들의 반란으로 새로운 세대들은 신분에 불만을 드러내며 자치제로의 전환을 주장했는데, 이는 분리주의 운동과 해방 운동으로 비화하고 결국, 독립운동으로 이어졌다. 경제적인 면에서는 자유 교역과 중농주의 사상의 전파로 스페인의 독점 체제가 붕괴하고 있었다. 1778년 자유 교역 제도로 전환하면서 기존의 페루 항구들은 스페인 상선대의 주요 입항 창구로서의 기능을 상실했고 에콰도르의 과야킬, 칠레의 발파라이소, 아르헨티나의 부에노스아이레스 및 우루과이의 몬테비데오 등이 새로이 주목받기 시작했다. 1776년 리오데라플라타 부왕청이 신설되면서 페루 부왕청의 지배 지역은 축소되었다.

스페인에서 정통성 있는 왕이 없어지면서 식민지에서는 1809년 5월 최초의 평의회가 결성되었다. 1810년 보고타와 부에노스아이레스에서 분리주의 운동이 전개되자 멕시코와 페루의 부왕들은 이를 저지해야 했다. 산마르틴(San Martin)과 베르나르도 오히긴스(Bernardo O'Higgins)의 도움으로 페루 독립을 위한 해방 원정군이 편성되었다. 산마르틴 장군은 스페인에서 프랑스군과 전투한 경험이 있었다. 그는 1812년 부에노스아이레스에 도착해 아르헨티나의 애국군 장교가 되어 그라나데로스 데 카바요(Granaderos de Caballo) 대대를 창설하고 1813년 산로렌소 전투에서 스페인 왕실군을 격파했다. 이어 1817년 칠레의 베르나르도 오히긴스와 함께 멘도사(Mendoza)를 출발해 2월 12일 차카부코(Chacabuco) 전투, 그리고 1812년 2월 마이푸(Maipú) 전투에서 승리하고 공식적으로 칠레의 독립을 선언한 후 칠레의 국가수반이 되었다. 산마르틴 장군은 이어서 4천 명의 병력을 이끌고 1820년 영국 출신 토마스 코크레인(Thomas Cochrane) 제독의 함대 운용을 지원받아 발파라이소항을 출발, 1821년 7월 리마로 진격해 페루 독립을 선언했다.

볼리비아 지역에서의 본격적인 식민 통치는 1559년 차르카스(Charcas)에 왕실 사법 행정원이 설치되면서 시작되었다. 왕실 사법 행정원은 포토시(Potosí)의 풍부한 광물 자원을 감시하기 위한 목적으로 설치되었다. 그러나 곧바로 페루 부왕청과 관할권 문제로 갈등이 야기되었다. 이에 스페인의 인디아스 자문위원회(Consejo de Indias)는 1563년 과달라하라(Guadalajara)에서 펠리페 2세의 칙령으로 관할 구역을 조정했다. 식민 기간 중 페루 부왕청과 차르카스 왕실 사법 행정원의 관할지역은 수차례에 걸쳐 조정되었고 이는 독립 이후에도 인접국들간 국경 분쟁의 주된 원인이 되었다.

1809년 5월 25일 하이메 수다녜스(Jaime Zudáñez)가 아메리카 식민지의 자유화를 선언하고 7월 16일 라파스(La Paz)에서는 독립을 요구하는 반란이 발생했다. 당시 라파스 지역의 반란은 1811년 6월 페루 부왕청 소속 왕실군이 진압했다. 반란이 이어지자 1810년 5월 자치 정부를 수립한 아르헨티나가 군을 파견하여 진압하려다 패전했다. 라파스 지역의 반란은 1813년 6월 페루 부왕청 소속 왕실군에 의해 진압되었다. 1824년 12월 9일에는 안토니오 호세 데 수크레(Antonio José de Sucre) 장군이 아야쿠초(Ayacucho) 전투에서 승리한 후 1852년 1월 볼리비아에서 항전하던 페드로 안토니오 데 올라녜타(Pedro Antonio de Olañeta)가 4천여 명의 병사와 함께 철수하자 호세 데 수크레가 2월 9일 라파스에서 공화국 건설을 선포했다. 시몬 볼리바르는 수크레에게 볼리비아의 통치를 위임했다.

칠레의 경우는 볼리비아보다 더 많은 갈등 요소가 내재되어 있었다. 페루는 자국 부왕청에 속해 있던 칠레의 독립이 마땅치 않았다. 페루 부왕청의 군사 개입에 두려움을 느낀 칠레는 새로운 보병 부대와 민병대를 조직하여 방어 체제를 수립했다. 1811년 9월 호세 미겔 카레라 베르두고(José Miguel Carrera Verdugo)가 쿠데타를 일으키고 평의회를 결성하며, 마치 주권 국가의 지도자처럼 행동했다. 그는 왕당파뿐만 아니라 자신의 의견에 반대하는 애국주의 인사들까지 추방했다. 파트리아 비에하(Patria

Vieja)의 국기와 문장을 제정하고 1813년 페루 부왕청군이 공격하자 남부에서 전투를 시작해 권력을 장악했다. 그러나 1814년 1월 페루 부왕청군이 다시 공격했을 때 프란시스코 데 라 라스트라(Francisco de la Lastra)에게 친권을 위임해야 했다. 당시에 이미 호세 미겔 카레라 베르두고와 베르나르도 오히긴스 사이에 갈등이 있었고 결국 베르나르도 오히긴스가 반란을 일으켜 남쪽에 있던 스페인군이 산티아고로 진격했다. 1814년 랑카구아(Rancagua) 전투에서 스페인군이 승리하면서 칠레에서 구질서를 회복했고 같은 기간 아메리카 식민지 대부분 지역에서 독립운동이 진압되는 듯했다. 1814~1815년 스페인군의 재정복 기간 동안 페루 부왕청의 부왕이던 마리아노 오로시오(Mariano Orosio)는 칠레가 페루 부왕령 몰래 독립을 시도했다는 사실에 분노해 1815년 프란시스코 카시미로 마르코 델 폰트(Francisco Casimiro Marco del Pont)를 칠레 총독으로 임명했다. 1817년 1월 아르헨티나의 호세 데 산 마르틴(José de San Martin) 장군과 아르헨티나로 도주했던 베르나르도 오히긴스가 4천 명의 병사를 이끌고 안데스산맥을 넘어 1817년 2월 12일 차카부코 전투에서 승리하면서 베르나르도 오히긴스가 칠레의 국가수반으로 추대되고 칠레는 1818년 2월 공식적으로 독립을 선언했다.

칠레와 페루, 볼리비아 간 갈등은 태평양전쟁 발발 이전부터 있었다. 1836년 볼리비아의 안드레스 데 산타 크루스(Andrés de Santa Cruz) 대통령은 페루의 두 지도자 가마라(Gamarra)와 살라베레이(Salaverey) 간의 경제권 다툼을 이용하여 먼저 가마라를 제압한 후 살라베레이를 포로로 잡아 총살시키고 볼리비아-페루 연방을 결성했다. 이는 남미 남부 지역에서 세력 균형이 파괴되었음을 의미하므로 칠레와 아르헨티나는 반발했다. 1836년 12월 칠레, 1837년에는 아르헨티나가 연방에 대항해 전쟁을 선언했다.

당시 연안과 사막 및 북부와 남부, 그리고 페루와 볼리비아인들 사이의 이해 부족으로 성숙한 연방 사상이 형성되어 있지 않았다. 또한 페루-볼리비아 연방은 전함조차 충분히 보유하지 못한 상황이었다. 칠레의 블랑코 엔칼라다(Blanco Encalada)는 1837년 9월 1차 원정함대를 이끌고 발파라이소항을 출발해 페루의 아레키파(Arequipa)를 공격하고 파우카르파타(Paucarpata) 협정을 체결한 후 귀국했다. 1838~1839년 사이에는 마누엘 불네스 프리에토(Manuel Bulnes Prieto) 장군이 제2차 원정을 통해 페루를 침공해 융가이(Yungay) 전투에서 볼리비아-페루 연방을 붕괴시켰다. 전쟁 중인 1838년 볼리비아가 페루로부터 정치적으로 완전히 분리된 데에는 지역주의 감정이 대두된 탓도 있었다. 칠레와 볼리비아 간의 갈등이 시작될 무렵 페루는 볼리비아와 비밀리에 "방어연합조약"을 맺었다. 그러나 볼리비아와 칠레 사이에 전쟁이 발발하자 페루는 중립을 포기했고 이에 따라 칠레는 페루, 볼리비아 두 나라 모두와 전쟁에 돌입한다고 발표했다.

칠레에는 상설 군사 재판소가 설치되었고 사건 대부분은 군사 법정에서 처리되었다. 3년간의 전쟁은 내용면에서는 칠레와 페루 사이에 장기간 지속된 응징적 관세 체제 경쟁으로 유발된 측면도 있었다. 1840년대부터 물동량이 증가하며 칠레의 발파라이소항이 태평양 연안에서 페루의 카야오(Callao)항을 대체하는 유일한 무역항이 되었다. 신흥 부유층이 생겨나고 이들은 전통적 지배 계층에게 도전하기 시작했다. 볼리비아-페루 연방 해체 이후 칠레에는 민족주의적 기상이 팽배했고 이는 팽창주의 정책으로 전환되었다.

1866년 칠레-볼리비아 간 국경 조약이 체결되었다. 이에 따라 두 나라는 남위 24도를 국경으로 남위 23도와 25도 사이의 구아노와 광물 수출분을 양국이 반분하기로 합의했다. 그러나 실상은 이미 칠레 자본의 기업과 노동자들이 이 지역에서 채굴 활동을 하고 있었다. 같은 해 안토파가스타(Antofagasta)에서 초석이 발견되었다. 독립 이후 19세기 말 칠레 경제는 북쪽 아타카마(Atacama) 사막에 매장된 초석 수출에 기반을 두고 있었다. 당시 아타카마 사막은 북쪽으로부터 페루, 볼리비아, 칠레 영토에 걸쳐 있었다. 칠레는 페루와 볼리비아에서 채굴한 초석을 운반하기 위해 개별 운송 업자들과 거래하고 있었다. 1870년 아타카마 사막 지대에서 광산업이 쇠퇴할 기미를 보일 즈음 카라콜레스(Caracoles)에서 대규모 은광이 발견되었다. 칠레는 1873년 이미 세계 최대의 동 생산국으로 부상해 국제 시장에서 25%를 점유할 정도에 이르렀다. 1874년 페데리코 에라수리스 사냐르투 (Federico Errázuriz Zañartu)는 볼리비아와 새로운 국경 조약을 체결하고 볼리비아는 칠레 기업에 25년간 조세를 증액하지 않기로 약속했다.

1876년 이후 미국의 남북 전쟁, 그리고 유럽에서 프랑스와 프러시아 간에 전쟁이 발발하며 칠레 경제는 위기를 맞았다. 한편 볼리비아에서는 1876년 일라리온 다사(Hilarion Daza)가 쿠데타로 집권하여 1878년 아타카마 사막 지대에서 광산을 개발하던 칠레 기업들의 세금을 늘리고 광산 소유권을 주장하면서 칠레와 볼리비아 간 국경 분쟁이 시작되었다. 당시 칠레는 아타카마 사막 지대에 투자하고 있는 칠레인들에 대한 볼리비아 측의 부당한 대우와 과세정책에 대해 항의했다. 일라리온 다사는 1878년에 새로운 법령을 제정했는데, 국가의 모든 초석 광물을 수출할 경우 퀸틀(Quintal, 46Kg)당 10센트 세금을 부과한다는 내용이었다. 칠레는 1899년까지 25년간 초석 채굴에 대해 세금을 물리지 않기로 한 1874년

조약을 상기시켰으나 1878년 볼리비아는 여전히 세금 지불을 요구했다 (Del Río 1921, 449). 1879년 2월 14일 칠레는 볼리비아와의 전쟁을 선포했다. 칠레가 안토파가스타를 공격하고 1879년 3월 1일 볼리비아와의 전쟁이 시작되었다(Del Río 1921, 450). 페루가 중재를 시도했으나 실패했다. 칠레는 1873년 페루와 볼리비아 간 상호 방위 조약이 체결되었음을 알고 페루에 중립을 요구했으나 페루가 거절한 일을 빌미로 중재 시도에 응하지 않고 오히려 페루-볼리비아 연합을 구실 삼아 4월 5일에는 페루도 교전국으로 간주하고 전쟁을 선언하면서 태평양전쟁(1879~1883)이 시작되었다(Del Río 1921, 450). 실상 페루의 중재안은 볼리비아가 칠레 산업을 몰수하여 질산염 산업을 독점하게 하려는 정책에 불과했고 칠레는 페루에 중립을 요구했으나 지켜지지 않자 본격적인 전쟁에 돌입한 것이었다 (Del Río 1921, 450).

2. 전쟁의 결과

칠레가 태평양전쟁을 일으킨 근본 원인은 1873년 볼리비아와 페루가 비밀리에 체결한 군사 동맹 조약을 파기시키려는 데 있었다. 칠레는 10여 년 동안 전쟁에 대비해 군비를 증강했다. 볼리비아가 남위 25도, 칠레 23도를 경계선으로 주장해 1866년 24도를 국경선으로 조정했으나 칠레와 볼리비아 간 새로운 분규가 발생함에 따라 칠레는 광산 개발을 포기하고 기존 광산에서 25년간 세율 인상 동결을 제안했고 볼리비아가 이를 수락하면서 조약이 체결되었다. 그러나 1879년 해전이 시작되고 칠레는 1880년 타크나(Tacna)와 아리카(Arica)에 원정대를 파견했다. 당시 기본 장비와 필수품도 갖추지 못했던 볼리비아군은 1879년 4월 타라파카

(Tarapacá) 전투에서 칠레군에 대패했다. 미국의 중재로 페루와 회담을 개최했으나 결렬되고 1881년 1월 17일 칠레군은 페루의 수도 리마에 입성했다. 1881년 도밍고 산타 마리아 곤살레스(Domingo Santa Maria Gonzalez)가 집권하여 1883년 10월에 페루와 안콘(Ancon) 조약을 맺고 볼리비아와는 1884년 4월에 평화조약을 체결했다. 칠레는 안콘 조약 체결로 타라파카주를 획득하여 10년간 타크나와 아리카 지역을 점유하게 되었다. 이로써 이들 두 지역의 권역 문제는 10년 후 주민 투표로 귀속국을 선택하기로 했고 1929년의 협정에 따라 아리카는 칠레, 타크나는 페루 소유로 합의했다. 칠레는 1884년에 볼리비아와 휴전 협정을 체결하고 안토파가스타주를 점유하게 되었다. 이로써 칠레는 오늘날 남극 영토를 제외한 칠레 영토의 1/3에 해당하는 북부 지역의 영토를 확보했다.

이 전쟁에서 칠레가 승리하면서 볼리비아는 면적 약 12만km², 해안로 400km에 해당하는 영토를 잃고 태평양으로 나가는 출구를 상실했다. 1895년 칠레가 볼리비아에 해양으로의 출구를 제공하는 내용의 조약을 체결했으나 볼리비아로서는 만족할 만한 조약이 아니었다. 현재의 국경은 1904년 칠레, 페루, 볼리비아 3국 간에 이루어진 협정에 따라 정해졌다. 협정의 결과로 볼리비아는 바다로 향하는 육로를 상실하였으나 해상무역을 위해 칠레 영토를 자유롭게 통과할 수 있는 권리를 얻었다. 볼리비아는 칠레와 조약을 체결할 당시 아리카와 라파스 간에 양국이 철도를 부설하고 아리카에 항만 시설을 갖추어 15년 후에 볼리비아 측이 시설물을 양도받는 조건으로 배상금 30만 스털링 파운드를 수령하기로 했다. 이로써 볼리비아는 해안지대를 완전히 포기했다.

3. 전쟁의 의의

태평양전쟁 이전 페루, 볼리비아, 칠레, 세 나라에 걸쳐 있던 아타카마 사막은 초석을 비롯한 광물 자원의 보고이자 태평양으로 통하는 길이었다. 표면적으로 태평양전쟁의 시작은 볼리비아 정부가 물리기로 한 조세에 있는 것으로 보이지만, 내면은 더 복잡하다. 페루, 볼리비아, 칠레, 세 나라 사이에는 독립 이후 국가 형성 과정에서 영토를 정할 때의 과정이 애매한 앙금이 남아 있었고, 초석 사업을 둘러싼 이해관계, 그리고 중남미에서 비교적 정치, 경제적으로 안정적 발전을 이루고 있던 칠레와 불안정한 상태의 페루, 볼리비아 간 간극도 갈등 요소로 작용했다. 칠레의 경제적 급부상으로 식민지 시절 남미의 중심이던 페루는 지역 내 주도권을 되찾기 위해 볼리비아와 연합했다.

　1884년 세 나라 사이에 정전협정이 맺어졌다. 칠레군은 볼리비아의 남위 23°S-24°S 사이 지역은 물론 로아강과 남위 23°S도 부근까지 점령했다. 이후 이 지역의 주권에 대한 논란이 이어지다 1904년 칠레에 유리한 방향으로 마무리되었다. 1929년 리마 조약(Tratado de Lima)에 따라 칠레는 페루에 타크나를 반환하고 아리카는 칠레 영토로 남았다. 식민지 시절 누렸던 남미의 주도권을 유지하려던 페루는 볼리비아와 연합하여 과거의 명성을 되찾으려 하였으나 태평양전쟁에서 칠레에 패하며 가혹한 현실을 맞이해야 했다. 영토를 상실했을 뿐만 아니라 수많은 희생자가 발생했다. 초석과 구아노 산지는 물론 적군의 점령 기간 중 관세 징수권마저 상실했다. 전함과 항만 시설, 그리고 수많은 예술품 및 역사적 유물도 파괴되었다. 국가 위신은 실추하고 경제는 파탄에 이르러 정부 예산은 1870년의 1/3 수준으로 감소하고 외채는 2억 달러 이상이 되었다. 패전 후에도 당파 간 갈등은 고조되어 정국은 불안했다. 광물 자원의 보고인 아타카마 사막은 물론 바다로 향하는 통로를 잃은 볼리비아는 더한 재앙에 처했다. 칠레도 완벽한 승자는 아니었다. 초석 산업의 대부분이 영국 투자자들의 소유였기 때문이다. 태평양전쟁으로 세 나라는 최상의 무장이 최대의 평화 보장이라는 교훈을 얻게 되어 전쟁 이후 인접국들과 끊임없는 군비 경쟁에 돌입했다.

태평양전쟁의 승리로 칠레는 당시 비료와 폭발물 제조의 원료가 되던 초석(Sodium Nitrate)이 풍부한 북부 지역의 영토를 차지하게 되었고 초석은 물론 동 등 광물 수출 증대로 불균형의 번영기를 맞이했다. 당시 초석 수출액은 향후 49년간 국고 수익의 대부분을 충당할 정도였다. 초석과 동 수출로 부를 축적한 자유주의자와 급진주의자들이 연합하고 수도인 산티아고와 발파라이소의 전통적인 보수 세력에 반기를 들기 시작했다. 북부 광산 지역에서는 노동자들과 유럽 이민들이 노조를 결성해 파업을 유발하면서 신흥 세력으로 등장했다.

태평양전쟁 종결과 협약에 따라 국경 분쟁은 끝난 것처럼 보였다. 전쟁 당시 연합 전선을 구축했던 볼리비아와 페루는 전쟁 후 조약에서는 칠레와 각각 조약을 맺었으나 이후에도 다툼은 그치지 않았다. 1913년 볼리비아에서 안토파가스타로 이어지는 철도가 건설되어 두 나라의 분위기가 호전되는 듯하자 페루는 이에 반발했다(Del Río 1921, 452). 이후 칠레와 페루, 칠레와 볼리비아의 갈등이 이어지다 페루는 2008년, 볼리비아는 2014년 각각 국제사법재판소(ICJ, International Court of Justice)에 칠레에 대해 국경 관련 소송을 제소한다.

4. 칠레-페루

전쟁의 패배는 페루 지배층에게는 군사·정치·경제적 재앙이었다(Bonilla, 1978, 94). 2008년 1월 16일 페루는 "1929년 6월 3일의 조약에 따라 설정된 육지 경계 지점인 태평양 연안의 콘코르디아(Concordia)라고 불리는 지점에서 시작하여 태평양에서 양국의 해양 수역 경계" 및 "페루 연안에서 200해리 이내에 위치하여 페루에 속하지만 칠레 영토로 간주되는 해역"에 대해 칠레를 상대로 국제사법재판소에 제소했다.

　2014년 1월 27일의 판결에서 법원은 칠레가 주장한 바와 같이 당사국 각각의 해안에서 200해리까지 확장되는 해상 경계에 대해 양국의 합의 여부를 조사했다. 페루와 칠레의 1947년 선언 및 1952년 산티아고 선언과 이후 페루, 칠레 및 에콰도르가 채택한 협정을 분석한 후, 법원은 1954년 특별 해양 국경 수역 협정이 존재한다는 결론을 내렸다. 그 텍스트가 언제, 무엇을 통해 그 경계에 합의했는지는 명시하지 않았지만 이미 존재했으므로 법원은 당사국이 해상 경계의 존재를 명시적으로 인정하는 것은 그들이 이전에 도달한 암묵적 합의를 반영할 수 있을 뿐이며, 이는 1954년 특별 해상 국경 수역 협정으로 "공고화"되었다고 간주했다. 당사국 간에 합의된 해상 경계 관련 제출된 모든 증거에 대한 평가를 기초로, 재판소는 해당 경계가 다목적 해상 경계이며 평행선을 따라 시작점에서 80해리까지 확장되었다고 결론지었다(ICJ). 국제사법재판소는 첫 번째 단계에서 등거리선을 구축하고, 두 번째 단계에서 형평성에 근거한 특수 상황을 고려한 후, 세 번째 단계에서 비례에 따라 결정을 내렸다. 재판 결과 칠레와 페루가 분쟁 중인 38,000km²의 바다 면적 중 절반 이상을 페루가 차지하게 되었고, 칠레는 이 지역의 귀중한 연안 어장 중 대부분을

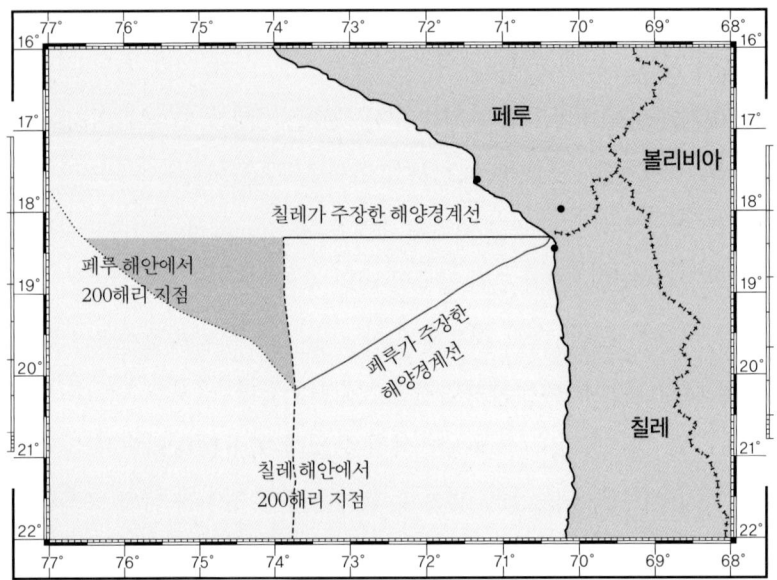

페루

볼리비아

칠레가 주장한 해양경계선

페루 해안에서
200해리 지점

페루가 주장한
해양경계선

칠레

칠레 해안에서
200해리 지점

국제사법재판소가 판결한 페루와 칠레의 해상 경계 지도

보유하고 있는 양 당사자의 주장 사이에서 타협해야만 했다. 결국, 양국은
판결을 준수하기로 약속했다(Herbert Smith Freehills 2014).

물리학자 프랑크 두아르테(Frank Duarte)는 칠레 정부의 분쟁 처리 방
식에 대해 초기부터 일관되게 비판적이었다. 특히 그는 특히 세바스티안
피녜라(Sebastián Piñera) 대통령이 칠레 국민의 이익보다 상업적 성과를 우
선시하는 점을 날카롭게 비판하며 2012년 초 칠레의 헤이그 철수를 촉구
했다(El Voluntario 2012). 판결 이후 칠레의 여러 정당과 정치인들도 헤이
그에서 칠레가 철수할 것을 요구했는데, 이는 보고타 조약의 철회를 의미
하기도 했다. 리카르도 라고스(Ricardo Lagos) 전 대통령은 재판소의 판결
에 대한 비판에 목소리를 더했다(La Segunda 2014). 게다가 새로 임명된 외

교부 장관인 에랄도 무뇨스(Heraldo Muñoz)는 보고타 조약 가입에서 "합법적인 논의"에 있어야 한다고 선언했다. 2014년 2월 11일 헤이그의 강력한 옹호자였던 세바스티안 피녜라 대통령은 보고타 조약에 가입한 칠레의 장단점에 대한 보고서를 요청했다(La Segunda 2014).

5. 칠레-볼리비아

2018년 10월 1일, 네덜란드 헤이그에 있는 유엔 국제사법재판소는 1880년대에 시작된 칠레와 볼리비아 분쟁에서 칠레의 손을 들어줬다. 이 사건은 앞서 언급한 칠레, 볼리비아, 페루 간의 태평양전쟁에 뿌리를 두고 있다. 전쟁은 1884년에 끝났고 볼리비아는 태평양 연안에 인접한 영토를 잃었다. 1904년 볼리비아와 칠레 사이의 평화조약은 두 나라 사이의 경계를 정하고 칠레가 점령한 영토는 '영구적으로' 국가에 속한다고 명시하고 있다. 이 조약에 따라 칠레는 자국 영토인 아리카 항구와 볼리비아의 수도인 라파스 사이에 철도를 건설하고 볼리비아가 영토와 항구를 자유롭게 이동할 수 있는 권리를 허용하는 데 동의했다. 철도는 1913년에 완공되었다. 칠레와 볼리비아 두 나라는 이후 칠레가 볼리비아에 태평양에 대한 주권적 접근 권한을 부여할 의향이 있는지에 대해 간헐적으로 논의하게 된다. 볼리비아는 칠레가 볼리비아의 바다에 대한 주권적 접근을 협상해야 할 법적 의무가 생겼다고 주장했다. 2013년 볼리비아는 국제사법재판소에 신청서를 제출하여 칠레를 상대로 소송을 시작했다.

볼리비아는 신청서에서 "국제법에 따른 일반적인 의무를 넘어 칠레는 협정, 외교 관행 및 최고위급 대표에게 귀속되는 일련의 선언을 통해 볼리비아에 바다로의 주권적 접근을 협상해야 할 의무가 있다"고 주장하면서, "칠레는 이 의무를 준수하지 않았으며, 그 의무의 존재를 부인하고 있다"는 점을 강조했다. 신청에서 볼리비아는 재판소 관할권의 근거로 1948년 4월 30일 자 미국 태평양 정착 조약(보고타 조약)의 제31조를 원용했다(ICJ).

2014년 7월 15일 칠레는 법원의 관할권에 대해 예비 이의를 제기했고 본안에 대한 절차는 중단되었다. 칠레가 예비 이의 제기를 서면 진술서로 제출한 후 2015년 5월에 공청회가 열렸다. 2015년 9월 24일 판결에서 법원은 칠레가 제기한 예비 이의를 기각하고 볼리비아가 제출한 신청서를 받아들일 관할권이 있다고 판결했다. 칠레는 반박서(Counter-Memorial)를 제출했고 법원은 볼리비아의 답변서 제출과 칠레의 재합의서를 승인했으며, 2017년 3월 21일과 9월 21일을 해당 변론의 기한으로 지정했다. 공청회는 2018년 3월에 열렸고 법원은 2018년 10월 1일 본안에 대한 판결을 내렸다.

국제사법재판소는 칠레가 볼리비아의 태평양에 대한 주권적 접근을 협상할 의무가 있는지 판단하기 위해 볼리비아가 제기한 다양한 법적 근거를 고려했다. 그리고 볼리비아의 논지 중 어느 것도 칠레가 볼리비아의 태평양에 대한 주권적 접근을 협상할 의무를 설정하지 않았다고 결론지었다. 보고서는 "양 당사자가 볼리비아의 내륙 상황과 관련된 문제를 해결하기 위해 좋은 이웃의 정신으로 대화와 교류를 계속하는 것을 금지하는 것으로 이해되어서는 안 된다. 이는 상호 이익의 문제이며 당사자들의 의지가 있다면 의미있는 협상이 이루어질 수 있을 것"이라고 밝혔다(ICJ). 판결은 12 대 3으로 결정되었다. 재판장 압둘카위 유수프(Abdulqawi Yusuf)는 양국 간의 오랜 회담 역사에도 불구하고 볼리비아가 주장한 대로 칠레는 영토를 포기하는 협상에 가담한 적이 없다고 말했다(van den Berg & Liang 2018).

볼리비아의 변호사들은 지난 세기 동안 태평양으로의 접근 가능성을 논의하기 위해 여러 차례 시도했으나 소용이 없었다고 주장했다. 또한, 볼리비아 활동가들은 분쟁 지역에 위치한 세계 최대의 노천 구리 광산인 추키카마타(Chuquicamata) 광산의 손실도 이 나라의 원주민들에게 큰 타격을 주었다고 말했다. 볼리비아 변호사들은 칠레인들은 볼리비아 측의 이러한 주장을 지속적으로 무시했고, 외교 관계의 파탄을 초래했다고 말했다. 한편, 칠레는 현재의 국경은 태평양전쟁 이후 볼리비아와 체결한 1904년 평화조약에 기초하고 있으므로 존중되어야 한다고 말했다(Daily Sabah 2018).

페루, 볼리비아, 칠레 간의 복잡한 관계는 이 전쟁이 세 나라의 국가적 이야기와 이미 복잡한 지역의 지정학적 현실에 미치는 영향을 모르고는 이해할 수 없다. 오늘날까지도 세 나라가 전쟁을 이해하는 방식에는 차이가 있다. 볼리비아와 페루에서는 전쟁의 원인이 칠레의 영토 팽창 야욕이라는 의견이 여전히 지배적이다.

IV. 맺음말

페루, 칠레, 볼리비아 사이의 영토 전쟁은 표면적으로는 국제적 지지를 얻은 칠레의 승리로 마무리 지어졌다. 그러나 국제법상의 합의가 세 나라의 진정한 화해를 이루는 데에는 도움을 주지 못했다. 오히려 갈등 관계는 더욱 골이 깊어졌다. 태평양전쟁 이후 국경 분쟁 및 최근 칠레로 유입되는 페루와 볼리비아의 불법 이민자 등 여러 갈등 요소를 안고 있다. 칠레와 페루-볼리비아, 이들 나라 사이의 격차는 이후 점점 더 벌어졌다. 칠레는 신자유주의를 바탕으로 중남미에서 정치·경제적으로 가장 안정된 나라라는 명성을 얻었다. 반면 자국에서 살길이 어려워진 페루와 볼리비아 사람들은 돈벌이를 찾아 이웃 칠레를 향하고 있다. 수많은 불법 페루 이민자들이 칠레에서 값싼 노동력을 제공하고 있으며 이들 대부분은 관광 비자로 칠레에 입국한 후 낮은 급여와 열악한 노동 환경을 견뎌야 한다.

묵은 적대감에도 불구하고 칠레와 페루 두 나라는 2012년 콜롬비아, 멕시코와 함께 태평양 동맹 무역 블록을 형성하여 협력의 가능성을 보여주었다. 2009년에는 양국 간에 자유무역협정을 체결해 무역도 증가해 왔다. 칠레 기업들의 대 페루 투자는 약 136억 달러를 넘고, 페루의 대 칠레 투자는 이보다는 적지만 꾸준한 증가 추세에 있다. 그러나 경제적 협력이 뿌리 깊이 박힌 적대감의 해결책은 아닌 듯하다. 공통의 역사를 무시하고 공통의 현재를 생각할 수 없고, 과거를 무시하고 올바른 미래의 역사를 쓰기는 불가능하다. 진정한 화해의 길은 결코 쉽지 않아 보이지만 불가능하지도 않다.

결론적으로 태평양전쟁이 남긴 결과는 과거가 현재에 어떤 영향을 미치는지 보여주는 좋은 예이자 중남미의 지정학적 관계의 범위와 의미를 결정하는 내러티브를 투영한다. 페루, 칠레, 볼리비아 간의 복잡한 관계는 중남미 전역에 걸쳐 있는 많은 사례 중 하나에 불과하다. 이는 또한 중남미지역 통합의 가능성이 불투명한 이유를 설명하는 데에도 도움이 될 수 있을 것이다.

참고문헌

강석영, [1996], 1999, 『라틴아메리카 上』. 대한교과서주식회사.

강석영, 1996, 『라틴아메리카 下』. 대한교과서주식회사.

국제사법재판소 홈페이지. https://www.icj-cij.org/

A. Burkholder, Mark & Lyman L. Johnson, 1994, *Colonial Latin America*, 2nded. N.Y.: Oxford Univ. Press.

Anderson, Benedict, 1991, *Imagined Communities*, London: Verso Publications.

Barrucho, Luís, 2018, "Por qué la América española se dividió en muchos países mientras que Brasil quedó en uno solo", BBC News Brasil September 7.

Bethell, Leslie, 1987, ed. *The Independence of Latin America*, Cambridge: Cambridge Univ. Press.

Bonilla, Heraclio, 1978, "The War of the Pacific and the National and Colonial Problem in Peru", *Past & Present* No. 81, pp.92-118.

Brading, David A., 1994, "Nationalism and State-Building in Latin American History", *Ibero-amerikanisches Archiv* Vol. 20, No. 1/2, pp.83-108.

Cavieres Figueroa, E. & Cahupis Torres, J., 2015. *La Guerra del Pacífico en Perspective Histórica. Reflexiones y Proeycciones en Pasado y en Presente*, Universidad de Tarapacá.

CaivaNo. Tomás, 1983, *Historia de la Guerra de América entre Chile, Peru y Bolivia* I, II. Lima: PMNBO

Carrasco, Pedro & Cespdes, 1985, *Historia de América Latina, 1: América Indígena, La Conquista*. Madrid: Alianza América.

Castillo Morales, Juan, 1983, *Historia del Perú* Vol. 2. Lima: Ediciones Breno.

Daily Sabah, 2018, "ICJ rejects Bolivia's bid to force Chile to negotiate Pacific access", Daily Sabah October 1.

Davis, Harold E., 1977, *Latin American Diplomatic History*, Boston Rouge: State Univ. Press.

Domínguez, Jorge, David Mares, Manuel Orozco, David Scott Palmer, Francisco Rojas Aravena, and Andrés Serbin. 2003, *Boundary Disputes in Latin America, United States Institute of Peace*, United States Institute of Peace Peaceworks 50.

Edelman, Alexander T., 1965, *Latin American Government and Politics*, Home Wood: The Dorsey Press.

Firas Valenzuela, Francisco, 1990, *Nuevo Manual de Historia de Chile* 9a edición. santiago: Zig Zag.

Furtado, Celso, 1976, *La Economía Latinoamericana: Formación Histórica Problemas Contemporáneos*, Madrid: Siglo XXI.

Galenao, Eduardo, 1971, *Las Venas abiertas de América Latina*, Madrid: Siglo XXI.

García Canclini, Néstor, 1990, *Culturas hibridas: Estrategias para entrary salir de la modernidad*, Mexico, D.F.: Editorial Grijalbo

Garner, Bryan A., ed., 2014, "nation", *Black's Law Dictionary* (10th ed.). p.1183.

Graham, Richard, 2013, *Independence in Latin America: contrasts and comparisons*, Austin: University of Texas Press.

Halpern Donghi, Tulio, 1983, *Historia Contemporánea de América Latina*, Madrid: Alianza Editorial.

Herbert Smith Freehills, 2014, "ICJ delimits Peru-Chile maritime boundary", Herbert Smith Freehills, February 13.

Herrig, Hubert. *A History of Latin America*, N.Y.: Alfred A. Knopf.

Huntington, Samuel P., 1996, *The Clash of Civilizations and the Remaking of World Order*, Simon & Schuster.

James, Paul, 1996, *Nation Formation: Towards a Theory of Abstract Community*, London: Sage Publications.

Kuczynski, Pedro-Pablo, 1977, *Peruvian Democracy under Economic Stress*, Princeton: Princeton Univ. Press.

La Segunda, 2014, "Heraldo Muñoz se abre a debatir retiro de Chile de Pacto de Bogotá: 'Es una discusión legítima'", *La Segunda*, January 28.

La Segunda, 2014, "Lagos no entiende por qué La Haya quiebra la frontera con Perú tras 80 millas", *La Segunda*, January 28.

Loveman, Brian, 1979, *Chile: The Legacy of Hispanic Capitalism*, London: Oxford Univ. Press.

Mitchell, Cristopher, 1977, *The Legacy of Populism in Bolivi: From MNR to Military Rule*, N.Y.: Praeger.

Murilo de Carvalho, Jose, 1982, "Political Elites and State Building: The Case of Nineteenth-Century Brazil", *Comparative Studies in Society and History* Vol. 24, No. 3, pp.378-399.

Smith, Anthony D., 1991, *The Ethnic Origins of Nations*, Wiley, January 8.

van den Berg, Stephanie & Aislinn Laing, 2018, "World Court: Chile not forced to negotiate over Bolivia sea access", Reuters October 1.

Villalobos R., Sergio & Osvaldo Silva G., 1974, *Historia de Chile*, Santiago de Chile: Editorial Universitaria.

Werlich, David P., 1987, *Peru: A Short History*, Carbondale: Southern Illinois Univ. Press.

제2부

동북아시아의
한·중·일 사례

낯선 타자의 출현과 사회적 보수화, 그리고 화해의 실패

신유사옥 이전 천주교에 대한 국가 정책 및 여론 형성을 중심으로

소진형 서울대학교 인문학연구원 선임연구원

I. 머리말

1801년 조선에서 천주교도들을 국가 차원에서 본격적으로 탄압한 신유사옥은 조선 사회가 본격적으로 보수화되는 신호처럼 이해된다. 이 사건을 정치적 관점에서 조망한 연구들은 정조(正祖, 재위 1776~1800)의 개혁적 정책을 지지했던 남인과 노론 시파(時派)를 제거하기 위한 정순왕후(貞純王后, 1745~1805)와 노론 벽파(僻派)의 기획이었다는 점에 초점을 맞춘다.[1] 한편 신유사옥을 종교적 박해의 관점에서 접근하는 입장은 정국

---

1 벽파의 시파, 청남계 공격의 관점에서 신유사옥을 설명하는 연구는 오수창(1990); 박광용(1994, 219~220); 변주승(2001); 서종태(2002); 유봉학(2009, 228~229); 임혜련(2019b); 김정자(2018); 최성환(2020, 430~439)을 참조.

이 보수화되면서 유교 이외의 다른 사상적 조류를 수용하지 못하게 되는, 천주교로 대표되는 개혁에 대한 요구가 막힌 기점으로 이 사건을 설명한다.[2]

그런데 신유사옥을 "타자"와 "타자와 조우한 정치공동체"라는 관점에서 접근한다면, 정치 또는 종교적 관점에서 이 사건을 접근하는 것과 다른 시사점을 얻을 수 있다. 18세기 말 당시 천주교도들은 "서양의 종교"를 받아들여 조직을 만든 "내적 타자"들이었다. 당시 천주교는 현대적 관점의 종교로 이해되지 않았고, 천주교의 교리 및 실천은 조선사회의 질서를 무너뜨리는 것으로 이해되었다. 조선인들에게 천주교도들은 유교적 강상 윤리를 무너뜨리는 외부와 연결되어 있는 낯선 내적 타자들이었다. 따라서 신유사옥이 일어나게 된 전후의 상황을 검토함으로써 우리는 정치공동체가 타자와 조우할 때 어떤 "갈등"이 발생하는지, 정치공동체가 갈등을 어떻게 규정하고 접근하는지를 파악할 수 있다. 또 사회적·정치적 갈등이 신유사옥과 같은 극단적인 상황에 이르게 된 원인을 이해함으로써 사회가 타자에 대해 극단적인 배제와 폭력을 행사하지 않기 위해서는 무엇이 필요한지에 대한 단서를 찾아내고 질문을 생각해 볼 수 있다.

이러한 관점은 국가가 사회적 갈등을 비판적으로 파악하고 규정하는 것과 별개로 사회적 갈등을 최소화하면서 타자들을 사회에 안착시킬 수 있는가를 재고하게 만든다. 사회적 갈등이 극단화될 경우 새로 등장한 타자들을 사회에서 제거하는 방향이 최선의 방법이라는 사회적 여론이 형성될 수 있다. 그러나 정치적으로, 또 역사적으로 보면 내적 타자들을 제

---

2   천주교의 관점에서 신유사옥을 보는 연구는 최석우(1974); 조광(1978); 이원순(1987); 조광(1988); 박정숙(1991); 차기진(2002); 한국교회사연구(2015)를 참조.

거하는 것은 갈등을 해소하기보다는 또 다른 갈등과 사회적 혼란을 야기하는 원인이 된다. 변화는 분명히 기존 사회를 혼란스럽게 만들지만, 기존 질서의 유지를 위해 국가 차원에서 새로운 사유를 하는 사람들을 배제하고 제거하겠다는 결정을 내릴 경우 이는 타자에 대한 낙인 찍기, 무고와 같은 또 다른 사회적 폭력과 혼란으로 이어질 수 있다. 도덕적 관점을 배제하고서 국가적 관점에서 보면 도덕을 앞세운 통제 불가능한 폭력과 배제는 그 도덕이 사회적 상식에 합치한다고 하더라도 질서의 혼란으로 이해될 수 있다.

한편 우리는 이와 같은 문제에 접근할 때 정치의 복잡성을 인지해야 한다. 도덕을 내세워 기존 질서를 강화하고 타자들을 배제하는 폭력도 문제지만, 선의와 포용으로 타자들을 무조건 수용하는 정책 역시 좋다고만 볼 수 없다. 이는 기존 질서를 지지하는, 소수의 타자보다 더 많은 다수의 상식과 어긋나기 때문에 쉽게 저항받으며, 심할 경우 기존 질서와 이념에 토대를 두고 있는 국가의 정당성 자체가 의심받을 수 있다. 따라서 한 정치공동체가 변화 및 타자와 직면해서 그들을 수용하고자 한다면, 이를 위한 정치적, 법적 정당화 논리와 지난한 논쟁의 과정과 이를 견뎌낼 수 있는 사회적 역량이 필수적일 수밖에 없다.

이 글에서는 신유사옥 이전 천주교에 대해 우호적인 정책을 펼쳤다고 알려져 있는 정조의 정책이 어떻게 역설적으로 천주교에 대한 비판 여론을 만들어냄으로써 천주교도들이 조선 후기 사회에 받아들여지지 않게 만들었는지를 설명한다. 신유사옥은 종교 탄압이나 특정 정치세력에 대한 정치 탄압이라기보다는, 사회의 안정성을 담보하는 유교적 질서가 붕괴할지 모른다는 사회의 두려움에 대한 정치의 과잉 대응으로 볼 필요가 있다. 당시 천주교와 천주교도들은 반사회적 신앙이나 신념에 기초한 조직으로 이해되었고, 신유사옥은 당대인들에게 종교에 대한 탄압이 아니라 반사회집단에 대한 검속으로 받아들여졌다.[3]

또한 사실 정조가 천주교에 대해 이중적인 대응을 했다는 점이 사회적 갈등의 복잡성을 보여주는 방증이라는 점에 주목한다. 정조는 국가 차원에서 천주교 문제를 사법적으로 탄압하지는 않지만, 지방관들에게 비밀업무로 천주교도 색출을 지시하고 이들에 대한 정보를 계속 수집하며 때로는 사형에 처한다. 천주교 문제를 대하는 정조의 이중적 태도는 표면적으로 천주교에 대한 관대한 정책을 유지했던 것과 달리 그가 천주교 문제를 심각하게 보고 있었다는 의미이자, 그의 사후 국가 차원에서 천주교 탄압을 결정할 수밖에 없었던 맥락을 구성할 단초가 된다. 이를 위해 이 글에서는 조정에서 천주교도 처분을 놓고 벌어진 논쟁의 언어들을 검토하고 천주교 비판의 핵심 논리와 당시 정치가들이 고민하던 문제를 설명하고자 한다. 마지막으로 정조의 결정, 즉 정당화된 정치 결정이 반드시 옳거나 타당하다고 할 수 없는 점이 무엇인지, 또 정당화 여부와 별개로 천주교도들에 대한 처분이 당대인들에게 어떤 면에서 충분히 설득적이지 못했는지를 사회의 보수화 및 배타성의 증가와 연관해 논하고자 한다.

---

3 이러한 관점에서 천주교와 신유사옥을 조망한 논문은 강슬기(2018)를 참조. 강슬기는 당시 천주교가 조선 정부 및 사대부들에게 위협적으로 보였던 이유에 대해 조직화되었기 때문이라고 지적한다. 조선인들은 천주교를 종교라기보다는 특정한 신념을 갖고 조직화된 사회 혼란세력 정도로 인식했을 가능성이 크다는 점 역시 지적한다.

II. 1785년 이후 천주교 사건의 전개, 그리고 천주교를 규정하는 새로운 언어

천주교가 사회적 문제로 거론되기 시작한 것은 1801년 이전부터다. 당시 사료들을 보면 천주교에 대한 비판은 두 층위, 즉 사대부들이 천주교를 믿는 것, 그리고 백성들 사이에 천주교가 빠르게 확산된다는 측면에서 이루어졌다. 먼저 1785년(정조 9) 을사추조적발사건(乙巳秋曹摘發事件), 1787년(정조 11) 반회사건(泮會事件), 1791년(정조 15) 진산사건(珍山事件)이 일어났을 때 사대부들이 천주학과 관련된 서적을 읽고 유교 질서에 배치되는 실천을 하는 것에 대한 비판과 공격이 있었다.[4] 그리고 지방에서는 백성들 사이에 빠른 속도로 천주교가 확산되는 것을 우려하는 문제의식이 있었다.[5] 당시 천주교 확산에 대해 문제의식을 갖고 있던 사람들은 이 두 가지 사안이 밀접한 관계에 있다고 보았다.

조선에 천주교가 본격적으로 자리 잡기 시작한 것은 이승훈(李承薰, 1756~1801)이 북경에서 천주교 교리서를 가지고 귀국하면서부터로 알려져 있다. 이승훈은 1783년(정조 7) 서장관(書狀官)이었던 부친 이동욱(李東郁, 1739~?)을 따라 동지사(冬至使) 일원으로 북경에 가서 그라몽(Jean-Joseph de Grammont, 1736~1812, 중국명 梁棟材) 신부로부터 세례를 받고 1784년 천주교 관련 서적을 조선에 반입하였다.[6] 이승훈 및 당시 북경 교

---

4 『闢衛編』卷2, 乙巳秋曹摘發事件, 「進士李龍舒等通文」, 1a-2a; 『正祖實錄』 정조 15년 10월 23일 홍낙안이 채제공에게 보낸 편지.

5 『燕巖集』권2 「答巡使書」; 신후담(2014).

6 이승훈의 연행 및 세례, 초기 천주교 신자의 북경 교회 방문 및 조선 천주교회의 성립에 대해서는 달레(1980/1996, 299-316); Gouvea(1800)를 참조.

구장이었던 구베아 주교(Gouvea, Alexander de, 1571~1808, 중국명 湯士選)의 서한에 따르면 이승훈은 조선으로 돌아온 뒤 많은 사람들에게 천주교를 전했고 또 천 명이 넘는 사람들에게 세례를 줌으로써 조선의 교회가 성립했다고 한다.[7] 천주교가 어떻게 빠르게 확산되었는지, 그리고 사대부들과 일반 백성들이 어떤 접점을 갖고 같이 천주교를 믿게 되는지에 대해서 정확하게 확인할 수 있는 사료는 찾아보기 어렵다. 다만, 천주교의 성격상 교리서가 중요한데, 상당수의 천주교 교리서들이 한글로 언해되어 유통되었던 점을 염두에 둘 때 사대부 및 한문을 아는 계층이 번역에 개입하고 교리서를 확산시키는 데 관여했을 것이며, 그 과정에서 서로 다른 계층들이 연결되었을 것이라고 짐작해 볼 수 있다.[8]

천주교가 본격적인 사회문제로 각인되기 시작한 것은 추조적발사건부터다. 『벽위편』에 따르면 1785년 추조적발사건 시 추조, 즉 형조의 금리(禁吏)가 노름을 단속하던 중 우연히 미사를 드리고 있는 천주교인들을 적발하게 되었는데, 당시 금리들은 천주교인들이 얼굴에 분을 바르고 푸른 수건을 쓰고 미사를 드리는 것이 해괴하다고 생각해서 일단 체포했다. 이때 예수의 화상과 서적들이 압수된다.[9] 이승훈이 세례받고 조선에 돌아온 해가 1784년인데, 이미 1785년에 천주교의 교리와 형식에 어느 정도 맞춘 미사가 가능했다는 것은 천주교가 빠르고 깊게 뿌리내리기 시작

---

7 이승훈과 구베아의 편지는 천주교 수원교구 시복 시성 추진위원회 편(1999, 97; 61)을 볼 것.

8 『正祖實錄』정조 9년 4월 9일;『承政院日記』정조 9년 4월 9일 장령 유하원(柳河源, 1747~?) 상소 및 정조의 답변;『承政院日記』정조 10년 정월 22일 행대사헌(行大司憲) 김이소(金履素)의 계 참조.

9 『闢衛編』卷2, 乙巳秋曹摘發事件,「進士李龍舒等通文」, 1b-2a. 『벽위편』의 페이지 수는 1931년 영인본을 따른다.

했다는 것을 의미한다.

1787년 4월, 이사렴(李師濂)은 "시골의 어리석은 백성들까지 한문이
나 언문으로 번역된 책들[眞諺翻謄]을 돌려보는" 상황에 대해 보고한다.[10]
이 사건이 반촌(泮村) 김석태의 집에서 이승훈, 정약용 등이 천주교 교리
서를 돌려보며 연구하던 것을 이기경(李基慶, 1756~1819)과 홍낙안(洪樂
安, 1752~?)이 문제 삼으면서 남인 중 신서파(信西派)가 공격받게 된 반회
사건이다. 이 사건 이후 정조와 관료들은 척사파들의 신서파에 대한 공격
에 정치적으로 대응하지 않고 천주교 확산의 원인을 서적으로 규정하는
선에서 문제를 정리하고자 한다. 그리고 비변사에서 「사행재거사목(使行
齋去事目)」을 만들어 서학서 및 이단 서적의 유입에 대한 금지 조치를 내
린다.[11]

이런 상황에서 1791년 윤지충과 권상연이 제사를 거부하고 부모의
신주를 불태운 진산사건이 발생하자,[12] 천주교는 성리학적 질서의 토대인
부자관계, 군신관계를 무너뜨리는[無父無君] 반사회적 움직임으로 이해
되기 시작한다.[13] 진산사건은 책이나 교리 비판만으로는 천주교를 제거할

---

10 『日省錄』 정조 11년 4월 27일. 구만옥(2020)에 따르면 이사렴은 민간의 천주교 전파 상
    황을 심각하게 인식했으며, 같은 해 8월 당시 정치적 변란사건과 관련해 김종수가 좌
    도(左道)를 금지할 것을 요청했다고 한다. 조정에서 천주교는 참위(讖緯)와 같은 선상
    에서 논의되었다는 점을 확인할 수 있다.

11 『備邊司謄錄』, 丁未(1787년) 10월 初5일, 「使行齋去事目(附)」.

12 진산사건에 대해서는 허태용(2010); 임혜련(2019b)을 참조. 윤지충은 1791년 5월 모친
    이 사망한 뒤 장사를 치를 때 신주를 만들지 않았는데, 이에 대한 소문이 왜곡되어 퍼
    져 나가면서 당시 사대부들에게 심각한 문제로 인식되었고, 결국 10월에 윤지충이 자
    수하면서 본격적으로 조정에서 이 문제가 논의되기 시작했다.

13 『正祖實錄』 정조 15년 10월 20일.

수 없을지도 모른다는 불안감을 사람들에게 심어준다. 앞에서 언급한 것처럼 정조는 추조적발사건과 반회사건 이후 서적을 금지하는 선에서 해결하고 문제를 확대시키려 하지 않았다. 1789년(정조 12) 정언 이경명(李景溟, 1733~1799)이 올린 서학 금지를 요청하는 상소에 따르면 "천주교 서적을 금지하고 백성들을 효유하라"는 1787년 정조의 전교와 처분에도 불구하고 결국 서울과 지방까지 천주교가 번성하고 있다는 문제 제기가 나오고 있음을 확인할 수 있다.[14]

추조적발사건과 반회사건, 진산사건이 모두 남인과 관련되어 있다는 사실은 비천주교인 남인들에게 정치적 압박으로 다가왔다. 진산사건 직후 남인 공서파(攻西派) 홍낙안은 채제공에게 장문의 편지를 보내 사람들을 제거해야만 천주교를 없앨 수 있다는 과격한 논리를 편다.[15] 홍낙안은 이승훈이 천주교를 전파하고 있다는 것을 알고 있었고, 이에 대해 비판적인 입장을 처음부터 견지하고 있었다. 반회사건을 고발한 홍낙안은 1788년 국왕의 책문 대책에서 책문 주제와 큰 상관없는 사학에 대한 성토로 답안을 작성하여 반회사건을 정치적 문제로 확대시킨다. 원래 홍낙안은 반회사건에 대해 본격적으로 연명상소를 올릴 계획을 갖고 있었으나 무산되었고,[16] 정조가 1788년 1월 10일 춘도기 제술(春到記 製述) 시험의 주제로 낸 "학문[學]"에 대한 답변에서 교화를 통해 사학(邪學)을 없애려는 정조의 천주교에 대한 대응은 이단을 물리치기에 미진하다고 비판

---

14 『正祖實錄』 정조 12년 8월 2일; 『承政院日記』, 정조 12년 8월 3일.

15 『正祖實錄』 정조 15년 10월 23일 홍낙안이 채제공에게 보낸 편지; 『闢衛編』卷2「洪注書上蔡左相書 九月」, 11b-16a.

16 『闢衛編』卷2, 丁未泮會事, 「洪進士樂安(號魯庵, 後改名義運)與李進士基慶書」, 5a-6a. 반회사건 때 홍낙안의 태도에 대해서는 구만옥(2020)에 자세히 설명되어 있다.

하였다.[17]

홍낙안은 남인들 중에서 천주교도들이 계속 나오고 있는 상황이 결과적으로 남인들에게 큰 재앙이 될 것이라고 생각했다. 따라서 그는 남인 내부에서 천주교 탄압을 강하게 주장해야만 남인들이 살아남을 것이라고 보았다. 홍낙안의 태도는 그의 발언에서도 잘 드러난다. 천주교를 황건적과 백련교도에 비유해 사회의 심각한 위협으로 규정함으로써[18] 천주교에 대한 경각심을 불러일으킨다든지, 반회사건이나 진산사건에서 천주교를 믿는 남인들을 강경하게 배척함으로써 선을 분명하게 긋는 모습을 보여준다. 진산사건 직후 홍낙안이 채제공에게 보낸 편지에는 천주교를 규정하는 언어들이 등장하는데, 이 언어들은 천주교에 대한 당대인들의 선입견을 형성하는 중요한 요소가 된다. 먼저 그는 남인들이 천주교를 계속해왔음을 지적하고 그들을 문제 삼지 않으면 같이 물에 빠질 것이라고 경고하는 것으로 편지를 시작한다.[19]

a. 이전에는 나라의 금법이 무서워 골방에서 모이던 자들이 지금은 환한 대낮에 멋대로 돌아다니며 공공연히 전파하며, 이전에는 깨알같

---

17 『闢衛編』卷2, 丁未泮會事「進士洪樂安對親策文戌(申正月人日製第三入格)」, 8a-9b. 홍낙안은 이 답안에서 충청도에서 집집마다 천주교 교리서를 외우고 한문과 언문으로 베껴서 여자와 아이까지 읽으며 영향력이 커서 지방관이 금지하기 어려운 지경이라고 지적한다.

18 『闢衛編』卷2, 丁未泮會事「進士洪樂安對親策文戌申正月人日製第三入格」. "且百姓之愚冥, 易惑難曉, 苟見其生苦死樂之說, 爲仁向義之論, 而以沙爲飯, 以士爲羹, 靡然風從, 則將何以解其惑耶. 於戲, 黃巾藉其符水, 以亂六合, 福通起於蓮敎, 能占一隅. 臣聞其洗浴頌罪, 種種作怪之狀, 不過是符水·蓮敎之類, 而不足貴之. 以異端之害吾道, 則其爲宗社之深憂長慮, 又有甚於一時異敎之侵越正學而已."

19 『正祖實錄』정조 15년 10월 23일 홍낙안이 채제공에게 보낸 편지.

이 작은 글씨로 써서 겹겹으로 덮어 상자 속에 숨겨 놓았던 것을 지금은 공공연히 간행해서 경외에 반포하고 있습니다. 그 가운데 무지한 하천민과 쉽게 현혹되는 부녀자들은 한 번 이 말을 들으면, 목숨을 걸고 뛰어들어 지상에서 살고 죽는 따위는 아랑곳하지 않고 영원한 천당 지옥설에 마음이 끌려 일단 끌려 들어간 뒤에는 현혹된 것을 풀 길이 없습니다. 특히 경기와 호서 지방의 경우는 한없이 넓은 그물에 모든 마을이 다 벗어나지 못한 상황이니, 지금 손을 쓰려고 해도 해진 대바구니로 소금을 긁어 담는 것과 다름이 없습니다.

b. 소인이 무신년에 조정에서 임금을 뵈었을 때 황건적(黃巾賊)과 백련교(白蓮敎)의 사건을 끌어다가 증명하였는데, 그 당시 반박하는 말들이 남을 해치려는 생각이 있다고 하여 사방에서 비난하는 소리가 지금까지 그치지 않습니다. 그러나 오늘의 상황으로 보면 소인이 그 당시에 한 말은 사실 지나친 말이 아니었습니다. (중략) 천하에 지극히 무궁한 것은 사태의 변화이고 절실히 삼가야 할 것은 조짐이라고 봅니다. (중략) 그러나 만일 그들이 많은 사람을 불러 모을 수 있는 힘을 빌려 그 흉계를 꾸미게 된다면 저 살기를 싫어하고 죽기를 즐기는 무리와 윤상을 무시하고 어지럽히는 자들이 무슨 생각을 갖지 않고 무슨 변괴를 도모하지 않겠습니까.

c. 그 사실은 비록 매우 뚜렷하더라도 그 사람들은 대부분 겉치레를 하고 있기 때문에 하나하나 조사해 낼 수도 없고 또 이런 종류의 성토는 범죄사건을 조사해 내는 것과 달라 몰래 염탐해서 알아낼 수 있는 것도 아니고 다만 드러난 것만 가지고 말하기 때문에 모두 적당히 넘어가는 혐의를 모면할 수 없었던 것입니다.

d. 저 권철신(權哲身)이 체천하지 않은 신주를 묻어버린 것과 이윤하 (李潤夏)가 조상의 제사를 폐지한 것과 같은 일은 비록 소문은 있지 만 아직 드러나지는 않았습니다. 그런데 만약 조정에서 지충을 헐 하게 처벌하는 것을 보게 되면 반드시 골짜기로 달리는 여울물이 일단 터지면 걷잡을 수 없는 것처럼 될 것입니다.

e. 참으로 다스리고자 한다면 시행으로만 그친대서야 어찌 말이 되겠 습니까. 마땅히 큰 길거리에 목을 매달아 놓고 적의 무리를 호령하 며 그 집터를 파서 못을 만들고 그 고을을 혁파하기를 마치 역적을 다스리는 법처럼 한 뒤에야 이단을 믿는 자들이 조금이나마 목을 움추릴 줄 알게 될 것입니다.

a는 천주교가 확산된 원인과 결과에 대한 설명이다. 홍낙안은 천주교 도들이 자신들의 존재를 숨기지 않고 드러내기 시작했으며, 책을 간행하 고 하층민과 부녀자가 현혹되어 죽음을 두려워하지 않고 천주교에 빠지 게 된 결과, 경기와 호서지역은 모든 마을이 다 천주교에 물들게 되었다 고 지적한다. b, c, e는 반회사건 때 홍낙안이 천주교를 황건적과 백련교에 빗대어 공격했던 것이 음모론으로 비난받았으나, 진산사건으로 인해 음 모론이 아닌 사실로 증명되었다는 것, 그렇기 때문에 사람들을 의심해야 한다는 점을 주장한 부분이다.

그는 드러난 행위가 없다고 하더라도 사람들을 의심하고 조심해야 하 는데, 그렇지 않으면 "살기를 싫어하고 죽기를 즐기는 무리와 윤상을 무 시하고 어지럽히는 자들"이 꾀하는 변괴를 막기 어렵다는 주장이다. 홍낙 안의 관점에서 보면 사람들은 대체로 자신이 천주교인이라는 것을 숨기 기 때문에 일일이 조사하기도 어렵고, 범죄를 저지르기 전에는 염탐할 수도 없어 적당히 혐의를 벗어난다는 것이다. 또 권철신과 이윤하처럼 신주를 묻거나 조상제사를 폐지했다는 소문이 있는 경우 조사해야 하는데, 윤지충을 제대로 처벌하지 않으면 강상 윤리를 무너뜨리는 행위들은 빠르게 확산될 것이라고 예견한다. 결국 이러한 논리를 통해 홍낙안이 주장하고자 하는 것은 두 가지인데, 천주교도들에 대한 국가 차원의 감시와 처벌 강화이다.

천주교도들에 대한 감시 및 처벌 강화에 대해서는 다음 장에서 논하기로 하고 천주교도를 규정하는 그의 언어에 먼저 주목해 보자. 홍낙안의 편지에서 눈에 띄는 것은 천주교도들을 규정하는 용어다. 홍낙안은 천주교도들을 무부무군(無父無君), 즉 "아비도 없고 임금도 없으며 윤리를 무시하고 어지럽(邪學之無父無君, 蔑倫亂常)히는" 존재라고 규정한다. 원래 역적들을 지칭할 때 사용하던 이 표현을 천주교도들에게 처음 사용한 사람은 홍낙안인 것으로 보인다. 원래 무부무군, 혹은 무군무부라는 표현을 정치수사로 사용할 때 방점은 무부에 있는 것이 아니라 무군에 있다. 즉, 군주에게 충성하지 않는 자들은 아버지에게 효도하지 않는 자들이라는 맥락에서 사용하는 용어다. 그런데 홍낙안은 신주를 불태우고 제사를 폐지하는 것을 무부로 규정하고 '효자가 충신된다'는 말을 뒤집어 '아비를 없이 여기는 사람들은 군주도 군주로 여기지 않는다'는 논리로 전환시킨다.

무부무군이라는 말은 원래 사용되었기 때문에[20] 사람들에게 친숙하기

---

20 『正祖實錄』정조 2년 8월 7일; 『正祖實錄』정조 9년 3월 12일. 이 기사들을 보면 정조가 신하의 불충을 비난할 때나 반역 무리들에 대해 무부무군이라는 표현을 사용하는 것이 확인된다. 무부무군은 불교를 비판하는 수사이기도 했다. 정도전(鄭道傳)은 「불씨잡변」에서 불교의 해가 무부무군에 이를 것이라고 지적하고, 안정복(安鼎福. 1712~1791)은 『동사강목』제4하 경덕왕 추7월 기사에 불교로 인해 난신적자(亂臣賊子)가 없어지

도 하고 천주교가 유교의 강상 윤리와 다른 관계 윤리를 지향한다는 것을 직관적으로 보여주는, 당대인들의 천주교에 대한 문제의식을 잘 요약한 표현이기도 했다.[21] 다시 말해 홍낙안이 천주교를 비판하기 위해 사용한 '무부무군'은 천주교도들을 역적이자 질서의 교란자로 직결시킬 수 있는 유용한 비유였으며,[22] 실제로 홍낙안뿐 아니라 척사론자들이나 천주교의 비판자들이 자주 사용하는 표현이 된다. 일반적으로 역모가 그러하듯이 무부무군인 천주교도들은 자신들의 행위를 숨기고 있기 때문에 자신들이 천주교도라는 사실을 숨기고 있다. 홍낙안은 증거를 찾기 어려울 뿐만 아니라 증거를 찾아서 그들을 벌주려고 할 때는 이미 천주교가 사회에 확산된 이후일 것이라고 강조하면서 천주교도의 경우 증거 없이 소문만 있어도 체포하고 수색할 수 있게 해야 한다고 주장한다.

지 않는다며 불교를 무부무군의 교(教)라고 설명한다. 이에 대해서는 『三峯集』권9, 「佛氏雜辨」闢異端之辨; 『東史綱目』제4하, 무술년 경덕왕 17년을 볼 것.

21 천주교는 묵가(墨家)에 많이 비유되었는데, 유가가 묵가를 비판하는 핵심 중 하나는 친소관계, 특히 부자관계의 우선성을 부정하기 때문이다.

22 홍낙안이 처음부터 이러한 용어를 사용한 것은 아니다. 그는 1788년 정조의 책문에 대한 대책에서는 천주교에 대해 '무부무군'이라는 표현 대신 불교의 '무군멸친지론(無君蔑親之論)' 즉, 왕과 부모를 업신여기는 주장과 같은 것이라고 말한다. 그러나 채제공에게 보낸 편지에서는 이런 설명 없이 '무부무군'과 역적이라는 용어를 병치시키고 있다. 홍낙안 표현은 『闢衛編』卷2, 丁未泮會事「進士洪樂安對親策文戊(申正月人日製第三入格)」, 9a를 볼 것.

III. 정조의 천주교에 대한 대응과
천주교 사건의 정치화

정조가 천주교에 대해 관대한 정책을 편 것에 대해서는 이미 기존 연구에
서도 많은 지적이 있었다. 정조는 1789년 8월 3일 좌의정 이성원(李性源),
우의정 채제공, 대신들, 유사당상(有司堂上)들과 천주교에 대해 논하는 자
리에서 정학(正學)을 밝히면 사학(邪學)은 없어질 것이라며, 천주교가 "군
신·부자·장유의 구분이 없고" 화복(禍福)을 이론으로 만들기 때문에 사
람들이 미혹되지만,[23] "그 사람을 올바른 사람으로 만들고 그 책은 불태우
(人其人, 火其書)"면 문제가 저절로 해결된 것이라는 생각을 밝힌다. 이때
정조는 정치적으로 중요한 발언을 한다.

> 이 일은 유사의 신하에게 맡기는 것으로 충분하다. 만약 이를 큰일로
> 만들어 조정까지 올라가게 하면 구차하지 않겠는가? 이단[左道]을 끼
> 고 대중들을 어지럽히는 것이 서학뿐이겠는가. 중국에는 상산학(陸
> 學)·양명학(陽學)·불도(佛道)·노도(老道)·도가류(道流)·불교류(釋流)
> 가 있으나 중국에서 일찍이 금령을 설치하였던가?[24]

천주교도들의 처벌 문제에서 정조는 처벌하지 않겠다는 것이 아니라

---

23 『承政院日記』정조 12년 8월 3일. "上曰, 此學一反世上之常理, 旣無君臣父子長幼之倫, 而以禍
福爲說, 故其言之易爲誆惑者, 此也."

24 『承政院日記』정조 12년 8월 3일. "上曰, 此說熾盛於乙巳間, 而金華鎭爲秋判時, 略爲搜治矣.
蓋此事, 付諸有司之臣, 可矣, 若作爲大事, 推上於朝廷, 則豈非屑越者乎. 大抵挾左道而亂衆聽者,
奚特西學而已. 中國則有陸學陽學佛道老道道流釋流, 而中國亦何嘗設禁乎?"

그 죄를 역모로 간주해 국가에서 공식화하는 것은 문제가 있다고 보았다. 따라서 해당 부서나 지역[有司]에 맡겨서 처리하는 것이 적합하다고 말한다.[25] 정조가 중국의 사례를 들면서 국가는 다양한 사상적 조류들에 대해 관대함을 보여야 한다고 강조한 것은 정치적으로도 탁월한 판단이라고 할 수 있다. 사상과 관련해서 문제가 발생했을 경우, 해당 관청이나 지방에서 해결하지 않고 국가 전체로 확대시킬 경우, 사회가 경직되고 서로에 대한 공격이 심각해지며 예측 불가능해지고 결과적으로 국가의 통제를 벗어날 수 있기 때문이다.

문제는 1791년 이전에는 설득력이 있던 정조의 주장이 진산사건 이후에는 그렇지 못했다는 것이다. 진산사건은 홍낙안을 필두로 공서파의 남인들이 신서파를 공격하는 빌미를 주었을 뿐만 아니라, 공서파의 신서파에 대한 비판이 노론 시파계열에 의해 정치적으로 이용되는 상황까지 벌어졌다. 이를 이해하려면 먼저 앞에서 언급한 홍낙안의 편지에 대한 정조의 반응부터 검토할 필요가 있다. 정조는 1791년 10월 23일 홍낙안의 편지가 포함되어 있는 지평 한영규의 상소를 읽고 이를 채제공에게 다음과 같이 말한다.

> 홍낙안의 긴 글은 과연 무슨 의도에서 나온 것인가. 말로 경에게 얘기하는 것이 무슨 안 될 문제가 있기에 굳이 긴 글을 보냈단 말인가. 우리나라는 모두가 사적인 싸움에 용감한 것으로 볼 때 낙안의 글은 반

---

25 채제공 역시 비슷한 발언을 한다. 채제공은 천주교에 대한 처벌은 위중해야 하지만, 처벌이 강화될 경우 관계없는 사람들이 무고를 당할 가능성이 있다는 점을 우려한다. 이에 대해서는 『正祖實錄』 정조 15년 10월 20일 자 기사를 볼 것.

드시 까닭이 있을 것이다. 대간의 계사에 대해 내린 비답 속에 함정[機關]이란 문구를 썼던 것은 그만한 이유가 있었다. 경은 그 편지를 보고서도 말을 하지 않은 것은 무슨 까닭인가? 엊그제 빈연(賓筵)에서 남을 공격하는 것이라고 아뢰었는데, 나도 역시 그 말의 은근한 뜻을 짐작하였다.[26]

위의 인용문에서 확인되듯이 정조는 홍낙안의 편지를 정치적 의도가 있으며 "사적인 싸움", 즉 당쟁과 연관된 것이라고 단언한 뒤 홍낙안이 채제공에게 말로 하지 않고 군이 편지를 보낸 것을 "함정[機關]"이라고 말한다. 정조가 홍낙안의 편지를 심각하게 받아들인 이유는 홍낙안의 편지를 인용한 한영규가 당시 채제공 중심으로 정치를 이끌어가고 있던 정조의 결정에 반대하는 노론 시파였기 때문이다.[27]

허태용은 정조 재위 10년 이후 정조가 기존의 노론이나 소론이 아닌, 남인을 중심으로 정국을 이끌어 가기로 결정하면서 채제공과 남인이 정치적으로 부상했다고 지적한다(허태용 2010). 정조는 1789년 기존의 사도세자의 묘소인 영우원(永祐園)을 현륭원(顯隆園)으로 옮기고, 사도세자를 복위시키기 위한 작업을 진행한다. 이 계획이 실현되기 위해서 핵심적으로 필요한 사람이 바로 채제공이었다. 채제공은 1792년 영조가 사도세자의 처분을 후회한다는 내용의 금등(金縢) 문서의 존재를 정조에게 알림으로써 사도세자에 대한 혐의를 벗기고, 영조가 아닌 정조의 "임오의리(壬

26　『正祖實錄』정조 15년 10월 25일.
27　이에 대해서는 허태용(2010, 252~253)을 볼 것.

午義理)”를 천명할 수 있게 해준 역할을 담당했기 때문이다(최성환 2017).[28] 진산사건은 이 계획이 진행되고 있던 시점에 벌어졌고, 홍낙안이 채제공에게 보낸 편지는 채제공 및 남인세력을 약화시킴으로써 정조의 계획을 어그러뜨릴 수 있는 계기가 될 수 있었다. 채제공이 중용되면서 노론 시파, 벽파, 그리고 남인 내에서도 채제공에 대한 공격이 지속적으로 이어졌기 때문에(허태용 2010, 248~252), 홍낙안의 편지는 정조에게 있어서 또 다른 음모의 가능성으로 읽혔던 것이다.[29]

이러한 맥락 속에서 천주교도 무리와 교주를 밝히고 윤지충과 권상연을 처벌하라는 척사파들과 관료들의 요구에 대해 정조는 강력한 처벌을 하지 않겠다는 의사를 계속 밝힌다.

> 소문을 하나하나 다 믿을 수 없으며 용서할 수 없는 죄든 아니든 간에 설혹 그 소문이 사실이라 하더라도 상도를 어기고 법을 범한 시골의 하찮은 한두 명의 무리에 대해서 그것을 처리하는 것은 한 명의 도신이면 충분하다. 법을 바르게 집행하여 죽여도 좋고 죄를 밝혀 형장을 쳐도 좋은 일이지만, 이는 모두 사실을 따져 살핀 뒤에 할 일이다. 그런데 이것을 법조로 하여금 해도의 일을 대신하게까지 하는 것은 비단 실제 진실이 호도될 걱정이 있을 뿐만이 아니다. 공자께서 '이단을 공격하면 해로울 뿐이다' 하지 않았던가. 공격이란 말은 전적으로 다스린다는 말이다. 전적으로 다스리기를 일삼는 것은 도리어 중국은

---

28 영조와 정조의 의리론에 대해서는 최성환(2017; 2020)을 참조할 것.
29 정조는 이 때문에 천주교 문제의 해결을 채제공에게 일임하고 문체반정(文體反正)을 통해 남인세력을 보호하고자 한다. 문체반정에 대해서는 윤재민(2002)을 참조.

오랑캐를 치기를 일삼지 않는다는 뜻과 어긋나는 것이다. 이미 노출된 자에 대해서는 이미 도백에게 맡겨서 엄히 규명하도록 했으니, 설혹 적발되지 않은 자가 있더라도 차마 끝까지 찾아냄으로써 스스로 잘못을 고치는 길을 막아버릴 수 없다.[30]

위의 인용문은 홍낙안의 편지를 인용하며 윤지충과 권상연에 대한 처벌을 국가 차원에서 해야 한다는 한영규의 주장에 대한 정조의 답변이다. 정조는 윤지충과 권상연을 "시골의 하찮은 한두 명의 무리"로 명명하면서 사건을 축소하고, 전라도의 해당 관청에서 해결하면 된다고 지적한다. 그리고 국가에서 천주교에 대한 탄압을 공식화하면 오히려 진실이 왜곡될 수 있으며 정치에 해로울 뿐이라고 지적한다.

정조의 이러한 입장은 같은 해 11월 6일, 이승훈 등 천주교와 연관된 사람들의 처벌을 요구하는 성균관 유생들의 상소에 대한 답변에서도 동일하게 드러난다. 성균관 유생들은 강력하고 적극적인 처벌을 요구한다. 그들은 윤지충, 권상연뿐 아니라 이승훈, 권일신을 함께 비판하면서 흉도로 알려진 자들은 조사를 적극적으로 하여 사형시키며, 다른 당에서 천주교에 물든 자들 역시 경중에 따라 모두 죄를 주어야 한다고 주장했다.[31] 이

---

30 『正祖實錄』 정조 15년 10월 23일.

31 『承政院日記』 정조 15년 11월 6일. "大抵, 此學之根本, 不可不及時永絶, 而且其不畏刀刃, 樂死刑禍, 尤出常情之萬萬, 此而緩之, 深長之慮, 何所不有哉? 迺者我殿下誕發絲綸, 諭以闢廓之意, 專委廟堂, 勉以斁治之責, 爲今日承弼輔相之任者, 亦必窮覈痛治, 以副我聖上委界之意, 而臣等竊觀近日朝著之上, 雍容暇豫, 專欠救焚拯溺之意, 低回顧瞻, 太無明目張瞻之意, 則又安知今日斁治之擧, 反開滋蔓之路, 而復蹈向年之轍哉? 夫如是也, 他日之憂恐有甚於今日, 而又不知幾箇持忠·尙然, 接踵而起, 幾箇承薰·日身, 應響而生矣. 目今凶徒之姓名顯著者, 一一窮査, 以正王法, 其他黨與之濡染者, 隨其輕重而罪之, 遍諭八方之愚民, 俾不狂惑於邪說, 以扶民敎焉."

발언은 확실한 근거가 없어도 소문만으로도 체포하고 조사하는 것이 가능해야 한다는 홍낙안의 발언과 연결된다. 홍낙안은 채제공에게 보낸 편지에서 "죄를 저지르기 전에는 염탐할 수 없다"고 한탄하는데, 이것은 역으로 증거 없이 수색하거나 체포할 수 없는 당시 조선의 사법적 원칙을 보여준다. 이름이 드러난 자들이 결국 이승훈, 권일신이라는 점을 떠올린다면 결국 성균관 유생들은 이들을 절차 없이 소문만으로 수사해서 처형해야 한다고 주장한 셈이다.

이러한 주장은 윤기(尹愭, 1741~1826)와 같은 남인에게서도 발견된다. 성균관 유생들과 윤기의 글을 보면 이들은 천주교로 인한 사회적 질서의 붕괴를 사법적 원칙보다 더 중요하게 보아야 한다고 생각했다. 즉, 이들은 진산사건을 정조와 달리 정치세력 간의 권력투쟁 이전의 문제로 인식했다.[32] 1791년 11월 3일 정조가 책문으로 낸 "속학(俗學)"이라는 주제에 대해 윤기의 대책에 보면 홍낙안과 거의 똑같은 내러티브로 천주교에 대해 비판한 것을 확인할 수 있다.

> 오늘날 사람들이 말하는 천주학이란 요망한 술법과 사악한 언설로 윤리와 강상(倫常)을 어그러뜨리며, 아버지도 없고 임금도 없으니(無父無君) 만고에 없던 적도(賊徒)요 흉당(凶黨)입니다. 이 때문에 연전에 나라에서 금했지만, 집안에서만 믿고 저자에서는 숨기며, (중략) 근래에 윤지충과 권상연 두 적도가 출현한 이후로는 그들 또한 스스로도 성

---

32 윤기는 진산사건 이후 "감회"라는 시에서 "나는 내심 걱정되니 치료약과 보양식은 용처가 다르네. 이단을 배격하면 성인의 무리라는 맹자의 말씀이 어찌 우리를 속인 것이랴(小臣竊有憂, 藥石異肉粱. 聖徒能言距, 鄒氏豈欺卬)"라는 우려를 남긴다. 윤기의 시는 『無名子集』, 冊2, 「感懷」를 볼 것.

세에 용서받지 못한다는 것을 알아, 믿음이 독실하나 더욱 단단히 숨기고 안으로는 행하면서도 밖으로는 (천주교를) 끊은 듯이 했습니다. 혹 지적하는 사람이 있으면 번번이 '내가 어찌 이런 짓을 하였겠는가. 이런 말을 하는 자는 필시 화심(禍心)을 감추고 사류(士類)를 일망타진 하고자 하여 그런 것이다'라고 합니다. 그런 줄을 모르는 사람은 또한 그 말을 따라 '그런가 보다' 하고 의심하고, 공격하는 자도 스스로 해명할 수가 없습니다.[33]

윤기는 천주교가 "윤리와 강상을 어그러뜨리며, 아비도 없고 임금도 없는", 즉 무부무군의 적도이자 흉당이라고 지적한 뒤, 사람들이 숨기기 때문에 공격하는 사람들의 의심이 정당해도 오히려 정치적인 의도가 있는 것으로 비판받아 할 말이 없게 된다고 말한다. 윤기의 주장에는 정조가 천주교에 대해 제대로 대응하지 않는다는 비판이 전제되어 있다. 윤기는 정조가 절대로 천주교를 없앨 수 없다고 단언한 뒤[34] 윤지충과 권상연에 대한 처분이 관찰사에게 맡겨 처리하게 한 것에 불과하고 천주교 문제를 문체의 차원에서만 축소시켜서 이해하는 것은 사태를 잘못 이해하는 것이라고 비판한다.[35]

---

33 『無名子集』, 冊9, 殿策, 「俗學之弊 辛亥應製」. "今之所謂天主學者, 其妖術邪說, 眞蔑倫悖常, 無父無君, 亘萬古所無之賊徒凶黨. 而以其有年前邦禁也, 故修於室而揜於市, 堅於心而閉於口, 潛相敎授, 轉益誑染, (중략) 而至於近日尹·權兩賊出, 則渠輩亦自知其不爲聖世之所容貸, 信之雖篤而諱之愈固, 內則雖行而外則若絶. 人有言之者, 則輒曰: 我何嘗爲是哉? 爲此言者, 必包藏禍心, 欲網打士類而然也. 人之不知其然者亦從而疑之, 攻之者亦無以自解."(이규필 번역을 토대로 윤문함).

34 『無名子集』, 冊9, 殿策, 「俗學之弊 辛亥應製」. "竊以爲殿下終不能闢異端也."

35 『無名子集』, 冊9, 殿策, 「俗學之弊 辛亥應製」. "殿下所以治之者, 不過以作怪已發之兩賊, 付之道伯而已. 此固不足以拔本塞源, 大畏民志. 而伏見聖策, 又只以俗學之弊爲言, 有若濫觴於明末·淸

정조가 윤지충과 권상연을 사형에 처하고 전라도 진산군은 5년을 기한으로 현으로 강등하고 군수를 파직하는 등의 처리를 했음에도,[36] 진산 사건 이후 천주교에 대한 고조되는 불안감과 적대감을 막지는 못했다. 그런데 천주교를 심각한 사회문제로 인식한 사람들이 천주교에 대한 동일한 해결책을 제시한 것은 아니다. 홍낙안이나 윤기처럼 공권력으로 천주교도들을 색출해서 처벌해야 한다는 입장도 있었지만, 그렇지 않은 사람들도 있었다.

노대환에 따르면 천주교가 확산되면서 개방적인 성격의 북학론자들도 위기감을 갖게 되었는데, 박지원이 그 대표적인 인물이었다(노대환 2008, 204~205). 그는 "자식이 아비를 등지고 계집은 남편을 버리고 달아나며, 위로는 벼슬아치와 선비들로부터 아래로는 노예와 천한 백성까지 짐승이 광야를 달리듯이 하여 그 무리가 나라의 절반을 차지"했으며, 조정의 금령(禁令)이 지나치게 관대해서 몇 해 안가 모든 사람이 천주교로 쏠리게 될 것 같으며, 그때가 되면 금지할 방법이 없을 것이라고 탄식한다.[37] 다만 홍낙안이나 윤기와 동일한 문제 의식을 갖고 있었음에도 불구하고 박지원은 탄압에 회의적인 교화론자였다.

흥미로운 것은 박지원의 교화론은 백성들에게 한정된 것이라는 점이다. 노대환은 박지원이 백성과 남인 천주교인에 대한 태도가 달랐다고 지적한다. 박지원은 남인 천주교인들을 강력하게 처벌해야 한다고 주장

初之繁文, 而不免於井蛙之見者然. 是乃俗學鄙陋之責, 而非異端邪說之目也."

36 『正祖實錄』정조 15년 11월 8일.

37 『燕巖集』권2「答巡使書」. "甚至於子背其父而逃焉, 女棄其夫而奔焉. 上自縉紳章甫, 下至臺隸賤氓. 如獸走壙, 殆已半國. 非無朝家之禁令, 而其奈失之太寬, 誅殛只加於一二窮賤之類, 外補適足爲十百滋蔓之階, 如水益深, 如火益熾. 不出數年, 將見擧一國而皆歸, 末之何其禁止矣."

했고(노대환 2008, 205~207), 남인 천주교인들에 대한 정조의 관대한 처분이 불공정하다고 불만을 토로했다. 박지원은 1795년(정조 19) 박장설이 이가환을 천주교도로 탄핵한 사건[38]을 들어 이가환이 천주교인으로 지목받은 지 오래되었음에도 정조에게 치우치게 대우받았음을 지적하고 만약 박장설의 말이 맞다면 처형되어야 한다고 강하게 말한다.[39] 이는 정조의 과도한 남인 보호가 그의 공정성을 의심받게 만들었다는 것을 잘 보여준다. 박지원의 비판은 정치적이거나 당파적인 것이라기보다는 정조의 처분이 불공정하다는 인식에서 나온 것이다.

이와 유사한 문제가 이승훈의 사건에서도 발견된다. 노상추는 일기에 1792년(정조 16) 형조판서 김문순(金文淳, 1744~1811), 형조참판 심환지(沈煥之, 1730~1802), 형조참의 이면응(李冕膺, 1746~1812)이 모두 금갑도에 유배된 사건의 전모를 기록한다. 당시 이승훈은 평택 현감으로 좌천되어 내려갔는데, 평택의 서얼 권위(權瑋)가 이승훈을 무함했다. 권위는 이승훈이 사학의 거두이며 사문난적이기 때문에 문묘에 배알하지 않았다고 고발하는데, 정조는 안핵어사 김희채(金熙采)를 보내 조사한 결과 서인인 김중순이 사주한 일로 이승훈은 천주교도가 아닌데 무고당했다는 것이다.[40] 그런데 노상추는 거기에서 멈추지 않고 며칠 뒤에 다음과 같은 기록을 덧붙인다.

---

38 『正祖實錄』정조 19년 7월 7일 박장설의 상소. 이 상소에서 박장설은 이가환이 천주교도를 이끄는 지도자라고 지목하고 탄핵한다. 정조는 이 상소를 받고 박장설의 이름을 조적(朝籍)에서 삭제하고 시골로 쫓아보낸다.

39 『燕巖集』권2 「答巡使書」. "臺疏中彼家煥亦聖世中一物, 乃敢恃天常而梗聖化, 胡至此極. 蓋家煥之得此指目久矣. 偏被恩造何如? 而不悛舊習, 誠若臺章, 則三苗之誅."

40 『盧尙樞日記』권2, 1792년 3월 15일.

평택은 근래에 서자 무리들이 향교와 향청을 장악하여 소란스럽기 짝이 없었다. 구향(舊鄕) 무리가 감히 제도를 바로잡지 못하는 사이에 이승훈(李承勳)이 평택의 수령이 되었는데, 부임한 다음 날 감영에 치진(馳進)하다가 돌아오는 길에 말에서 떨어져서 다리를 다쳤다. 무려 3개월 동안이나 몸을 움직여 출입하지 못하므로 문묘에 알현할 수 없었으며, 3개월이 지난 후에야 문묘에 알현하였다. 3개월 사이에 신향들이 함부로 나가서 소란을 일으켰다는 말을 듣고서 일시에 모두 그들을 몰아내고 구향을 임용하였다. 그러는 동안에 이승훈은 사학(邪學)으로 무고를 당하여 관직에서 파직되어 돌아갔다. 신향의 무리가 구향을 무고하여 4개의 인근 고을에 통문을 보내어 말하기를, "구향은 모두 사학(邪學)의 거괴(巨魁)로서 사문난적이다. 이러한 이유로 3개월 동안이나 이승훈이 문묘에 알현하지 못하게 하였다"라고 하였다. 권위 · 조덕함(趙德涵)의 부류가 서울에 왕래하면서 성균관의 장의 김중순(金重淳)과 결탁하여 평택에서 소식을 통한 것이 모두 세 차례였다.[41]

이때 김문순, 심환지, 이면응은 형조의 당상관으로 이승훈에게 벌을 주는 방향으로 판결을 내렸다가 정조에 의해 판결이 뒤집히고 김중순을 옹호하다가 귀향 가게 된 것이다. 그리고 심문하는 과정에서 최초의 고발자였던 권위는 매를 맞아 죽는다. 그러나 이승훈이 실제로 천주교도였던 점을 염두에 둔다면 그가 문묘 제사를 피하려고 다리를 일부러 다쳤다는 의심은 충분히 합리적이다. 그러나 사건은 노상추가 서술하듯이 서얼들

---

41 『盧尙樞日記』권2, 1792년 3월 24일. 이 사건은 『闢衛編』권3 「平澤按覈使 壬子」에서도 보인다.

이 날뛰다가 노론들과 결탁해 남인인 이승훈을 무함한 것처럼 공식화되었다. 이러한 정조의 대응은 이후 이승훈 등이 천주교인임이 밝혀졌을 때 홍낙안이나 윤기 같은 입장을 가진 사람들의 주장을 강화시키는 기제가 될 수밖에 없었으며, 왕에 대한 신뢰를 떨어뜨리는 원인이 되었을 것이다.

이처럼 정조와 채제공의 남인에 대한 보호는 당대인들에게 불공정하거나 "정치적인 의도를 가진" 행동으로 인식되었다. 1795년 7월, 대사헌 권유(權裕)는 채제공이 천주교도로 잡힌 지황(池璜, 1768~1795), 윤유일(尹有一, 1760~1795), 최인길(崔仁吉, 1765~1795)을 때려죽인 사건을 언급하면서 조사를 제대로 하지 않고 죽인 것에 대해 "아무도 모르는 한밤중에 급히 서둘러 잡아 죽이면서 마치 단서가 탄로날까 두려워하여 입을 막고 자취를 엄폐하려는 것처럼 하였으니, 이것이 무슨 의도이며 이것이 무슨 법이란 말입니까"라고 비판한다.[42] 지황, 윤유일, 최인길은 북경에 오가며 조선 천주교의 사정을 북경 주교에게 전하고 또 북경 주교로부터 정보 및 물품을 조선으로 가져오는 중요한 매개고리들이었다(달레 1980/1996). 노상추는 이에 대한 소문을 언급하면서 "임금께서 은밀하게 포도청에 하고하여 하룻밤 사이에 체포하여 장을 때려 죽였다고 한다"라고 남긴다.[43] 만약 그들이 살아서 고문을 당했다면 천주교에 대한 많은 정보들이 유출되었을 수 있다. 노상추는 이승훈이나 정조가 지황 등을 죽인 사건을 조보를 통해서 접한다. 당시 사대부들은 노상추와 같이 조보를 통해 이들의 죽음을 알고 있었을 것이며, 권유의 비판처럼 정조가 절차를 밟지 않고 서둘러 이들을 죽인 이유를 의심했을 것이다. 그리고 사람들의 일반적인

---

42 『正祖實錄』 정조 19년 7월 4일.

43 『盧尙樞日記』 권2, 1795년 7월 초 10일.

상식에 어긋나는 정치적 결정의 반복은 사람들 사이에서 정조와 채제공이 무엇인가를 숨기려고 한다는 의심으로 이어질 수밖에 없었다.

IV. 프로파간다의 실패와 비밀수사: 교화의 실적으로서 "최필공"과 천주교도 비밀수색

정조의 천주교에 대한 정책과 태도는 노론과 남인 모두에게 비판받았다. 정조가 비판자들을 설득하기 위해서는 탄압이 아닌 교화 정책이 효과가 있다는 것을 증명해야 했다. 정조는 교화가 가능하다는 것을 증명하고자 교화의 대상을 선정하는데, 이때 선택된 사람은 신해박해(1791) 때 잡혔던 최필공(崔必恭, 1766~1801)이었다. 최필공은 의관 집안 출신으로 김범우(金範禹, 1751~1787)에게 교리를 배워 1790년에 입교한 것으로 알려져 있다. 1791년 체포되어 배교했으나 다시 회개하고 신앙생활을 지속하다가 1799년 3월에 체포된 인물로 알려져 있다. 최필공이 정조의 선택을 받은 것은 1791년 진산사건 직후였다.

그가 교화된 과정은 홍양호의 『최필공전』에 잘 드러나 있다. 정조는 자신의 교화정책이 성공적이라는 것을 알리기 위해 홍양호에게 『최필공전』을 작성하도록 명령한다.[44] 최필공이 다시 천주교도가 되었기 때문에 정조의 최필공 교화 프로젝트는 실패로 끝난다. 홍양호는 정조의 교화 성

---

44 『최필공전』은 홍양호의 간행된 문집인 『이계집』에는 누락되었고 그 이전 단계인 정고본에는 포함되어 있다(진재교, 1999, 334). 『최필공전』의 번역본은 진재교(1999)를, 이에 대한 분석은 서신혜(2019)를 참조.

공사례로 작성한 『최필공전』이 의미 없게 되었다고 솔직하게 말한다. 정조는 최필공을 배교시키고 교화한 뒤 특별히 교지를 내려 심약관(審藥官: 궁중의 약재를 심사하기 위해 각도에 배치한 관원)에 임명하는 등 특전을 주었지만, 최필공은 다시 천주교를 믿어 신유년에 처벌받았다. 홍양호는 그럼에도 『최필공전』을 없애지 않고 남기는데, 그 이유에 대해 "성상께서 덕화를 우선시하고 형벌을 뒤로 하신 성대한 뜻을 보이기 위해서"라고 말한다. 이때 홍양호가 남긴 부기를 보면 정조가 『최필공전』을 짓게 한 의도는 교화가 의미 있다는 것을 강조하기 위한 것이었다고 볼 수 있다.

　『최필공전』에 따르면 최필공은 가난한 의약 집안 출신으로 아내와 사별한 뒤 혼자 살다가 천주교를 믿게 되었다. 그는 1791년 진산사건 때 배교를 거부하고 회유가 실패했으나, 정조가 특별히 배려하자 회심했고, 이후 의적 회복, 벼슬 제수, 그리고 혼인까지 하게 되었다. 홍양호는 『맹자(孟子)』「진심(盡心)」 장을 인용하여 정조의 교화 때문에 최필공 같은 인물들이 선으로 옮겨간다고 칭송하며, 정조의 정치는 패도정치가 아닌 왕도정치임을 강조한다. 서신혜에 따르면 정조는 최필공에 대한 교화원칙을 확고하게 고수했고, 이후 천주학으로 잡혀 온 사람들을 다룰 때 '최필공의 예대로'라는 전례가 생길 정도로 최필공의 사례를 중요하게 생각했다. 홍양호는 정조의 지시를 받아 그 의도대로 글의 방향을 잡았다. 『최필공전』을 통해 본 그의 결론은 정조 같은 성군이 군사(君師)가 되어 교화했기 때문에 최필공이 변화할 수 있었고, 그처럼 천주교 문제가 자연히 해결될 것이라는 낙관적인 전망을 담은 것이었다(서신혜 2019, 100~107).

　그렇다면 정조는 진심으로 교화에 의해 천주교 문제가 해결될 것이라고 생각했을까? 사실 천주교도들을 교화시킨다는 것이 어떤 의미인지, 어떤 방법을 쓰는 것인지 분명하지 않다. 정조는 사대부들에 대해서는 정학

(正學)을 내세워 문체를 단속하지만, 막상 백성들의 교화에 대해서는 명확한 기준이나 대응을 하는 것처럼 보이지 않기 때문이다. 이에 대한 단서는 『벽위편』이나 박종악(朴宗岳, 1735~1795)의 『수기(隨記)』[45]에서 찾을 수 있다. 이 두 자료를 보면, 정조는 천주교 집단에 밀정을 심는다든지 비밀리에 조사를 해서 천주교도들을 적발하고 책과 성물을 없애는 일을 하고 있음을 확인할 수 있다. 박종악의 『수기』에는 1791년 11월 20일부터 1792년 1월 3일까지 박종악이 정조에게 보낸 편지가 포함되어 있다. 정조는 공식적인 체포를 하는 대신 비공식적으로 색출한 윤지충과 권상연을 처형한 뒤 충청도 관찰사였던 박종악에게 또 다른 천주교 지도자인 이존창(李存昌, 1752~1801)을 조사할 것을 명령했고, 박종악은 천안, 예산, 덕산의 천주교도들을 잡아서 전향시키는 일을 수행한다(장유승 2014, 74~76).

정조는 장계를 올릴 때 해당 부서로 사건을 이첩하여 후속 조치를 요구할 때 쓰는 '담당 관사로 하여금[令攸司]', '해당 부로 하여금[令該府]'이라는 표현을 넣지 말 것을 박종악에게 요구하는데, 이것은 사건에 다른 부서가 개입해서 확대되는 것을 막고 박종악이 독단적으로 처리하게 하려고 한 것이다(장유승 2014, 79). 정조는 박종악을 통해 천주교가 가장 극성한 지역으로 지목되었던 충청도 내포 지역의 실상을 파악할 수 있었다. 박종악의 보고서에 따르면 충청도 지역의 천주교는 공주, 보령, 아산, 직산, 천안, 청주, 청양, 충주 등에 전파되었으며, 일부 고을들은 대부분의 주민이 입교한 상황이었다(장유승 2014, 83). 박종악이 충청도 지역의 상황을 파악할 수 있었던 것은 그가 믿을만한 사람을 보내서 정탐하게 했기 때문이다(박종악 2016, 88). 박종악은 약 1개월 반의 시간 동안 10개 고을

---

45 박종악의 수기에 대해서는 장유승(2014)을 참조.

94명의 천주교 신자와 그들이 소지하고 있던 천주교 서적 20여 종을 보고한다(장유승 2014, 88). 교화의 의미는 박종악의 편지에서 단서를 찾을 수 있다. 박종악은 정조에게 보낸 편지에서 다음과 같이 말한다.

> 최필공의 세 번째 공초는 과연 조보에서 보았으니, 그가 사학을 버리고 정도에 귀의한 것이 의심 없이 명백합니다. 문왕은 큰소리를 내지 않고도 사람들을 교화하였고, 순임금은 간우의 춤으로 오랑캐를 오게 하였습니다. 옛날에만 이렇게 아름다운 일이 있었던 것은 아니니, 공적으로나 사적으로나 천만다행입니다. 만약 남인들로 하여금 처한 곳에서 공을 세워 스스로 힘을 다하게 할 수 있다면 더욱 다행일 것입니다(박종악 2016, 88).

박종악의 『수기』와 최필공의 사례, 그리고 정조의 교화정책을 놓고 보면, 정조는 한편으로는 지방에 측근을 내려보내 비밀리에 천주교도들을 색출하고 교화시키기 위해 노력했고, 최필공 같은 사례를 통해 마치 성왕의 덕으로 저절로 교화가 이루어진 것처럼 말하고 싶었던 것으로 보인다. 한편으로는 박종악이 단독으로 비밀리에 천주교도들을 수사하고 처리할 수 있도록 하고, 다른 한편으로는 홍양호로 하여금 『최필공전』을 통해 왕도정치와 성왕, 군사의 정치를 강조하게 하였다.

이렇게 볼 때 정조의 교화에 대한 강조는 정조가 구상한 정치 이미지와 연관되어 있다. 1792년 11월 6일 정조는 이동직(李東稷)이 천주교에 대한 정조의 대응을 비판하고 이가환을 공격한 상소에 대해 다음과 같이 답변한다.

저 가환으로 말하면 일찍이 좋은 가문의 사람이 아닌 것도 아니었지만 백 년 동안 벼슬길에서 밀려나 수레바퀴나 깎고 염주알이나 꿰면서 떠돌이나 시골에 묻혀 지내는 백성으로 자처하였던 것이다. 그러자니 나오는 소리는 비분 강개한 내용일 것이고 어울리는 자들이라곤 우스갯 소리나 하고 괴벽한 짓이나 하는 무리일 것 아닌가. 주위가 외로우면 외로울수록 말은 더욱 편파했을 것이고 말이 편파적일수록 문장도 더욱 괴벽했을 것이다. 그리하여 오채(五采)로 수놓은 고운 문장은 당대에 빛을 보고 사는 자들에게 양보해 버리고 이소경(離騷經)이나 구가(九歌)를 흉내냈던 것인데 그것이 어찌 가환이 좋아서 한 짓이었겠는가. 조정이 그를 그렇게 만든 것이다. (중략) 그대는 가환에 대해 말하지 말라. 가환은 지금 골짜기에서 교목(喬木)으로 날아 오른 것이고 썩은 두엄에서 새롭게 변화한 것이다. 그의 심중을 통해 나오는 소리가 왜 점차 훌륭한 경지로 들어가지 못할 것이라고 근심하는가. 설사 가환이 재주가 둔하여 사흘 동안에 괄목할 만한 성장이 없다손 치더라도 그의 아들이나 손자가 또 어찌 번번이 양보만 하고 스스로 자신의 목소리를 훌륭하게 내지 않겠는가.[46]

정조는 천주교도들의 문제의 원인은 조정이라고 말한다. 그는 천주교 세력들이 남인, 중인, 서얼과 같은 사회 불만 세력이라고 규정하고, 끝까지 교화와 기회의 제공을 통해 문제를 풀어야 한다고 강조한다. 정조의 이와 같은 주장은, 서로 다른 기량을 갖고 태어난 사람들을 배제하지 않고 모두 자기 자리에서 국가의 역할을 담당할 수 있게 해주는 것이 왕의

---

46 『正祖實錄』 정조 23년 5월 5일.

역할이라는 생각에서 나온 것이다.[47]

정조가 천주교도들을 국가 차원에서 탄압하지 않은 것은 정치가로서의 탁월성이 엿보이는 부분이다. 그리고 정치적으로 세련된, 통합을 지향하는 정조의 언어는 그가 개방적이고 변화의 흐름을 수용할 수 있는 군주였다고 판단하게 하는 근거가 된다. 그러나 그의 발언을 잘 들여다보면, 그는 사람들이 천주교에 빠지는 이유를 "개인의 불행"으로 인한 사회적 불만에서 찾고 있다는 것을 확인할 수 있다. 정조는 신앙의 속성을 이해하지 못했고 천주교에 합리적으로 대처하면 유교적 교화가 성공할 것이라고 믿었다. 정조의 기조는 이후에도 변하지 않는다. 1796년 영남과 호남 사이에 치성한 천주교도들을 사형에 처해야 한다는 상소에 대해 교화는 있어도 사형은 불가하다고 말한다.[48] 또 정조는 천주교를 공격하는 말이 틀리지는 않지만 사학을 형벌로 금하면 오히려 소란이 생길 것이라고 지적하고 교화에 힘써야 한다고 강조한다.[49] 1797년 이존창을 문초했을 때에도 그는 "형륙은 백성을 교화하는 데 있어서 말단적인 방법"이라고 하고 "최필공의 예에 따라 도신이 직접 가르치고 경계하여 개과천선" 시키라고 한다.[50]

탄압이 사회질서를 교란시킬 수 있다는 정조의 판단은 정치의 메커니즘을 잘 파악한 것이다. 그가 신앙을 갖는 사람들의 심성을 지나치게 단순화해서 생각했다는 점은 반드시 지적되어야 한다. 물론 서론에서 언급

---

47 『正祖實錄』정조 16년 11월 6일;『弘齋全書』권43,「副校理李東稷論李家煥疏批」.

48 『正祖實錄』정조 20년 3월 26일.

49 『正祖實錄』정조 20년 10월 14일.

50 『正祖實錄』정조 21년 2월 23일.

했듯이 종교라는 개념이 당시 존재하지 않았고, 당시의 양명학, 도교, 불교와 같은 "사상"과 같은 맥락에서 천주교가 이해되었을 수 있다. 종교 개념이 없더라도 당시 사대부들이 상소에서 계속 지적하듯이, 천주교도들은 다른 이단과 달리 "죽음을 두려워하지 않아 교화가 불가능한" 존재들로 묘사되었다면, 이 문제를 재고했어야 한다. 정조는 천주교도들의 이러한 차이를 무시하고 그들을 사회 불만 세력으로 규정했다. 그들에게 역할을 주고 사회질서의 일부가 되도록 하면 문제가 해결될 것이라고 반복해서 말한다. 정조의 사태에 대한 인식은 사대부들의 문제의식과 천주교도들의 바람 모두와 어긋나 있었다. 물론 정치적 결정이 서로 다른 이해를 가진 사람들을 모두 만족시킬 수는 없다. 그러나 문제의 본질을 파악하지 못한 채 정책을 유지하는 것은 사태를 악화시킬 수 있다

"개과천선되지 않는" 천주교인을 과연 정조는 어떻게 이해했을까? 정조는 공식적으로 천주교를 탄압하지 않았지만, 이것만으로 천주교에 대해 정조가 관대했다고 판단할 수는 없다. 그의 교화정책은 천주교는 불식되지 않고 최필공은 교화되지 않았음이 드러났을 때 실패한 것으로 인식되었을 것이다. 이는 정조의 교화정책 실패를 비난하고 비판하는 상소가 계속해서 올라오고 있다는 것에서 확인된다. 정조가 이런 비난에 무심했던 것은 아니다. 그는 대외적으로는 교화정책을 유지했지만, 사실 천주교도들에게 밀정을 보내 천주교도를 밀고하게 하고 이들을 처형하는 일을 했던 것 같다.『벽위편』에 따르면 정조는 1798년 12월 1일, 당시 충청도 병마절도사로 임명되었던 정충달에게 조화진이라는 사람을 데려와 밀정임을 알려준다. 조화진은 필공(筆工)이나 행상인 척하고 천주교도들과 어울리며 마을에 들어가 염탐하고 밀고하며 같이 잡혀 갔다가 관에서 풀어

주면 다시 다음 마을로 들어가는 방식으로 활동했다.[51]

　이러한 기록은 척사파들의 기록에서만 발견되는 것이 아니다. 천주교도였던 황사영(黃嗣永, 1775~1801)은 1795년(정조 19) 이후 주문모 신부 체포에 실패한 정조가 의심과 두려움이 심해져서 염탐하고 수색하며 틈을 주지 않았으나 종적을 끝내 알아내지 못하자 조화진을 충청도 내포 지역에 밀정으로 보냈다고 한다. 그리고 1799년 겨울 청주의 박해 과정에서 조화진의 밀고로 이 지역의 천주교인들이 거의 다 죽었다고 증언한다.[52] 정조가 실제로 조화진을 밀정으로 보내 천주교도들을 적발해서 죽였는지의 여부는 정사(正史)에서는 찾아볼 수 없다. 황사영이 청주의 천주교도들이 정조에 의해 거의 다 죽었다고 증언한 그해, 정조는 여전히 천주교 문제는 책을 불태우는 것으로 충분하며 해당 지역의 관료들이 처리할 문제라고 반복적으로 말한다.[53] 그러나 박종악에게 비밀리에 천주교도들을 조사할 것을 명령했던 것, 그리고 정조가 심환지에게 보낸 편지에서도 잘 드러나듯이 그가 정치를 뒤에서 조작하는 것에 능한 군주였다는 점을 감안할 때(안대회 2019), 정조가 비밀리에 천주교를 탄압했을 가능성을 배제하기 어렵다.

51　『闢衛編』권4, 「忠清監司金履陽按治, 兵使鄭忠達廉察, 趙和鎭廉問事. 李海愚奉上教廉察邪道」, 17a-17b. 이 일은 조지(朝紙), 즉 조보에 나오지 않아 아는 사람이 적다(其事不出朝紙 故知者或鮮)고 기록되어 있다.

52　『推案及鞫案』권25, 1801년 10월 7일. "自乙卯失捕後, 先王疑懼日甚, 潛譏密察, 未嘗少間, 而終不知神父蹤跡. 乃使趙和鎭者, 假托奉教探知湖中－忠清道之別名－事情. 遂有己未冬清州之窘, 湖中熱心教友, 死亡略盡."

53　『正祖實錄』정조 24년 5월 22일.

V. 맺음말

지금까지 신유사옥 이전 정조 시대에 발생한 천주교 사건에 대한 정조의 대응이 어떻게 사회의 정치에 대한 지지를 잃고 여론을 악화시켰는지를 살펴보았다. 을사추조사건, 반회사건, 진산사건이 전개되는 방식을 보면 정조의 정치구상과 이를 실현하기 위한 남인의 등용, 이에 대해 반대하는 정치세력의 공격, 그리고 그 과정에서 나타나는 권력투쟁이 복잡하게 개입되어 있다는 것을 확인할 수 있다. 그런데 이 사건이 사회적 파급력을 갖게 되는 과정을 보면, 단지 권력투쟁이나 정치세력 간의 갈등 문제로만 보기 어렵다는 점이 발견된다.

천주교 사건이 사회적 파급력을 갖게 된 가장 큰 이유는 천주교가 사회질서를 무너뜨린다는 불안감을 갖고 있던 사대부들 때문이다. 홍낙안이 신서파를 공격했던 것은 정치적 의도에서 시작한 것일 수 있고, 노론이 홍낙안의 말을 인용하며 채제공과 이가환을 공격한 것은 정조의 정치구상에 반대하고 남인들의 등용에 불만을 가졌기 때문일 수 있다. 그러나 이 문제를 보다 근본적인 문제로 이해한 사대부들은 천주교 문제를 권력투쟁의 차원에서 접근해서는 안 된다고 판단했고, 유교적 국가와 사회가 유지되기 위해서는 제거되어야 할 심각한 무엇이라고 생각했다.

이처럼 18세기 말 천주교 문제는 정치세력 간의 문제로 치부할 수만은 없는, 심각한 사회문제로 사람들의 인식에 자리 잡고 있었다. 이러한 상황에서 정조는 천주교와 관련된 사건들을 정치적으로 이용하려는 세력에 대응하는 한편, 유교적 사회질서를 지키고자 하는 보수주의자들의 비판에도 답변해야 했다. 그는 정학을 내세워 천주교와 남인을 공격하는 사대부들을 억누르는 한편 백성들을 "교화"시킬 수 있다고 주장함으로써 이 문제에 대한 성리학적 해결책을 제시한다.

문제는 교화란 왕이 선언한다고 이루어지는 것이 아니라는 점이다. 정조는 한편으로는 최필공과 같은 교화 사례를 선전하고 다른 한편으로는 박종악 등을 지방에 보내 비밀리에 천주교도들을 색출하여 벌주고 교화시키는 작업을 동시에 진행한다. 박종악의 보고를 다른 부서에 이첩시키지 않으려고 했던 사실은 정조가 교화를 공개적으로 또 전면적으로 하지 않았다고도 해석할 수 있다. 『최필공전』에서 드러나듯이 정조는 성인이 교화하는 것처럼 자연스럽게 사람들이 교화되는 모습을 선전하고자 했다. 그가 끝까지 교화를 놓지 않은 것은 바로 이 점, 자신이 즉위한 이래 지속적으로 지향했던 군사(君師)의 면모, 그리고 성왕의 정치를 포기할 수 없었던 것이 아닐까 생각한다. 천주교에 대한 국가적 탄압을 선언하는 것은 결국 군사로서 성왕을 지향한 자신의 정치가 실패했다는 것을 인정하는 셈이기 때문이다. 결과적으로 그의 대응은 빠른 속도로 확산되고 있는 천주교에 불만을 갖고 있는 사람들의 문제 제기에 대해 적절한 답이 될 수 없었다. 결국 정조는 밀정을 천주교 집단 안에 잠입시켜 천주교도들을 발고하게 하고 탄압하는 방식으로 천주교 문제를 해결하려 했다.

일반적으로 신유사옥을 중심으로 정조와 정순왕후의 대응을 비교하면 정조는 천주교와 외부에 대해 관대하고 열려 있으며, 정순왕후는 반대로 보수적이고 폐쇄적인 정치가로 그려진다. 탄압의 결정이라는 점을 중심으로 얘기한다면 분명히 그런 면이 있다고 할 수 있다. 또 정조가 천주교에 대한 탄압이나 천주교인들에 대한 사형을 거부하면서 관대함을 강조하는 언술들은 분명히 정치적으로 높이 평가받아야 한다. 그 결정은 단순히 교화에 대한 본인의 이상뿐만 아니라 사회가 경직되어 사람들이 서로를 무고하고 폭력성이 높아지는 것을 막고자 하는 의도를 포함한 것이라고 볼 수 있기 때문이다. 정조에게 국가의 폭력으로 문제를 해결하는 것은 유교 국가가 해서는 안 되는 것이며, 문명국이라는 자부심을 잃는 것만큼 큰 문제였을 것이다.

그러한 노력에도 불구하고 천주교도들이 증가한 것은 사실 정조가 어떻게 할 수 있는 영역은 아니었다. 그렇지만 정조는 정치가이기 때문에 그의 정치적 결단과 행위는 당대인들에게 평가받을 수밖에 없었다. 천주교인들에게 정조는 천주교도들을 폭력으로 다스리지 않는다는 점에서 관대했지만 말년에는 천주교 공동체를 강하게 탄압하는 정치가였다. 반면 노론들이나 남인 공서파에게 있어서 정조는 지나치게 남인 천주교도들을 보호하느라 사실을 외면하는 불공정해진 왕이었다. 정치적 결정이 모든 사람들을 만족시킬 수는 없지만 천주교에 대한 비판을 당쟁으로 치부한다든지 지황 등을 심문 없이 제거한 사건들은 그의 결정의 정당성을 훼손시키고 남인과 천주교에 대한 적대심을 증가시켰다.

1780년대부터 천주교도들이 빠르게 증가함에 따라 조선사회는 천주교와 외부에 대해 경각심과 배타성을 갖게 되었다. 정조의 교화책은 이 문제를 잘 풀어내기보다는 미봉적으로 대처한 탓에 천주교에 대해 커질 만큼 커진 사회적 불만을 해결해야 할 숙제를 다음 정권이 이어받을 수밖에 없었다. 천주교도가 증가할수록 유교적 강상 윤리가 파괴될 것이며, 더 나아가 황건적이나 백련교도처럼 조직화된 국가에 적대적인 세력으로 성장할 수 있다는 사람들의 문제 제기에 대해 정순왕후로 대표되는 벽파 정부는 답변해야만 했다. 게다가 정조가 감쌌던 사람들이 실제로 천주교도들이었고 왕실과 외척들에서도 천주교도들이 나왔다는 사실은 정부가 천주교에 대해 이전과 다른 결단을 내릴 수밖에 없는 상황에 직면했음을 말해 준다.

그렇다면 신유사옥은 정순왕후와 벽파가 정조와 달리 보수적이었기 때문에 발생한 사건이 아니라 정조 시대에 누적되어 온 사회의 불만과 불안을 정조와 같은 대응만으로 해결할 수 없다는 정치권의 판단에 의한 것이라고 할 수 있다. 당시 사대부들의 주장처럼 국가적 차원에서 천주교를 처벌할 경우 사회질서가 오히려 무너질 가능성이 있다는 점을 들어 그들에 대한 공식적인 사법적 처리를 막은 것은 정조의 뛰어난 정치적 판단의 결과임에 틀림없다. 그러나 사람들이 천주교도들에 대한 불만과 불안감을 호소하며 지속적으로 문제 제기를 할 때는 그 원인이 무엇인지에 대해서 정치가는 심각하게 고민해야 한다. 이는 정치적 결정과 신념을 바꿔야 한다는 것이 아니다. 더 심각한 사회적 혼란과 분열을 막기 위해 "사회를 연구함으로써" 사람들을 설득하고 갈등을 화해로 이끄는 것이 정치가의 책무이다. 이런 점에서 정조가 정치 수사 하나를 바꾸지 않으면서 교화를 일관되게 주장한 것은 결국 그에 대한 정치적 불신으로 이어질 수밖에 없었다. 결과적으로 정조는 자신의 정치적 기조를 지키기 위해 천주교 문제를 배후에서 처리할 수밖에 없었고, 이 문제에 대한 책임은 이후의 정권이 떠안아야 했다.

참고문헌

1. 1차문헌

『備邊司謄錄』(http://kyujanggak.snu.ac.kr)

『純祖實錄』(http://sillok.history.go.kr/main/main.do)

『日省錄』(db.itkc.or.kr)

『正祖實錄』(http://sillok.history.go.kr/main/main.do)

『推案及鞫案』(http://waks.aks.ac.kr/rsh/?rshID=AKS-2012-CAB-1101)

노상추, 2017,『盧尙樞日記』. 과천: 국사편찬위원회 (http://db.history.go.kr)

박지원,『燕巖集』(db.itkc.or.kr).

샤를르 달레 저, 안응렬·최석우 공저, 1980/1996,『한국천주교회사』상, 서울: 한국교회사
    연구.

수원화성박물관 편, 2020,『역주 대천록』, 수원: 수원화성박물관.

심노숭 저,『南遷日錄』(http://db.history.go.kr)

윤기,『無名子集』(db.itkc.or.kr)

이기경 저, 이만채 편찬, 김종갑 교열, 1931,『闢衛編』상·하, 서울: 벽위사.

이도기 저, 김윤선 역, 2019,『정산일기』, 전주: 흐름출판사.

전주대학교 한국고전학연구소 편, 2014,『(국역)推案及鞫案』73, 74, 75. 전주: 전주대학교.

천주교 수원교구 시복 시성 추진위원회 편, 윤민구 역주, 1999,『윤유일 바오로와 동료순교
    자들의 시복자료집』4, 서울: 한국교회사연구소.

한국교회사연구소 편, 1977,『사학징의』, 서울: 불함문화사.

『承政院日記』(http://sjw.history.go.kr/main/main.do)

Alexandre de Gouvea, 1800, *Relation de l'établissement du Christianisme dans le royaume de Corée, Rédigée, en latin, par Monseigneur de Govea evêque de Pekin, et adressée le 15 Août 1797 à Monseigneur de St. Martin evêque de Caradre, et Vicaire Apostolique de la province du Sutchuen en Chine. Traduction sur une copie reçue à Londres le 12 Juillet 1798*, London: Ph. le Boussonnier & co.

2. 2차문헌

강슬기, 2018, 「순조 즉위 초 서교 금압책의 형정적 전환과 사옥」, 『교회사학』 15.

구만옥, 2020, 「18세기 서학을 둘러싼 갈등 - 정조의 책문과 대책을 중심으로」, 전국역사학대회 한국사상사학회 분과발표자료집.

김정자, 2018, 「정조 후반 순조 초반 정치세력과 정국의 동향 - 정조 16년(1792) - 순조 6년(1806)을 중심으로 - 」, 『한국학논총』 50.

노대환, 2009, 「18세기 후반 - 19세기 중반 노론 척사론의 전개」, 『조선시대사학보』 46.

박광용, 1994, 「조선후기 「탕평」 연구」, 서울대학교 박사학위논문.

박정숙, 1991, 「1801년 신유척사윤음에 대한 일연구」, 전남대 교육대학원 교육학과 석사학위논문.

박종악 저, 신익철·권오영·김문식·장유승 역해, 2016, 『수기』, 성남: 한국학중앙연구원출판부.

백신욱, 2007, 「19세기 조선사회의 사상적 동향과 천주교」, 『교회사학』 4.

변주승, 2001, 「신유박해의 정치적 배경」, 『한국사상사학』 16.

서신혜, 2019, 「「척필공전」의 핵심어 세 가지: 감화(感化), 군사(君師), 중국원류설」, 『한국문학과 예술』 31.

심노숭 저, 안대회·김보성 역, 2014, 『자저실기』, 서울: Humanist.

신후담 저, 김선희 옮김, 2014, 『하빈 신후담의 돈와서학변』, 서울: 성균관대학교출판부·사람의 무늬.

안대회, 2019, 「정조대 군신의 비밀편지 교환과 기밀의 정치운영」, 『한국학』 42 - 1.

오수창, 1990, 「정국의 추이」, 『조선정치사』 상. 서울: 청년사.

유봉학, 2009, 『개혁과 갈등의 시대 - 정조와 19세기』. 성남: 신구문화사.

윤재민, 2002, 「文體反正의 再解釋」 『古典文學硏究』 21.

이소마에 준이치 저, 심희찬 역, 2014, 『상실과 노스탤지어 - 근대 일본이라는 역사적 경험의 근원을 찾아서』, 서울: 문학과 지성사.

이원순, 1987, 『한국천주교회사연구』, 한국교회사연구소.

조광, 1988, 『조선후기 천주교사연구』, 고대민족문화연구소.

임혜련, 2014, 「순조 초기 정순왕후 수렴청정기의 관인 임용양상과 권력관계」, 『한국학논총』 41.

_____, 2000, 「순조 초반 정순왕후의 수렴청정과 정국변화」, 『조선시대사학보』 15.

_____, 2019a, 「정조 말 - 순조 초 김건순의 행보와 신유사옥」, 『한국학논총』 51.

_____, 2019b, 「정조의 천주교 인식 배경과 진산사건의 정치적 함의」, 『사총』 96.

장유승, 2014, 「1791년 내포 - 박종악과 천주교 박해」, 『교회사연구』 44.

조광, 1978, 「신유박해의 성격」, 『민족문화연구』 13.

___, 1988, 『조선후기 천주교사연구』, 고대민족문화연구소.

진재교, 1999, 「『이계집』 소재 「최필공전」」, 『민족문화사연구』 14.

차기진, 2002, 『조선 후기의 西學과 斥邪論 연구』, 서울: 한국교회사연구소.

최석우, 1974, 「조선후기 사회와 천주교」, 『논문집』 5 - 1.

최성환, 2017, 「영 · 정조대 채제공의 정치 생애와 정치의리」, 『한국실학연구』 33.

최성환, 2020, 『영 · 정조대 탕평정치와 군신의리』, 성남: 신구문화사.

한국교회사연구, 2015, 『한국천주교회사』 1, 2, 한국교회사연구소.

허태용, 2010, 「정조대 후반 탕평정국과 진산사건의 성격」, 『민족문화』 35. 235~268쪽.

혜경궁 홍씨 저, 정병설 역, 2011, 『한중록(閑中錄)』, 파주: 문학동네.

5
역사화해의 사례로서
마리아 루스호 사건과
메이지 일본에서의 인권 개념 수용

송경호 연세대학교 정치학과 BK21 박사후연구원

I. 머리말

오늘날 역사화해 문제는 전 세계적인 화두다. 인류 역사상 그 어느 때
보다 '보편적 가치(universal value)'라는 표현이 실제적 의미를 가지게 된
지금, 한때 묵인 혹은 용인됐던 문제를 발굴하고 검토하는 작업은 '보편
적 문제'로서의 성격을 띤다. 자연스럽게 역사화해를 모색하는 작업은 민
족국가 내부의 과거사뿐만 아니라 현 시점의 국경을 기준으로 환원되기
어려운 문제를 포괄하며, 국내외적인 갈등의 가능성을 필연적으로 내포

---

* 이 글은 동북아역사재단(NAHF-2021-기획연구-26)과 연세대학교 정치학과 BK21 교
육연구단의 지원을 받아 『한국동양정치사상사연구』에 게재된 논문을 수정·보완한 것
이다. 이 논문의 초고에 유익한 코멘트를 해주신 엄혜원, 권오용, 문상석 선생님, 그리
고 익명의 심사자들께 감사드린다.

한다. 때문에 역사화해를 궁극적 목적으로 설정하고 있음에도 불구하고, 과거를 되돌아보는 작업은 언제나 갈등적인 것으로 인식된다. '보편적 가치'에 기초한 '보편적 문제'로서 역사화해의 필요성에는 공감하지만, 좀처럼 그것이 가능할 것 같지 않은 이유도 여기에 있다.

역사화해의 문제는 특히 동아시아에서 영원히 해결 불가능한 문제처럼 보인다. 동아시아에서 역사화해를 위한 탐구와 대화는 여전히 가해자와 피해자의 구도 위에 놓여 있다. 가해자와 피해자 모두에게 과거사 탐구는 해묵은 상처를 다시 헤집는 고통스러운 과정일 수밖에 없다. 과거의 상처를 다시 들여다보는 작업은 마치 과거의 갈등을 현재로 재소환해 영원히 보존하기 위한 노력처럼 느껴지기도 한다. 이런 상황에서 동아시아의 과거에 대한 탐구를 통해 역사화해의 가능성을 발견하기란 무척 요원한 일이다. 부정적인 것으로 낙인찍힌 과거로부터 새로운 미래를 발견해 내겠다는 발상은 고작해야 '반면교사' 정도의 의미만을 가진다. 동아시아의 과거사가 이데올로기와 근대성의 문제에서 비롯된 것으로 본다면 동아시아의 과거는 반면교사는커녕 부정과 극복의 대상으로 간주될 뿐이다.

수십 년간의 노력에도 불구하고 동아시아의 역사화해가 답보상태에 있으며 영원히 해결 불가능한 문제처럼 보이는 이유 역시 이와 무관하지 않을 것이다. 그러나 역사화해의 가능성과 탐구의 필요성을 지나치게 비관적으로 예단할 필요도 없다. 탐구의 초점을 현재적 갈등과 대립에 직접적으로 관련된 사안에 국한하지 않고, 과거의 부정적 역사 속에서 문제점과 한계만을 발견하려 하지 않는다면 여전히 가능성은 열려 있다. 세계인권선언(UDHR)의 전문(Preamble)의 예에서처럼 과거의 비극을 인류의 '보편적 문제'로 인식하고 '보편적 가치'의 근간으로 재구성할 수 있다면 비극

적 과거사마저도 화해와 대화의 단초가 될 수 있기 때문이다.[1]

이를 참고하면, 가해자와 피해자의 구분을 넘어 상호 공유할 수 있는 '보편적 가치'를 동아시아의 역사 속에서 발견해 내는 작업을 통해 동아시아에서의 역사화해를 모색해 볼 수 있다. 우리의 경험이 아닌 것을 '우리 모두의 보편적 문제'로 인식하고 그 속에서 공통의 보편적 가치를 발견해 내는 작업은 역사화해를 넘어 '동아시아 정체성'을 구성하는 밑거름이 될 것이다. 이 글은 이 점을 염두에 두고 1870년대 초 메이지(明治) 일본에서 '인권'의 개념이 수용되는 과정을 '마리아 루스호 사건(マリア・ルス号事件, María Luz incident)'을 중심으로 살펴본다.

이 글은 '마리아 루스호 사건'을 중심으로 1870년대 초 메이지(明治) 일본에서 인권(human rights) 개념 수용의 한 측면을 살펴보는 것을 목적으로 한다. 한국에서는 마리아 루스호 사건에 대한 본격적 연구가 부재한 상황이지만, 해외에서는 이미 몇 편의 연구가 존재한다. 따라서 이 연구가 가지는 의의를 구체화하기 위해 먼저 '인권 개념 수용'이라는 넓은 주제에서 이 연구가 주목하고 있는 바를 명확히 하고자 한다. 이 연구가 마리아 루스호 사건이라는 구체적 사례와 1870년대 초 메이지 일본이라는 제한적인 시공간적 맥락에 초점을 두고 있지만, 보다 넓은 맥락에서 동아시아에서의 인권 개념 수용이라는 문제의식 위에서 이를 조망하고 있기 때문이다.

동아시아에서의 인권 개념 수용 문제는 대체로 세 가지 측면에서 탐

---

1 세계인권선언 전문의 다음과 같은 구절을 참고하라. "인권에 대한 무시와 경멸이 인류의 양심을 격분시키는 만행을 초래하였으며, 인간이 언론과 신앙의 자유, 그리고 공포와 결핍으로부터의 자유를 누릴 수 있는 세계의 도래가 모든 사람들의 지고한 열망으로서 천명되어 왔으며"

구된다. 첫 번째는 서구에서 도래한 낯선 인권 개념이 다양한 방식으로 번역되는 한편, 일반적 번역어인 '인권(人權)'이 성립되어 나가는 과정에 대한 탐구다.[2] 두 번째는 번역어와 함께 수용된 인권의 가치가 내면화되고 '운동'의 형태로 발화되는 과정에 대한 탐구다. 마지막으로 세 번째는 인권이 헌법과 국내법 등에 법제화되고 이를 보장하기 위한 제도가 정착되는 과정에 대한 탐구다. 이 세 가지 차원을 각각 인권의 번역사, 운동사, 법제사로 명명할 수 있으며, 이들 모두는 인권 개념 수용사 연구의 중요한 축으로 간주될 수 있다. 그러나 이들 각각에 대한 탐구는 종종 인권 개념의 수용이라는 문제를 넘어서기도 한다. 예컨대, '인권'이라는 번역어의 성립 과정은 '권리', '민권', '자연권'과 같은 유관 개념뿐만 아니라 법률 및 정치제도 일반의 번역과 관계되고, 인권 운동은 메이지 일본의 경우만 하더라도 '예ㆍ창기(芸ㆍ娼妓)', '에타(穢多)', '히닌(非人)' 등 운동의 주체와 대상에 있어 특수한 맥락에 기초하고 있으며, 인권의 법제화 과정 역시 당시의 법률 및 정치사의 맥락 위에서 비로소 온전히 이해될 수 있기 때문이다.

인권 개념이 여타의 다른 개념들과 비교했을 때도 역사적으로 중요한 의미를 가지고 활용되어 왔다는 사실은 인권 개념 수용에 대한 탐구가 필연적으로 복합성을 띠는 보다 근본적인 원인으로 지목될 수 있다. 주지하다시피, 인권 개념은 전 세계적인 변화를 견인해 온 역사적 기본개념(Geschichtliche Grundbegriffe)으로서 서구뿐만 아니라 동아시아에서도 사회변화를 요구하는 시대적 열망을 투영하고 정치 격변을 반영함과 동시

---

2   이하 이 글에서 인권 개념이 아닌 번역어 인권을 지칭할 때는 '인권'으로 표기했음을 밝혀둔다.

에 이를 촉발해 왔다. 때문에 인권 개념의 수용이라는 문제는 인권의 번역사, 운동사, 법제사뿐만 아니라 정치, 외교, 군사, 경제, 사회, 문화, 교육 등 생각할 수 있는 모든 사회적 현상과 깊이 관계될 수밖에 없는 것이다.

자연스럽게 인권 개념 수용은 '번역-운동-법제화'라는 단선적이고 단계적인 과정 이상의 복잡성을 띠게 된다. '인권'이라는 번역어가 명확하게 성립되지 않은 시기, 인권 개념에 대한 명시적인 이해가 존재했는지 불분명한 상황에서 인권에 기초한 판결이 내려진 마리아 루스호 사건은 이러한 복잡성을 보여주는 하나의 사례라 할 수 있다. 이를 '인권' 없는 인권 개념 수용의 문제라고 한다면, 이는 보다 넓은 의미에서 개념이 그것을 지칭하는 용어 없이 성립할 수 있는가라는 철학적 질문, 혹은 개념사와 지성사 영역에서 오랫동안 제기되어 온 개념과 용어의 관계에 대한 질문, 나아가 인권 개념을 구성하는 하위 개념들(인간의 존엄성, 보편도덕, 권리, 자연권, 자연법 등) 중 일부가 발견된다고 했을 때 이를 인권 수용으로 간주할 수 있는가라는 인권 연구의 오래된 질문과도 관계된다. 이러한 맥락에서 이 글은 마리아 루스호 사건의 처리 과정을 인권 수용이라는 관점에서 면밀하게 살펴보고, 그 지적 배경을 검토한다.

II. 인권 문제로서 마리아 루스호 사건

이 글의 중심 주제인 마리아 루스호 사건이 처음부터 인권 문제로 인식됐던 것은 아니었다. 이 점을 이해하려면 먼저 마리아 루스호 사건이 페루 범선 마리아 루스호와 관계된 여러 사건'들'을 통칭한다는 점부터 명확히 할 필요가 있다. 일련의 사건들은 마카오에서 페루로 가던 마리아 루스호가 예기치 못하게 태풍을 만나 수리를 위해 1872년 7월 9일(明治 5年 壬申 6月 4日)³ 가나가와현(神奈川県) 요코하마항(横浜港)에 입항한 것에서 시작된다. 좁은 의미에서 '사건'은 요코하마 입항 이후 마리아 루스호에서 한 명의 청국인 노동자, 속칭 '쿨리(苦力, coolie)'⁴가 영국 군함으로 도망친 것을 계기로 당시 가나가와현청에서 이루어진 재판과 소송 사건을 지칭한다.

사건 자체의 성격과 당시 일본이 처한 외교적 상황에 따라 마리아 루스호 사건은 애초에 국제정치적인 문제로서의 성격을 띠고 있었고, 이는 일련의 사건'들'을 야기하는 원인이었다. 우선 요코하마에 기항한 마리아 루스호가 페루 국기를 달고 있었고, 그 출발지가 포르투갈령 마카오(Macao Portuguesa)였으며, 청국인이 탑승하고 있었다는 점에서 일본, 페루, 포르투갈, 청국이 당사자가 됐다. 당시 일본과 페루는 조약을 체결한 상태가 아니었고, 청국과도 1871년 9월 13일 톈진에서 「청일수호조규(清日修好条規)」에 서명했으나 아직 비준 및 발효가 이루어지지 않았다. 요컨대 당사국 간의 공식적인 외교관계를 통해 이 문제를 해결하기에는 한계가 있는 상황이었다. 그뿐만 아니라 당시 일본이 맺은 불평등조약 상의 영사재판권과 「외국인거류지취체규칙(外国人居留地取締規則)」 제4조로 인해 요코하마에 재류 중이었던 영국, 미국, 덴마크, 네덜란드, 이탈리아, 독

---

3   1872년 당시 일본은 구력(旧暦), 구체적으로는 天保壬寅元暦을 사용하고 있었으며, 메이지 6년 1월 1일부터 신력(新暦), 즉 그레고리력(グレゴリオ暦)을 사용하기 시작했다. 이에 마리아 루스호 사건에 관한 문헌들 역시 1872년까지는 음력을 쓰고 후에 신력을 병기해 덧붙인 형태였으나 이 글에서는 이하 신력으로만 표기했음을 밝혀둔다.

4   물론, 쿨리는 청국인 노동자만을 지칭하는 개념은 아니며, 인도인 쿨리, 일본인 쿨리 등도 있었다. 쿨리 개념의 다양한 용례에 관해서는 다음을 참고하라. 정영구, 2017, 「19세기 후반 중국인 쿨리 해외이주의 개념과 방식」, 『명청사연구』 48, 565~592쪽.

일 등 각국 영사가 이 문제에 관여하게 되었다. 특히 영국과 미국이 해당 사건에 직접적으로 관여했고, 영국은 재판 과정에서도 상당한 영향력을 행사했다.

이런 맥락에서 마리아 루스호 사건이 1873년의 「청일수호조규」 비준, 일본과 페루 간의 국교 수립, 1874년 청국의 쿨리 거래 금지령 등에 영향을 주게 된 것은 자연스러운 귀결이었다. 한편 수교 이후인 1874년, 이 문제에 대해 페루 정부가 공식적으로 항의함에 따라 이듬해인 1875년 러시아 황제의 국제중재재판을 받게 되는 과정 역시 이 사건의 범위를 다시 한번 확장시키는 계기가 되었다. 이 글에서 중심 사료로 활용하고 있는 『일본외교문서(日本外交文書)』 5권에 수록된 오쿠 요시사다(奧義制)의 부기(附記)는 마리아 루스호 사건이 어떻게 이해되어 왔는지를 보여주는 단적인 사례라 할 수 있다. 여기서 오쿠의 초점은 외교적 문제로서 마리아 루스호 사건이 러시아 황제의 중재재판을 통해 해결됐다는 것, 보다 정확히는 마리아 루스호와 그 선장에 대한 일본 정부의 처치가 아무런 문제가 없었으며 "우리의 승리가 되었다"는 사실이 국제적으로 공인됐다는 데 있었다.[5]

이처럼 마리아 루스호 사건은 기본적으로 외교문제 내지는 국제정치적 문제로 인식되어 왔다. 이는 마리아 루스호에 관한 1차 사료들이 대체

---

5 "조약 미체결국 페루국 풍범선 마리아 루스호 청국민 유인 납치 요코하마 입항에 대한 처치 건 개요(條約未濟秘露國風帆船マリヤルーツ號淸國拐民攬載橫濱ヘ入港ニ付處置一件提要)"(第5卷 事項九 一九五). 이하 『일본외교문서』의 인용은 편의상 "문건명"(권호, 사항 번호, 문건 번호)로 표기한다. 이하 필요한 경우 괄호 안에 원문을 표기했으나 대체로 번역문으로 대신했으며 독자의 이해를 돕기 위해 의역한 부분 역시 포함하고 있다.

로 외교문건이라는 점을 통해서도 확인할 수 있는 부분이다.[6] 자연스럽게 해당 사건에 관한 기존 연구들 역시 마리아 루스호 사건을 외교문제로 파악하고 이를 둘러싼 국제정치 혹은 국제법적 맥락에 초점을 맞추는 경우가 많았다.[7] 예컨대 마리아 루스호 사건 그 자체보다 이면에 깔린 국제정

---

6   마리아 루스호와 관련된 사료로 다음과 같은 것들이 있다. 佐和希児(ジョージ・ワルレス・ヒール) 編, 『白露国馬厘亜老士船裁判略記』(神奈川県, 1874); 富田謙一, 影山知二, "第一節 マリア・ルス號事件,"『南米秘露: 大統領レギーア・秘露と日本』(日秘協会, 1924); 大宜味朝徳, "一. マリア・ルス號事件,"『最近の秘露事情』(海外研究所, 1932). 특히 마리아 루스호의 입항 당시부터 국제중재재판에 이르는 일련의 과정이 잘 정리된 문건으로 『일본외교문서』를 꼽을 수 있다. 이하 이 논문에서 사건과 관련된 1차 문헌은 이를 참고했다. 外務省調査部 編, 『大日本外交文書. 第5巻』(日本国際協会, 1940); 外務省調査部 編, 『大日本外交文書. 第6巻』(日本国際協会, 1940); 外務省調査部 編, 『大日本外交文書. 第7巻』(日本国際協会, 1940); 外務省 編, 『日本外交文書. 第5巻』(日本国際連合協会, 1955); 外務省 編, 『日本外交文書. 第6巻』(日本国際連合協会, 1955); 外務省 編, 『日本外交文書. 第7巻』(日本国際連合協会, 1955). 『일본외교문서』는 일본 외무성 소장문서 중 주요문서를 선별 공간한 외교사료집으로 본고에서 참고한 메이지기 외교문서의 경우 1936년부터 간행되어 1963년에 완성된 것으로 알려져 있다. 한편 일본 외무성에서 2009년 1월 30일 1867년부터 1912년까지 메이지의 『일본외교문서』 86책의 목차정보와 디지털화면을 수록한 「일본외교문서디지털컬렉션(日本外交文書デジタルコレクション)」(https://www.mofa.go.jp/mofaj/annai/honsho/shiryo/archives/)를 공개했기에 본고에서는 이를 기준으로 삼았다.

7   모리타 도모코(森田朋子)의 『개국과 치외법권: 영사재판제도의 운용과 마리아 루스호 사건(開国と治外法権: 領事裁判制度の運用とマリア・ルス号事件)』은 그 대표적 사례로 볼 수 있다. 森田朋子, 『開国と治外法権: 領事裁判制度の運用とマリア・ルス号事件』(吉川弘文館, 2005). 이 외에 다음과 같은 연구들이 있다. 下村富士男, "四・マリヤ・ルス事件,"『明治維新の外交』(大八洲出版, 1948); 大山梓, "マリア・ルース号事件と裁判手続 (小谷鶴次先生退官記念号),"『政経論叢』第26巻 5號 (1977), pp.11-33; 柳田利夫, "スペイン外務省文書館所蔵日本関係文書について-マリア・ルス号に関する一史料の紹介,"『史学』第59巻 4號 (1990), pp.479-499; 柳田利夫, "「梨子盗難事件」と領事裁判権-ペル一船マリア・ルス号スペイン人乗組員の処罰を巡って,"『史学』第61巻 3・4號 (1992), pp.401-415; 笠原英彦, "マリア・ルス号事件の再検討-外務省「委任」と仲裁裁判,"『法学研究』第69巻 12號 (1996), pp.117-138; 岩上はる子. "F. V. ディキンズの再来日の日々を追う: マリア・ルス号裁判を中心に,"『日本英学史学会英学史研究』第49巻 (2016), pp.1-18; 岩上はる子, "マリア・ルス号裁判はいかに伝えられたか: The Japan Weekly Mailの報道を中心に,"『関西英学史研究』第10巻 (2017), pp.13-26;

치적 셈법, 서구열강과 나란히 하고자 하는 일본 정부의 열망, 이를 이용해 쿨리 무역을 금지하려는 영국 정부의 의도 같은 것에 주목했다.

한편, 보다 인권적인 맥락에서 마리아 루스호 사건을 조망한 경우에도 사건 그 자체보다 쿨리 무역이나 창기 해방의 맥락에 주목했다.[8] 실제 마리아 루스호 재판 과정에서 일본의 관례가 문제시됐고, 이것이 결국 일본의 「예・창기약정(芸・娼妓約定)」의 문제로 비화되어 1872년 일본에서 인신매매를 법적으로 금지하는 「창기해방령(娼妓解放令)」(明治 5年 10月 2日 太政官布告第295号)으로 귀결되었기 때문이다. 이러한 맥락에서 마리아 루스호 사건은 일본의 창기해방령과 매매춘, 메이지 정부의 인신매매 금지 및 해외 거류 자국민 소환 등에 영향을 미친 대표적 사례로 주목받아 왔다.[9]

넓은 의미에서 마리아 루스호 사건에 대한 기존 연구들은 모두 이 글

中村彰彦, "HISTORY 歴史の足音(第46回)「マリア・ルス号事件」の余波と江藤新平の決断," 『Will: マンスリーウイル』第190券 (2020), pp.110-112.

8 쿨리 무역의 맥락에서 마리아 루스호 사건을 언급한 사례로 다음과 같은 연구가 있다. Igor R. Saveliev, "Rescuing the Prisoners of the Maria Luz: the Meiji Government and the 'Coolie Trade', 1868-1875," in Bert Edstrom eds, *Turning Points in Japanese History* (Richmond: Japan Library, 2002), pp.71-83; Ginevra Le Moli, "'Parity with all nations': The 'Coolie' Trade and the Quest for Recognition by China and Japan," *Leiden Journal of International Law*, Vol. 34, Issue 4 (2021), pp.1-19. 쿨리 무역에 관한 청국의 정책에 관해서는 다음을 참고하라. Robert L. Irick, *Ching Policy Toward the Coolie Trade 1847-1878*(Taiwan: Chinese Materials Center, 1982).

9 대표적 사례로 다음을 들 수 있다. 尾川昌法, "明治の人権論・ノート(9)マリア・ルス号事件と芸娼妓解放令-文明開化(2)," 『人権21』第169巻 (2004), pp.56-62; 山本忠士, "明治新政府と「人権問題」-ハワイ出稼人召還日本人小児買取とマリア・ルス号事件," 『日本大学大学院総合社会情報研究科紀要』(2005), pp.112-123; 中網栄美子, "マリア・ルス号事件と人権: 明治の日本から現代へのメッセージ," 『人権のひろば』第15巻 1號 (2012) pp.23-26. Douglas R. Howland, "The Maria Luz Incident: Personal Rights and International Justice for Chinese Coolies and Japanese Prostitutes," in Susan L. Burns and Barbara J. Brooks eds., *Gender and Law in the Japanese Imperium*(Hawai'i: University of Hawai'i Press, 2013), pp.21-47.

의 문제의식과 공명하는 바가 있다. 마리아 루스호 사건의 국제정치적 성격, 쿨리 무역과의 관계, 창기해방령으로 이어지는 일련의 과정 등은 이 사건을 인권 문제로 살펴봄에 있어 필수적인 부분이기 때문이다. 그러나 이 글에서는 마리아 루스호 사건과 판결 그 자체에 좀 더 집중하고자 한다. 당시 일본과 조약을 체결하지 않았던 외국 선박에서 외국인 사이에서 벌어진 일이라는 점, 일본 영해가 아닌 곳에서 벌어진 일까지 포괄하고 있다는 점, 그 근간에는 외국에서 외국인 간에 체결된 계약이 깔려 있다는 점 등 한계가 있음에도 '보편적 규준'과 인권의 맥락에서 쿨리를 본국으로 송환하라는 판결이 내려졌다는 사실에 주목할 필요가 있기 때문이다.

앞서 언급한 부기에서 오쿠는 마리아 루스호 사건을 일본의 외교적 승리로 규정하면서, 다른 한편으로 일본 정부의 판단이 "정정당당한 인의 (仁義)의 마음"에 따른 것이라고 지적했다. 이는 마리아 루스호 사건이 단순한 외교적 승리가 아니라 '보편적 가치'에 기초한 것이라는 점을 시사한다. 앞서 오쿠가 일본의 '외교 승리'에 집중했다는 점을 고려하면, 결국 일본이 '정정당당한 인의의 마음'에 준거해 판결했기 때문에 승리할 수 있었다는 식의 네러티브가 성립되는 것이다.

오쿠의 이러한 지적은 인권 문제로서 마리아 루스호 사건을 살펴봄에 있어 출발점을 제공해 준다. 어떻게 '정정당당한 인의의 마음'을 기준으로 그러한 판결이 내려질 수 있었던 것일까? 이 글에서는 기존 연구 경향을 계승하는 한편, 인권 개념에 기초한 판결이 내려지기까지의 맥락에 보다 더 집중하면서 『일본외교문서』에 정리된 1872년의 외교문서를 중심으로 그 경위를 면밀하게 살펴볼 것이다.[10]

---

10 구체적으로, 마리아 루스호 사건과 관련된 문건은 「페루국 풍범선 '마리아 루스호'에

1. '보통의 인정(仁情)'과 '각국의 통법(通法)'

어떻게 1872년 시점에서 쿨리에 대한 가혹 행위가 '부당'한 것으로, 쿨리 해방이 일본 정부에게 '정정당당한 인의'로 인식될 수 있었을까? 이를 이해하기 위해서는 먼저 마리아 루스호 사건의 전말을 상세히 살펴보아야 한다.

1872년 7월 9일 페루 이민선 마리아 루스호가 요코하마항에 입항했을 때까지만 해도 이것은 특별한 '사건'으로 인식되지 않았다. 마카오에서 페루로 향하던 범선이 태풍을 만나 예기치 못하게 임시 정박했을 뿐이며, 일본 당국도 그러한 정황에 따라 입항을 허가했을 뿐이다. 입항 당시부터 일본과 페루 사이에 수교 관계가 수립되지 않았다는 점이 언급됐으나, 입항 그 자체를 막을 문제로 간주되지는 않았다. 애초에 입항이 가능했던 배경으로, 소위 호혜성(reciprocity)으로 표현되는 근대 국제법상의 보편 규범이 깔려 있었다고 말할 수도 있을 것이다.

마리아 루스호의 입항 당시 1871년부터 가나가와현령(神奈川縣令)으로 부임한 무쓰 무네미쓰(陸奥宗光)가 소에지마 다네오미(副島種臣) 외무

관한 건(秘露国風帆船'マリヤ·ルス'号二関スル件)」이라는 소제목으로 1872년부터 1875년까지 『일본외교문서』 5-8권에 수록되어 있다. 이에 포함된 문건을 연도별로 대별하면 1872년 72건, 1873년 22건, 1874년 22건, 1875년 19건으로 총 4년간 135건이 된다. 그러나 이는 개별 문건에 포함된 부속서나 부기(附記)가 제외된 숫자로, 이들을 별개의 문건으로 간주할 경우 1872년에만 103건의 문건이 존재하는 셈이다. 상당수는 외국어와 이에 대한 일본어 번역문(和譯文)이 함께 포함된 문건(1872년의 경우 26건)이라는 점에서, 이들 역시 별개의 문건으로 간주할 경우 그 숫자는 더욱 늘어나게 될 것이다. 그뿐만 아니라 해당 사건과 관련해 페루와의 수호통상항해조약 관계 문건이 「비로국과의 수호통상항해조약 체결에 관한 건(秘露国卜ノ修好通商航海条約締結二関スル件)」이라는 소제목으로 1872년부터 1873년까지 『일본외교문서』 5-6권에 수록되어 있다.

경(外務卿)에게 보낸 7월 11일 자 보고문의 부속서(附屬書)에는 1872년 7월 10일 요코하마항장(橫浜港長) 퍼비스(ホルウヰス)[11]가 작성한 입항서류가 수록되어 있다.[12] 해당 서류에 따르면 페루(ピリュー) 소속 350톤급 선박 마리아 루스(マリヤ・ルーシー)[13]호는 선장 히카르도 에레이라(リカルド・ヘレーロー)[14]가 선원(水夫) 21인, 중국인(支那人) 여객(旅客) 231인과 함께 1872년 5월 28일 마카오에서 출항했다. 페루국 카라오(ペル国カラオー)로 향하던 중, 일본에서 800리 떨어진 경도 132도에서 돛대(帆柱)가 파손되어 이를 새로 세우기 위해 1872년 7월 9일에 요코하마에 입항했다.

이처럼 입항 당시 마리아 루스호 선장은 해당 선박에 탑승한 중국인 231인을 "여객(旅客)"으로 분류해 보고했다. 그러나 마리아 루스호가 통상적인 위치보다 멀리 떨어져 항구 바깥에 정박해 있었으며 '여객'이 한 사람도 상륙하지 않았다는 점은 당시 요코하마 거류민에게 이상하게 여겨졌다.[15] 사람들의 관심이 쏠리자 당시 요코하마에 주재하던 외국인 기자가 직접 마리아 루스호의 정황을 조사했다. 요코하마 개항장 신문이었던 『재팬 메일(The Japan Mail)』 7월 13일 자에 해당 방문기가 실렸는데, 요

---

11 일본어로는 '호루우이스'라고 되어 있으나 당시 요코하마항장이었던 R. N. Purvis를 말한다.

12 "秘露國風帆船「マリヤ・ルス」號橫濱ニ入港セル旨報告ノ件. 附屬書. 六月五日右船尋問書"(第5券 事項九 一九五).

13 당시 문헌에는 외국어를 가타가나(片仮名)로 표기한 부분이 많은데, 그 표기 방식이 일정치 않다. 예를 들어 해당 사건의 핵심이라고 할 수 있는 '마리아 루스호', '페루', '중국인'에 대한 표기도 문헌에 따라 서로 달랐으며, 외국 지명이나 인명의 경우에는 더욱 심했다. 이 역시 흥미로운 연구주제라고 할 수 있으나 이 글의 초점이 아니므로 당시 용어 사용이 일정치 않았다는 점을 지적하는 것으로 대신하고자 한다.

14 일본어로는 '리카루도 헤레로'라고 되어 있으나 Don Ricardo Hereira를 말한다.

15 森田朋子, 『開国と治外法権』, 148쪽.

지는 마리아 루스호의 상황이 다른 이민선에 비해 쾌적하다는 것이었다. 이때까지만 해도 이는 불운한 '사고'일지언정 여전히 '사건'이라고 부를 수는 없었던 셈이다.

그러나 기사가 나온 그날 저녁 마리아 루스호에 '사건'이라고 부를만 한 일이 발생했다. '여객' 중 한 명이 선상에서 바다에 뛰어들었고 영국 군함 아이언 듀크(Iron Duke)가 구조한 것이다.[16] 해당 '여객'은 자신을 비롯한 청국인이 의지에 반해 구류되었다고 주장했다. 이 사실을 알게 된 당시 가나가와 주재 영국 영사 로버트슨(Russell Robertson)은 자신에게 이 중국인을 보호할 권한이 없다고 판단, 7월 15일 가나가와현에 그를 인도했다. 일본 영토에서 발생한 사건이므로 일본 정부가 조사할 일이라고 판단했던 것이다. 그러나 로버트슨의 예상과 달리, 가나가와현은 마리아 루스호의 선장에게 탈주자를 처벌하지 않겠다는 약속을 받고 그를 돌려보냈다.

그렇게 마무리될 것 같았던 사건은 7월 27일 다음 단계로 비화한다.[17] 마리아 루스호 선장이 가나가와현에 난폭한 행동을 한 승객에게 수갑을 채우고 선내에 감금할 허가를 요청했는데 가나가와현은 그런 허가를 내려줄 수 없으며 승객 처벌을 바란다면 고소와 재판을 통해 처벌할 수 있을 뿐이라고 답했다. 이후 마리아 루스호의 다른 중국인 승객이 탈주해 아이언 듀크호의 보호를 받는 일이 발생했고, 그에게서 첫 번째 탈주자가 마리아 루스호 선내에서 심각한 처벌을 받았다는 사실을 확인했다. 마리

16　당시 문건에는 이 최초 탈주 중국인의 이름을 "木慶" 혹은 "モクヒン"이라고 명시하고 있다.

17　"六月四日ヨリ同月二十九日迄ノ「マリヤ・ルス」號入港取扱ニ關スル手續書"(第5券 事項九 一九九 附記).

아 루스호의 선장이 소송과 재판 없이 자의적으로 승객에게 처벌을 가했던 것이다. 일본 영토 내에서 발생한 가혹 행위였기에 일본 정부는 이 사안에 개입할 여지가 생겼다. 한편, 아이언 듀크호 관계자들은 새로운 탈주자에게 청나라로 돌아갈 비용을 주고 풀어주었다. 첫 번째 사례와 마찬가지로 마리아 루스호로 돌려보내질 것을 우려했기 때문으로 추측된다. 그런데 마리아 루스호에서 파견된 무장 수색대가 요코하마에 상륙해 외국인 거류지 내에서 이 중국인을 발견해 연행해 가는 사건이 발생했다. 마리아 루스호 '사건'은 이제 마리아 루스호 내부에서 발생한 가혹 행위뿐만 아니라, 선장과 수색대가 일본 영내에서 자행한 형사사건으로서의 성격을 가지게 된 것이다.

로버트슨과 아이언 듀크호는 지금까지의 전말을 영국 공사에게 알렸다. 해당 시점에 영국임시대리공사였던 왓슨(R. G. Watson)은 상하이고등법원 수석판사 및 홍콩청국방면함대 부사령장관 등과 논의한 끝에 8월 2일 직접 마리아 루스호를 시찰하려 했으나 거부당했고, 결국 다음 날인 8월 3일 자로 소에지마 외무경에게 공식적으로 서한을 보냈다. 왓슨은 이 서한에서 마리아 루스호에 탑승한 중국인 "승객(passengers)"에 대해 "쿨리" 혹은 "난민(refuge)"이라는 표현을 사용하면서 그들이 "자유로운 이민자(free emigrants)"로 보이지 않는다고 지적했다.[18] 요컨대 마리아 루스호의 중국인들이 입항 당시 신청서에 명기됐던 것처럼 '여객' 혹은 '승객'이 아니라 그보다 못한 상황에 놓인 '쿨리' 나아가 '노예'일 가능성을 지적한

---

18 "This ship is engaged in the transport of coolies from the coast of China to Peru [...] the coolies on board are stated to be free emigrants taking passage under contracts the nature of which is not apparent." "「マリヤ・ルス」號乘客ハ澳門ヨリ秘露國ヘ移送支那苦力ニシテ虐待セラレ居ルニ付右糾明方申出ノ件"(第5券 事項九 一九六).

셈이다.

이 서한에서 왓슨은 당시 탈주한 중국인이 마리아 루스호로 돌아간 이후 선장으로부터 "심각하게 학대받았다"는 정보를 획득했기에 이를 직접 확인하고자 마리아 루스호에 승선하려 했으나 선장의 방해로 원활하지 않았다는 사실 역시 상세히 밝히고 있다.[19] 또한 앞서 오쿠의 부기에도 명시됐듯, 단발을 학대의 증거로 지적했다. 이에 중국인 승객에 대한 가혹 행위가 일본 영내에서 벌어진 일이라는 점, 자신이 직접 조사할 권한은 가지지 못하지만 일본 정부에 조사를 요구할 "요구권(right to request)"은 가진다는 점 등을 지적하면서, 일본의 "권한(authority)"과 "권리(right)"로 이 사건을 다루어 줄 것을 공식적으로 요청했다.[20]

왓슨의 개입 요청은 쿨리 및 노예무역에 대한 당시 영국 정부의 입장과 연관되어 있다. 보다 구체적으로 왓슨은 해당 서한에서 마카오와 남아메리카 사이, 특히 페루가 벌이고 있는 쿨리 무역은 "야만적이고 중국 정부의 권리를 무시하는 것"으로서 "유럽과 모든 문명화된 국가들"에서는 용납될 수 없는 행위라고 비판했다.[21] 한편 이 서한을 일본어로 번역한 문서에서는 중국인에 대한 "가혹한 취급(苛酷の取扱)", "이치에 어긋나게 취급(無理に取扱)"이라는 표현과 함께 이를 "악한 상업(惡商買)"이라는 표현이 등장한다.[22] 왓슨이 서한의 말미에 일본 정부 개입의 필요성을 정당화하면서 사용한 "공통된 인간성이 요구하는바(common humanity demand)"

---

19 "these men had been severly illtreated," "the fact that his tail had been cut off," 『日本外交文書, 第5卷』, 415~416쪽.

20 이 문건의 일본어 번역본에서는 'authority'를 "權理"로 표현하고 있다. 위의 책, 419쪽.

21 위의 책, 416쪽.

22 위의 책, 419쪽.

라는 문구 역시 "보통의 인정(普通の仁情)"으로 번역했다. 마리아 루스호에서 발생한 사건의 근본 원인을 쿨리 무역으로 규정하고, 문명과 보편성의 맥락에서 이에 개입해야 한다고 주장한 것이다.

왓슨의 서한을 번역하면서 등장한 이 같은 표현들은 이후 마리아 루스호 사건에 대한 일본 측의 인식을 구성하는 하나의 구심점이 되었다. 앞서 오쿠의 부기에서 나온 '부당한 취급'이나 '정정당당한 인의', 이후 재판문에 나오는 '자연의 정도' 같은 표현 역시 이 연장선상에서 이해할 수 있다. 결국 일본 정부가 마리아 루스호 사건에 직접적으로 개입하기 이전 단계에서 이미 해당 사건의 성격을 규정하는 표현들이 등장했던 셈이다. 이처럼 사건 초기 외교문서에 나타난 마리아 루스호 사건을 바라보는 기본적 시각과 이에 대한 일본어 번역문에는 마리아 루스호 '사건'에 대한 일본 측 판결의 논리적 근거로 활용되는 보편적 규준 내지는 도덕에 대한 인식이 내포되어 있었다.

한편, 같은 날 미국임시대리공사 셰퍼드(Charles O. Shepard)도 소에지마 외무경에게 비슷한 내용의 서한을 발송했다.[23] 여기서 셰퍼드는 보다 직접적으로 "쿨리 무역"에 대해 "비인간적이고 불법적(inhuman, illegal)"인 것이라고 단언하면서 만약 마리아 루스호의 일이 유죄로 입증된다면 심각하게 처벌받아야 한다고 주장했다.[24] 이 서한을 일본어로 번역한 문서에서는 쿨리 무역을 "담부의 매매(擔夫の賣買)"로, 비인간적이고 불법적이라는 표현을 "인외무법(人外無法)"으로 각각 번역했는데, 마찬가지로 쿨리 무역이 보편적 규준에 어긋나는 행위라는 점을 분명하게 드러냈다.

---

23 "「マリヤ・ルス」號乘客虐待事件糾明方ニ關シ申出ノ件"(第5券 事項九 一九七).
24 『日本外交文書. 第5卷』, 420쪽.

영국과 미국의 서한을 계기로 마리아 루스호 사건은 단순히 거류지에서 조약 미체결 국가의 외국인 사이에서 발생한 민사적 문제가 아니라, 당시 불평등조약 개정을 위해 노력하던 메이지 정부가 해결해야 할 외교 문제로서의 성격을 띠게 되었다. 두 서한을 기점으로 일본 정부는 이 문제에 대한 개입 여부를 놓고 갑론을박이 벌어졌다. 여기에는 단순히 영국이나 미국과의 외교적 관계에 대한 고려뿐만 아니라 문명국으로 인정받기 위한 (서구적) 보편성에 대한 고려 역시 혼재되어 있었을 것이다. 최소한 사건 초기의 외교문서와 그 번역문을 보면 문명과 보편도덕(법)에 기초해 노예 거래의 부도덕성과 불법성을 비판하는 논리가 당시 메이지 정부에 소개되었을 것이라 추측할 수 있다.

영국과 미국 공사에게 서한을 받은 바로 다음 날인 8월 4일, 소에지마는 당시 25세에 불과했던 오에 다쿠(大江卓)를 가나가와현참사(神奈川県 参事)로 임명해 "청국 선객 등에 대한 가혹한 취급"에 대해 구명과 재판을 명했다.[25] 그리고 같은 날 왓슨의 지시를 받은 로버트슨은 오에에게 마리아 루스호를 요코하마항에 구류할 것을 요청했다. 참사 임명을 통해 마리아 루스호 사건에 개입하려는 일본 정부의 의지를 보여준 소에지마는 8월 6일에 영국임시대리공사를 만났다. 사건의 근본 원인이 쿨리 무역으로 지목된 상황에서, 일본의 개입은 영내에서 벌어진 '여객'에 대한 가혹행위를 형사처벌 이상으로 의미를 부여할 수밖에 없었다.

두 사람이 만난 대화록에는 마리아 루스호와 관련해 "노예 매매(買奴)"라는 표현이 본격적으로 등장한다. 소에지마는 영국 공사에게 영국 및 미국 등의 법에 이에 대한 처벌 규정이 있는지 질문했는데 '보통의 인

---

25 "「マリヤ·ルス」號乘客虐待事件至急取調ノ上報告方指令ノ件"(第5券 事項九 一九八).

정' 이상의 실정법적 근거를 찾고자 했던 것이다. 영국 공사는 영국과 미국의 법뿐만 아니라 "각국의 통법(各國ノ通法)"에 있다고 대답했다. 즉, 노예 매매 금지와 이에 대한 처벌이 도덕적으로 잘못됐을 뿐만 아니라 문명국의 실정법에 공통된 부분이라고 강조했던 것이다.[26] 당시 영국과 미국을 비롯한 소위 '문명국'에서 노예 매매가 명목상으로나마 금지되고 있었기에, 요컨대 '통법'이라고 말할 수 있는 근거가 전혀 없었던 것은 아니다.

그러나 일본은 상황이 달랐다. 가토 히로유키(加藤弘之)가 1870년의 『진정대의(眞政大意)』에서 "우리 황국에는 태고로부터 이와 같은 것(노예제)이 없었으니, 이는 실로 우리 황국이 만국 가운데 가장 뛰어난 연유"라고 주장하기도 했으나,[27] 당시 일본에서는 사실상 인신매매가 암묵적으로 허용되고 있었다. 노예무역을 금지하려는 영국과 미국의 노력, 노예무역 금지국에 일본을 포함시키려는 영국의 의도, 그리고 스스로를 국제사회의 새로운 일원이라고 주장하고 싶었던 일본의 입장이 맞물려 조사 및 재판에 대한 결정은 비교적 빠르게 내려졌다. 다만, 일본이 자국의 실정법과 관행을 고려했을 때 이에 대한 판결을 내릴 수 있는지의 문제가 남아 있었다. 두말할 것도 없이, 당시 일본에 내재되어 있던 이러한 한계는 이후 이루어진 마리아 루스호 사건 재판에서 핵심적인 문제로 대두된다.

26　"「マリヤ・ルス」號乘客虐待ニ關スル我方調査ニ對シ英國臨時代理公使ヨリ賣奴ノ疑アル旨等申入ノ件"(第5券 事項九 一九九).

27　加藤弘之, 『眞政大意』(山城屋佐兵衞, 1870). 이에 대한 번역은 다음을 참고했다. 가토 히로유키 저, 김도형 역, 『입헌정체략·진정대의』, 서울: 세창출판사, 2017, 134쪽.

2. '만국공법'과 '제국의 정해진 법(定法)'

오에는 소에지마의 명에 따라 재판을 위한 조사를 시작했다. 가나가와현
은 8월 6일 자로 마리아 루스호 선장에게 이전에 인도했던 탈주자 중국
인과 함께 출두하라는 통지를 보낸다. 8월 7일, 마침내 오에를 필두로 가
나가와 주재 영국 영사 로버트슨과 당시 가나가와현에 고용된 미국인 변
호사 힐(George Walles Hill)이 열좌(列座)한 첫 번째 조사가 행해진다.[28] 이
조사에서 첫 번째 탈주자는 자신이 마카오에서 같은 청나라 사람에게 팔
려 마리아 루스호에 강제로 승선하게 됐으며 가혹한 취급을 받아 끝내 단
발하게 됐다고 주장했다.[29] 마리아 루스호에서 자신의 처우가 노예와 같
았다는 증언인 셈이다. 이 조사에서는 그 외에도 승선 경위, 급료와 일의
내용, 계약 기간, 청나라에서의 출국 허가 유무, 계약서의 내용 숙지 여부,
계약서에 사인하게 된 경위 등 여러 가지 질문이 제기되었는데, 이는 노
예무역이라는 점을 전제로 한 질문 내용이라고 간주할 수 있을 만한 것들
이었다.[30]

　　이어서 오에는 선장에게 마리아 루스호의 중국인이 선원인지 승객으
로 승선한 것인지를 물었다. 선장은 입항서류에서와 마찬가지로 중국인
은 모두 페루 이민을 위한 승객으로 대우받고 있으며, 선상에서 중국인
에게 행해진 모든 행위는 선내의 질서를 유지하기 위한 것이라고 항변

28　"先二引渡シタル支那人ト同道ニテ出頭方通知ノ件"(第5券 事項九 二〇〇); "「マリヤ・ルス」號
　　船長竝二乘客支那人「モクヒン」吟味書"(第5券 事項九 二〇一).

29　『日本外交文書. 第5卷』, 428쪽.

30　森田朋子, 『開国と治外法権』, 151쪽.

했다.[31] 또한 선장은 요코하마 입항 이후 탈주 중국인이 당했던 가혹 행위에 대해서는 뱃삯을 지불하지 않고 도망치려 했기 때문에 취한 조치라면서, 일본 정부가 선상에서 벌어진 일을 조사하는 것은 어떤 권리에 따른 것이냐고 불만을 표했다. 한편, 영국 정부에 대해서도 자신의 일은 영국 정부에 조금도 관계없는 것이라고 항변했다.[32] 선장의 입장은 그 자체로 무리한 주장은 아니었다. 당시의 국제법 체제나 불평등조약 체제하에서 일본을 제약하고 있었던 영사재판권 및 「외국인거류지취체규칙」 제4조 등을 고려할 때 마리아 루스호에 대한 조사 정당성 자체에 의문이 제기될 수 있었던 것이다.[33]

같은 날 오후, 당시 거류지취체장관이었던 벤슨(E. S. Benson)은 오에의 지시에 따라 일본인 관원 및 중국어 통역관과 함께 마리아 루스호에 승선해 조사를 시행했고 그 결과를 8월 8일 자로 보고했다.[34] 그는 중국인 승객의 식사와 처우를 살펴봤는데 특별히 문제가 될 만한 부분은 발견하지 못했지만, 선장이 3일 이내로 출항할 것이라고 말했다는 점, 출항 이후 선장으로부터의 처벌을 두려워하고 있을 가능성 등을 지적했다.[35] 다음 날

---

31 『日本外交文書. 第5巻』, 429~430쪽.

32 위의 책, 432쪽.

33 이 글에서 주요하게 다루고 있지 않지만 외국인거류지취체규칙 제4조의 문제는 당시 요코하마 주재 공사들로부터 마리아 루스호 사건 처리와 관련해 수차례 문제 제기가 이루어진 주된 이유였다. 대표적으로 8월 14일에 요코하마 주재 각국 영사가 소에지마 외무경에게 보낸 서한["「マリヤ·ルス」號船長ニ係ル事件ノ處置ニ就テハ各國領事ト協議アリ度旨申出ノ件"(第5巻 事項九 二〇五)]을 꼽을 수 있다.

34 "「マリヤ·ルス」號乘客虐待ノ事ハ認メ難キモ誘拐セラレタル旨訴フル者アリ又出帆後ノ嚴罰ヲ恐レテ船長ヲ訴ヘサルモノナラスヤト思ハルル旨報告ノ件"(第5巻 事項九 二〇二).

35 위의 책, 433쪽.

인 8월 9일, 오에는 다른 승객들의 증언을 들어보라는 마리아 루스호 선장의 주장에 따라 벤슨 및 하나부사 요시모토(花房義質) 외무대승(外務大丞)과 함께 심문을 진행했다. 이때 다섯 명의 중국인이 선장으로부터 폭행을 당했고 머리카락이 잘렸다고 증언함으로써 선장의 죄목이 더욱 분명해졌다.

그러나 선장은 이러한 사실을 부정하면서 당장 다음 날 출항할 예정이라고 일방적으로 통보했다. 이에 오에는 같은 날 마리아 루스호 선장에게 판결이 내려질 때까지 출항 중지를 명했다. 그리고 그날 밤 마리아 루스호가 출항 준비를 하고 있다는 정황을 보고받은 왓슨의 요청에 따라 일본 정부는 8월 11일에 마리아 루스호를 구속하는 조치를 시행한다.[36] 이에 선장은 포르투갈 정부의 허가를 받고 마카오에서 출항한 마리아 루스호가 일본 정부에 의해 구류되었다며 포르투갈 영사에게 도움을 요청했고, 이에 포르투갈 영사가 8월 13일 자로 가나가와 현령 오에에게 서한을 보냈다.[37] 또한 14일에는 일본 측이 배를 불법 구류하고 있다고 항의하며 귀국의 뜻을 굽히지 않고 단신으로라도 돌아가겠다는 의사를 밝히기도 했다.[38]

한편, 마리아 루스호가 구속된 8월 11일, 왓슨은 가나가와 영사재판소에 파견되어 있던 상하이고등법원 대리판사 한넨(Nicholas J. Hannen)에게 로버트슨과 함께 재판의 조언자 역할을 하도록 요청했다. 그리고 그날 밤 하나부사 외무대승과 외무성 법률고문 스미스(Peshine Smith)가 가나가와

---

36 "「マリヤ・ルス」號出帆差止ノ件"(第5券 事項九 二〇四).

37 "七月十日橫濱在勤葡國領事ヨリ神奈川縣令宛書翰"(第5券 事項九 二〇八 附屬書).

38 "歸國スヘキ旨申出ノ件"(第5券 事項九 二〇六).

영사재판소에 방문해 한넨을 만났다. 앞서 지적했듯, 당시 일본이 재판할 수 있었던 마리아 루스호 '사건'의 범위는 일본 영내에서 벌어진 것으로, 선장이 중국인을 자의로 구류하고 가혹 행위를 한 것에 국한되어 있었다. 그러나 그것이 본질적으로 마카오에서 맺어진 계약의 유효성, 마카오에서 일본으로 오는 과정에서 중국인에 대한 처우의 적절성, 나아가 단순 이민이 아닌 쿨리 매매일 가능성과 연관되어 있다는 점에서 일본 측 재판권의 범위에 대한 법률적 검토가 필요했던 것이다.

이와 관련된 논의는 다음 날인 8월 12일과 16일에 행해진 한넨과 하나부사의 면담에서도 이어졌다. 특히 8월 16일 하나부사와 한넨의 면담은 일본의 관습과 법률에 따라 인신매매를 처벌할 수 있는지의 여부와 관계되어 있었다. 한넨은 메이지 유신 이전의 봉건체제에서 주인에 대한 종속적 계약이 존재했지만 이것이 현재 완전히 폐지된 것인지 질문하면서, 당시 일본에 존재하고 있었던 젊은 여성이 매춘 등을 위해 수년간 종속적 계약을 맺는 유녀봉공(遊女奉公)의 문제를 지적했다. 이에 하나부사는 유신 이후 봉건체제가 폐지되면서 과거와 같은 종속은 폐지되었다고 생각한다면서도 유녀봉공과 같은 문제는 사실이기 때문에 일본 정부가 쿨리 무역과 같은 일을 비난하기 어렵다는 점을 고백했다. 즉, 마리아 루스호 사건을 쿨리 무역의 문제로 확장하고 이를 불법적인 행위로 판결하는 데 있어 일본 내의 유녀봉공과 같은 문제가 걸림돌로 작용할 수 있다는 점을 시인한 셈이다.

면담 다음 날인 8월 17일, 마리아 루스호 승객인 중국인의 소송이 결정됐다.[39] 8월 19일부터 21일까지 행해진 심문을 통해 마리아 루스호의

---

39 "「マリヤ・ルス」號乘客支那人ノ訴訟ヲ承糾スヘキ旨ノ件"(第5券 事項九 二〇九).

중국인들은 승선 당시 계약 내용을 잘 모르고 있었으며 본국으로 돌아가고 싶다고 증언했다. 최초 계약의 유효성에 이의를 제기한 것이다. 이에 따라 하나부사는 소에지마에게 중국인을 모두 상륙시키고 선장은 범법자로 처리하도록 허가해 줄 것을 요청했다.[40] 그 결과, 8월 22일 마리아 루스호의 중국인 전원이 마침내 요코하마에 상륙해 재판소로 이동했다.

이날 선장의 변호사(代言人)로 영국인 변호사 디킨스(Frederick V. Dikens)가 재판소에 출석해 장문의 항의서를 제출했다.[41] 디킨스는 일본 재판소의 심리와 심문이 내재하고 있는 절차상의 문제 및 법적 한계를 지적했는데, 요컨대 페루 국적의 선상에서 벌어진 일을 일본이 재판할 권한이 없다는 것이었다. 나아가 그는 만약 마리아 루스호 내에서 가혹 행위가 벌어졌다 하더라도 공해(公海)상에서 벌어진 일의 경우, 국제법상 해적 행위에 해당하는 강도나 약탈이 아니라면 모두 해당 선박의 소속 국가의 국내법에 따라야 하기 때문에 재판권은 청국, 마카오, 페루만 가질 수 있다고 지적했다. 일본의 관할권과 재판 절차상의 문제에 대한 이의제기인 것이다. 또한 디킨스는 해당 국가의 국내법에서 노예무역을 해적 행위로 규정하지 않았다면 설령 이것이 노예무역이라 하더라도 일본 정부가 구속할 권리가 없다고 덧붙였다. 나아가 이 연장선상에서 그는 마리아 루스호를 둘러싼 노예무역이라는 혐의에 대해, 선장이 계약을 강제하려 했지만 지위가 변하지 않았고 임금이 지불될 것이었으며 기한이 정해져 있다는 점에서 노예와 다르다고 주장했다. 즉, 절차상의 문제를 차치하고

40　"「マリヤ・ルス」號船長・乘客・船ノ處置ニ關シ報告ノ件"(第5券 事項九 二一O).

41　"「マリヤ・ルス」號船長吟味書"(第5券 事項九 二一二); "七月十九日「マリヤ・ルス」號船長代言者送狀和繹文"(第5券 事項九 二一二 附記).

서라도 사적 거래에 기초한 페루 이민일 뿐, 노예무역에 해당되지 않는다는 논리였던 셈이다.

다음 날인 8월 23일 최종 심문이 진행됐다.[42] 그날 한넨과 소에지마는 면담에서 선장에 대한 형사고발을 통해 일본의 사법권 내에서 벌어진 범죄 행위에 대해서는 일본 법률에 따라 처벌할 수 있다는 기본적 입장을 재확인했다. 이에 당시 일본 법률에 따라 선장에게 어떤 처벌이 내려질 수 있는지에 대한 검토가 이루어졌는데, 일본 국내법의 관례상 해당 사안에 대해 평민에게 장 100대인 것에 반해 사관(士官)의 경우에는 폐문(閉門)이라는 점을 확인했다. 선장에 대한 심문을 통해 신분이 해군사관이라는 점이 확인됐으며, 외국인이기 때문에 폐문이 불가능함에 따라 실질적인 처벌은 이루어지지 않는다.[43]

8월 30일 위와 같은 판결이 내려지자 마리아 루스호 선장은 가나가와현에 즉시 상륙했던 승객을 돌려보내 달라고 요청했다.[44] 가나가와현청은 이에 대해 "중국인의 자유를 막아 마리아 루스호에 귀선시킬 '권이(權理)'는 없다"며 중국인과의 계약 이행 문제는 민사 소송을 통해 해결해야 한다고 회신했다.[45] 이에 선장은 9월 2일 이민 계약의 당사자인 마카오의 스페인인(人) 아르메로(Armero)의 대리인 자격으로 88번 승객 아후

42　"「マリヤ·ルス」號船長ヨリノ追加訴狀"(第5券 事項九 二一三);"「マリヤ·ルス」號船長吟味書"(第5券 事項九 二一四).

43　"「マリヤ·ルス」號船長ニ對スル裁斷案"(第5券 事項九 二一六 附屬書).

44　"「マリヤ·ルス」號乘客支那人ヲ歸船セシメラレ度旨願出ノ件"(第5券 事項九 二二二).

45　"「マリヤ·ルス」號乘客支那人ノ歸船ニ關シテハ其ノ件裁判ノ決定ニ侯ツヘキ旨ノ件"(第5券 事項九 二二三).

(Ah Foo)를 비롯한 모든 중국인 상대로 소송을 제기했다.[46] 일본에서 발생한 외국인 간의 '부당한 처우'에 초점이 맞춰져 있던 마리아 루스호 '사건'이 일본 바깥에서 맺어진 외국인 간의 계약 이행에 관한 민사 소송으로 비화된 것이다. 한편, 9월 5일에 삼권분립을 목적으로 가나가와현을 비롯해 사이타마현(埼玉縣) 이루마현(入間縣)에 지방재판소가 설치되었기 때문에, 원칙상 해당 3개 현 내의 사건은 현청이 아니라 지방재판소로 이관해야 했다. 그러나 애초에 마리아 루스호 사건은 외교문제로 인식됐고, 사법성이 아니라 외무성이 주도하고 있었기 때문에 태정관은 이 사건만은 가나가와현 지방재판소가 아니라 현청에서 담당하도록 했다. 이런 상황에서 9월 6일 마리아 루스호 '승객'은 스스로를 "청국 난민"으로 지칭하며 "만국공법(萬國公法)"에 따라 그들의 "성명(性命)"을 보호하고 "고향(鄕里)"으로 돌려보내 달라고 요청했으며, 9월 9일에는 선장이 제기한 민사 소송이 무효라는 취지의 반답서를 제출하기에 이르렀다.[47]

이에 선장은 9월 10일 마리아 루스호 선장의 변호사(代言人) 명의와 아르메로의 대리인으로서 마리아 루스호 선장의 변호사 명의로 중국인에게 이민 계약 속행을 요구하는 두 건의 소장을 제출했다.[48] 9월 14일 위 두 건의 소장에서 명시된 두 명의 중국인에 대한 변호사인 데이비드슨(John N. Davidson)은 마리아 루스호 측에서 제기한 소송에 대해 반답서를 제출

---

46 「マリヤ・ルス」號乘客支那人對シ移民契約履行竝ニ吟味入費請求ノ件"(第5券 事項九 二二九).

47 "本國ヘ送還アリ度旨願出ノ件"(第5券 事項九 二三三); "「マリヤ・ルス」號船長ノ支那人乘客「リーチョン」「スユージャム」ニ對スル訴訟ノ裁判書"(第5券 事項九 二四四); "西班牙人「アルメロ」代人「マリヤ・ルス」號船長ヨリノ訴狀ハ棄却セラレ度旨ノ件"(第5券 事項九 二三五).

48 "「マリヤ・ルス」號乘客支那人「スユージャム」ニ對シ移民契約履行損害賠償請求ノ件"(第5券 事項九 二三六); "「マリヤ・ルス」號乘客支那人「リーチョン」ニ對シ移民契約履行損害賠償請求ノ件"(第5券 事項九 二三七).

했다. 그 요지는 마리아 루스호의 중국인 승객들이 속아서 계약한 것이며 이들에 대한 처우와 "착취(extortion)"야말로 계약 위반에 해당하기 때문에 이민 계약 속행 및 손해배상 청구를 받아들일 수 없다는 것이었다.[49] 결국 이전까지 마리아 루스호 선장 측이 일본 영내에서 자행한 행위의 범법성 문제에 집중하던 가나가와현이 이제 선장과 중국인 사이에서 맺어진 계약 문제에 관여하게 된 것이다. 주지하다시피, 이는 일본에서 일본인들이 일본법에 따라 맺은 계약이 아니었기에 단순히 실정법의 맥락에서 재단할 수 없는 문제였으며, 국가 간의 문제도 아니었기에 당시 국제법의 기준을 그대로 적용할 수도 없었다. 그런데도 어느 한쪽의 손을 들어줄 수밖에 없는 상황에서 9월 26일 가나가와현청 권령(權令) 오에가 판결을 내린다.

판결에 앞서 오에는 독립자주국인 일본의 '권이(權理)'에 따라 "만국공법"뿐만 아니라 다른 나라의 재판소에서 일반적으로 통용되는 "천연의 정의공평한 큰 이치(天然の正義公平の大理)"를 기준으로 삼는다는 점을 분명히 했다. 국내법과 국제법뿐만 아니라 이를 넘어서는 보편적 규준 내지는 보편 도덕의 맥락에서 판단하겠다는 것이다. 소송의 핵심은 피고에게 계약 준수의 의무가 있는지에 관한 것이었고, 이는 자연스럽게 계약의 유효성에 대한 검토를 요하는 문제였다. 결국 마리아 루스호의 쿨리 관련된 계약이 무효가 되려면 어떤 계약이 설령 절차상 문제가 없더라도 무효로 간주될 수 있다는 해석이 필요했고, 이러한 해석을 뒷받침할 논거와 실질적 근거가 필요했다.

---

49 "移民契約履行損害賠償請求二應スル理由ナキ旨ノ件"(第5券 事項九 二三九); "移民契約履行損害賠償請求二應スル理由ナキ旨ノ件"(第5券 事項九 二四O).

오에는 먼저 일본의 예를 들면서 이런 계약은 "제국의 이익 및 정해진 법(利益及定法)"에 반하는 것이라고 지적했다. 어린이의 부모나 후견자가 계약을 맺어 어린이를 몰래 국외로 보내 연한을 정해 사역시킨 일이 있었으나, 이를 다시 집으로 돌려보낸 기록도 있다고 지적했다. 또한 이 연장선상에서 상하이나 하와이 등에서 해외에 보내진 "일본의 종민(從民)"을 다시 찾아온 일도 있다고 지적했다.[50] 한편, 오에는 국내에서 노예가 존재하더라도 이를 수출 수입하는 것을 엄금하는 경우도 있다면서 미국도 50년 전에 그러했다고 주장했다. 이는 당시 일본에서 실질적으로 인신매매와 유사한 사례가 여전히 존속하고 있었다는 점을 의식한 부분이다.

이러한 기준에 따라 오에는 마리아 루스호와 관련된 약정서(約定書)가 "거의 노예의 역(大半奴隷の役)"으로서 이러한 계약에 속박된 사람은 사람이 아니라 가구와 마찬가지라고 지적하면서, 거래를 통해 사역의 의무를 다른 사람에게 양도할 수 있다는 점만으로도 "노예와 같은 모양새(奴隷の有様なり)"라고 지적했다. 마리아 루스호에서 벌어진 가혹 행위뿐만 아니라 사역의 의무를 양도할 수 있다는 부분에서 '매매'로서의 성격을 지적하고, 이전까지의 입장에서 한발 더 나아가 마리아 루스호의 쿨리가 처한 상황을 '노예 매매'와 다름없는 것이라고 명시적으로 언급했던 것이다. 이

---

50 해외 강제 이주 및 인신매매에 대한 메이지 신정부의 입장과 관련해 마리아 루스호를 사례로 검토한 연구로 야마모토 다다시(山本忠士)의 전게서를 참고할 수 있다. 야마모토는 하와이 이주민이나 일본인 소아 매매의 경우와 마리아 루스호를 모두 "인권 문제"라는 맥락에서 설명하고 있으나, 전자의 두 사례는 일본 국민을 대상으로 하는 반면 마리아 루스호 사건의 경우 그렇지 않다는 점에 여전히 주목할 필요가 있다. 이 세 사례 모두 넓은 의미에서 인권 문제로 이해될 수 있는 것은 분명하나, 전자가 자국민 보호의 맥락이라면 후자는 보다 분명하게 국적을 불문한 인권 문제로서의 성격을 가지기 때문이다.

런 판단 위에 오에는 이를 인정하는 것은 "자연의 정도에 반하는 것(自然の正道に反する)"이라고 단언했다.

이렇게 재판은 피고의 승리로 결정됐고 이후 마리아 루스호의 중국인들은 청국에서 온 사절과 함께 상하이로 돌려보내졌다. 선장은 그중 소녀한 명을 임의로 동행해서 미국 배로 도망치듯 출항했다. 청나라 정부는다음 해인 1873년 2월, 증정품과 함께 감사장을 외무성에 보내왔고 이듬해인 1874년에는 쿨리 무역을 금지했다. 그러나 마리아 루스호를 둘러싼'사건'은 아직 끝나지 않았다. 1872년 마리아 루스호 사건을 계기로 일본과 수호통상항해조약을 체결했던 페루가 이듬해인 1873년 특파 전권공사를 보내 재판의 부당함을 주장하여 손해배상을 요구해 왔던 것이다.

일본 외무성은 페루와의 담판을 모색했으나 결착되지 않았고, 결국 쌍방 합의에 따라 러시아 황제에게 중재를 의뢰하게 됐다. 앞서 언급한 것처럼 판결은 거의 2년 후인 1875년 러시아 황제 알렉산드로스 2세의 명으로 내려졌다. 그 내용은 페루인이 불행하게 손해를 받았지만 일본 정부의 처분을 부당하다고 인정할 만큼의 충분한 이유를 발견할 수 없기 때문에 일본 정부가 페루 선박 마리아 루스호가 가나가와항 체류 중에 일어난사건을 책임질 '이치(理)'가 없다는 것이었다. 이후 이 판결은 일본의 국제중재재판 최초의 승리 사례로 기억된다.

III. 1870년대 메이지 일본의 인권 개념 수용

1870년대 초라는 상황을 고려할 때, 마리아 루스호 사건에 대한 재판은 매우 이례적인 사례로 간주될 수 있다. 당시 조선의 상황, 특히 강화도조약이 1876년에 맺어졌다는 점을 상기하면 그 이례성은 배가된다. 당대 동아시아에서는 도무지 있을 것 같지 않은(unlikely) 결과였기에 자연스럽게 '예외성'의 원인을 국제정치적 맥락이나 특정 인물의 탁월함에서 원인을 찾게 된다. 예컨대 당시 일본이 처한 외교적 환경 속에서 재판의 주역이었던 오에를 비롯한 일본 관료의 결단이나 영국 공사 등 일본 주재 외국인의 역할이 결정적이었다는 식이다. 이 사건이 일본 사회 일반과 어느 정도 거리를 둔, 요코하마 외국인 거류지라는 독특한 공간에서 진행됐다는 점도 이러한 인식에 기여한 바가 있을 것이다.

그러나 이 재판이 당시 일본 사회의 풍조와 완전히 괴리된 채로 독립적으로 진행되지 않았다는 점 역시 부정할 수 없다. 마리아 루스호 사건의 처리 과정에서 등장한 여러 용어와 논거들은 1860년대 말에서 70년대 초 일본 지식인 사회 내에서 등장한 새로운 개념이나 지식과 무관하지 않다. 앞서 주로 국가의 권한을 지칭하는 것으로 빈번하게 등장한 '권(權)'이나 '권이(權理)'와 같은 표현 역시 1870년대에 접어들면서 스마일스(Samuel Smiles)의 『서국입지편(西國立志篇)』(1870), 밀(John Stuart Mill)의 『자유지리(自由之理)』(1872) 등 서양의 정치 서적이 본격적으로 번역되었던 맥락과 무관하지 않다.[51] 1870년대 일본의 지성사를 전체적으로 설명

---

51 메이지 일본에서 권리 관련 번역 양상에 대해서는 다음을 참고하라. Douglas R.
    Howland, 2001,Translating the West: Language and Political Reason in Nineteenth-

하는 것은 이 논문의 범위를 넘어서는 것이기에, "막말의 2대 베스트셀러"로 손꼽히는『서양사정』과『만국공법』을 중심으로 살펴보는 것으로 갈음하고자 한다.

1.『만국공법』과 노예무역

당대 동아시아에서의 국제법 이해에 지대한 영향을 끼쳤던 마틴(William A. Martin, 丁韙良)의 번역서『만국공법(萬國公法)』(1864)은 권리에 관한 신조어가 다수 등장한 것으로 유명하다.[52]『만국공법』의 초점이 국가의 권리에 있었기 때문에 특히 주권(主權, sovereignty), 자연지권(自然之權, absolute right), 자호자주지권(自護自主之權, rights of Self-preservation and independence), 평등지권(平行之權, rights of equality), 장물지권(掌物之權 =rights of property)과 같은 표현이 많이 등장했다. 그러나 동시에 사권(私權, personal right), 인민지권(人民之權, rights of citizens), 인민지권리(人民之權利), 인민권리(人民權利) 등 개인의 권리와 자연지권(自然之權, human rights), 본유지권(本有權利) 등 자연권 내지는 인권의 의미로 사용된 번역어도 확인된다. 지금의 용어와 차이가 있지만 개인의 권리 혹은 권리를 가지는 주체로서 개인에 대한 관념이 이러한 번역어를 통해 간접적으로나마 소개

Century Japan, Hawaiʻi: University of Hawaiʻi Press. 더글라스 하울랜드 저, 김현, 박은영, 소진형, 손민석, 송경호, 이헌미, 홍철기 공동번역, 2021,『서양을 번역하다: 문명개화 시대의 자유, 권리, 주권, 사회』, 서울: 성균관대학교 출판부.

52 惠頓 原著, 丁題良 譯, 1864,『萬國公法』. 한편, 비슷한 시기에 출판된 니시 아마네(西周)의 『성법설약(性法說約)』(1867), 쓰다 마미치(津田真道)의『태서국법론(泰西國法論)』(1868), 가토 히로유키의『입헌정체략(立憲政體略)』(1868)에도 개인의 권리와 관련된 표현이 다수 등장했다.

되었음을 추측할 수 있는 대목이다. [53]

　이 논문의 맥락에서 보다 흥미로운 점은『만국공법』에 노예무역과 관련된 내용이 포함되어 있었다는 것이다.[54] 로렌스(W. B. Lawrence)는 원저의 서언(Introductory Remarks)에서 노예제와 노예무역, 특히 노예무역으로 의심되는 선박에 대한 조사권에 대해 휘튼(Henry Wheaton)의 입장을 상술하고 있으며, 휘튼 역시 본문에서 수차례 이를 언급했다. 이와 가장 직접적으로 관련된 부분은 Part II의 노예무역 관련 항목("Slave trade, whether prohibited by the law of nations")이다. 여기서 휘튼은 아프리카인에 대한 노예무역은 1841년의 조약에 따라 영국, 미국, 오스트리아, 프러시아, 러시아 등에서는 해적 행위로 선언되었다는 점을 명확히 했다. 그런데도 일반 국제법(general international law)상으로는 평시에 탐문 및 조사할 권리를 행사할 수는 없다고 지적했다.[55] 국제법상 노예제 조약(Slavery Convention)이

53 　마틴이 번역한『만국공법』은 청국 정부의 출자에 따라 약 300부가 북경에서 발행되었으며, 곧바로 나가사키를 통해 일본으로 수입되어 이듬해인 1865년(慶応 元年) 막부 개성소(開成所)에서 번각했다. 이 관판은 마틴의 번역본에 카에리텐(返り点)을 붙이고 고유명사에 가타가나(片仮名)를 붙인 것으로, 이는 위에 언급된 마틴의 번역어가 1860년대 중후반부터 일본에서도 통용되었을 가능성을 시사한다. 한편, 마리아 루스호 사건이 있었던 1872년 이전에 일본에서 휘튼의 책을 번역한 만국공법류 저서로 다음과 같은 것들도 있었다. 開成所(西周訓点),『万国公法』(老皂館, 1865); 吳碩三郎·鄭右十郎 共訳,『和解万国公法』(平井義十郎校閲, 1868); 堤殼士志 訳,『万国公法訳義』(御用御書物製本書版, 1868); 重野安繹 訳注,『和訳万国公法』(鹿児島藩蔵梓, 1870).

54 　Henry Wheaton and William Beach Lawrence, 1855, Elements of International Law, Boston: Little, Brown and Company.

55 　Wheaton, ibid., pp.186-187. 탐문 및 조사권에 대해 휘튼은 일찍이 입장을 밝힌 바 있다. Henry Wheaton, 1842, Enquiry Into The Validity Of The British Claim To A Right Of Visitation And Search Of American Vessels Suspected To Be Engaged In The African Slave-trade, Philadelphia: Lea & Blanchard.

등장한 것은 1926년이었으나, 노예무역에 관해서는 1815년 비엔나 회의에서 8개국이 노예무역을 "인류의 보편적 도덕의 원칙에 어긋나는 것 (repugnant to the principles of humanity and universal morality)"으로 선언한 바 있으며, 1841년의 조약 역시 이러한 변화의 연장선으로 이해될 수 있었던 것이다.

그러나 다른 한편으로 당시의 국제법적 상황을 고려할 때, 재판 과정에서 디킨스가 주장한 것처럼 마리아 루스호 내에서 가혹 행위가 벌어졌더라도 공해(公海)상에서 벌어진 일의 경우, 국제법상 해적 행위에 해당하는 강도나 약탈이 아니라면 모두 해당 선박의 소속 국가의 국내법에 따라야 하며, 일본이 이를 탐문 및 조사할 권한은 없다는 지적 역시 전혀 근거 없는 것은 아니었다. 애초에 쿠바와 페루가 쿨리 무역의 핵심으로 떠오른 이유 역시 북미 대서양 연안의 노예무역 금지와 관계 있는 점을 고려하면, 마리아 루스호 사건은 당시 쿨리 무역을 둘러싼 서구 열강 간의 국제정치 구도와 그 배경으로서 노예무역에 대한 국제법적 해석 문제와도 연관되어 있음을 알 수 있다.[56] 나아가 영국과 미국이 마리아 루스호 사건에 깊이 개입한 배경에는 국제정치와 국제법뿐만 아니라 1842년 난징조약 이후 활발히 이루어진 구미 지역으로의 중국인 해외 이민이라는 맥락, 나아가 영국의 1807년 노예금지법(Abolition of Slavery Act 1807)과 1833년 노예무역금지법(Slavery Abolition Act 1833), 미국인의 쿨리 거래 금지에 관한 1862년 반쿨리법(Anti-Collie Act), 노예제도 폐지를 골자로 하

---

56 이에 관해서는 다음을 참고하라. Edward Keene, 2007, "A Case Study of the Construction of International Hierarchy: British Treaty-Making against the Slave Trade in the Early Nineteenth Century," International Organization, Vol. 61, No. 2, pp.311-339.

는 1865년 미국 수정헌법 제13조(Thirteenth Amendment to the United States Constitution), 1870년 미국 민권법(Civil Rights Act of 1870) 등도 관계되어 있었다.[57]

이 글에서 보다 중요한 것은 당대 일본에 이러한 내용이 이미 소개되어 있었다는 점이다. 『만국공법』에서 마틴이 노예무역에 관한 휘튼의 설명을 "공금판매인구(公禁販賣人口)"로 번역하고, "해도(海盜)", "자무권이계찰지야(自無權以稽察之也)" 등의 표현을 사용하며 그대로 옮기고 있었기 때문이다.[58] 당시 독자들은 일부 유럽 국가에서 인신매매 혹은 노예무역은 해적 행위로 간주되는 것이며, '만국공법'에 따라 여러 '문명국'에서 금지한다는 것 정도는 인식할 수 있었을 것으로 추측할 수 있다. 마리아 루스호 사건 과정에서 일본 당국자들이 이 사안을 자발적인 형태의 채무 이주(Credit-Ticket System)가 아니라 유사 노예무역이라는 점을 증명할 수 있다면, 이를 '만국공법'과 '각국의 통법'에 따라 처리할 수 있다고 판단할 근거가 이미 소개되어 있었던 셈이다. 한편 휘튼은 이것이 조약에 의한 것이지 아직 일반 국제법, 즉 국가공동체에 의해 보편적으로 인정되는

---

57 미국의 1870년 민권법과 중국인 쿨리에 관해서는 다음을 참고하라. 오영인, 2019, 「미국 1870년 민권법(Civil Rights Act of 1870)과 이민자들: 19세기 중국인 쿨리(Coolie)를 중심으로」, 『역사와세계』 제56권, 261~294쪽. 또한 중국인의 미주 이주라는 측면에서 쿨리는 다음을 참고하라. Arnold Joseph Meagher, 1975, The Introduction of Chinese Laborers to Latin America: The "Coolie Trade", 1847-1874., University of California, Davis; Lisa Yun and Ricardo René Laremont, 2001, "Chinese coolies and African slaves in Cuba, 1847-74," Journal of Asian American Studies, Vol. 4, No.2, pp.99-122; Yen Ching-hwang, 2012, "Chinese Coolie Emigration, 1845-74," in Chee-Beng Tan eds, Routledge Handbook of the Chinese Diaspora, London: Routledge, pp.89-104; Elliott Young, 2014, Alien Nation: Chinese Migration in the Americas from the Coolie Era through WWII, Chapel Hill: University of North Press.

58 惠頓 原著, 丁韙良 譯, 『萬國公法』, 第十五節.

규범은 아니라고 지적했다. 이에 대해 마리아 루스호 승객이 '만국공법'에 따라 그들을 고향으로 돌려보내 달라고 요청했을 뿐만 아니라 오에 역시 '만국공법'을 판결의 근간으로 삼았다는 점은 매우 흥미롭다. 당대의 상황을 서구 개념의 단순한 모방이나 일방적 수용으로 치부할 수 없는 이유가 여기에 있다.

2. 『서양사정』과 인권

1870년대 초 일본에서는 메이지 정부 수립 이후 일련의 자유화 내지는 권리 확대가 이루어졌다. 1871년에만 호적법, 신화(新貨)조례, 폐번치현(廢藩置縣), 불평등조약 개정을 위한 이와쿠라 사절단(岩倉使節團) 파견 등이 있었고, 이후 이러한 유신(維新)의 흐름에 따라 산발(散髮)·폐도(廢刀)의 자유, 화사족과 평민의 결혼 허가, 에타(穢多)·히닌(非人) 칭호의 폐지가 이루어진 것이다. 마리아 루스호 사건이 있었던 1872년의 공식적 문건들에서 역시 인권 개념 수용의 흐름을 관찰할 수 있다. 예컨대 「사법직부정제(司法職務定制)」(太政官無号達·司法省職制章程並二事務章程)에는 "검사는 헌법(法憲)과 인민의 권리를 보호하고 양(良)을 돕고 악(惡)을 제거하여 재판의 당부를 살피는 것을 직무(職)로 한다"며 '인민의 권리 보호'라는 원칙을 명시했다. 「청송(聽訟) 사무에 관한 사법성 문건(司法省布達第六号·聽訟斷獄ノ事務ヲ混同スル勿ラシム)」에도 이와 유사하게 "청송(聽訟)의 의(儀)는 인민의 권리를 펼치기(伸) 위한 것"이라는 표현이 있었다. 요컨대 일본 메이지 정부의 사법 영역에서도 권리 보호의 의무가 명문화되기 시작했다.

이처럼 1870년대 초에 문명개화운동으로 이어지는 시대적 흐름이 시작되었던 것은 분명하지만, 메이지 정부의 자유화가 반드시 개인의 권리나 인권의 보장이라는 맥락에서 이루어진 것은 아니었다. 또한 당시 개인의 권리나 인권 개념을 지칭하는 다양한 번역어가 병존하고 있었다는 사실은 오히려 당시가 과도기적 상황이었다는 것을 방증하는 사례로 해석할 수 있다. 실제 오늘날과 유사한 의미에서 '인권(人權)', '천부인권(天賦人權)', '천연의 인권(天然ノ人權)'과 같은 표현이 정착되어 일반적으로 통용되기 시작한 것은 1870년대 후반에 이르러서였다.

그러나 앞서 살펴본 『만국공법』의 사례처럼 1860년대 이후 국제법 등 서학(西學) 혹은 양학(洋學)을 매개로 수용되기 시작한 권리 개념이 1870년대에 이르러 개인, 인민 혹은 인간의 권리라는 관념에 대한 이해로 이어지고, 특히 보편규범으로서의 성격을 강하게 띠는 표현들과 결합되어 인권 개념이 소개된 적이 있다는 것도 간과해서는 안 된다. 후쿠자와 유키치(福沢諭吉)의 『서양사정(西洋事情)』은 그 대표적 사례라 할 수 있다. 이 책에는 비록 '인권'이라는 표현은 등장하지 않지만 인권 개념과 이를 구성하는 하위 개념으로서 인간의 존엄성, 자연법과 보편법, 평등성에 대한 인식이 분명하게 언급되었다.

후쿠자와가 권리 개념을 본격적으로 설명한 것은 1868년의 『서양사정(외편)』이었지만, 1866년 출판된 『서양사정(초편)』에서도 이미 이러한 개념을 소개했다. 서양의 "정치풍속"을 소개하는 과정에서 자연스럽게 당시 문명국의 정치원리로서 해당 개념들이 소개된 것이다. 그 대표적 사례로 "1776년 7월 4일 아메리카 13주 독립의 격문", 즉 『미국독립선언(the Declaration of Independence)』을 후쿠자와는 다음과 같이 번역했다.

하늘이 사람을 낳는 것은 억조 모두가 매한가지로 그에게 부여된 움직일 수 없는 통의(通義)가 있다. 즉 통의란 사람이 스스로 생명을 보전하고 자유를 구하고 행복을 기원하는 부류의 것으로서 타인이 이를 어떻게 할 수 없는 것이다. 인간이 정부를 세우는 이유는 그 통의를 확고히 하기 위한 취지로서, 정부라는 것은 그 신민을 만족시킬 때 비로소 참으로 권위가 있다고 말할 수 있는 것이다. 정부의 조치가 이 취지에 반할 때는 곧 이를 변혁하거나 타도하고, 나아가 그 큰 취지에 의거해 사람의 안전과 행복을 보전할 수 있는 새로운 정부를 세우는 것 역시 인민의 통의다. 이는 우리가 변론할 필요조차 없는 명료한 것이다.[59]

후쿠자와는 '하늘이 낳은' 인간의 생득적 권리, 즉 '인권'을 '통의'로 지칭하면서 동시에 생명, 자유, 행복을 '타인이 어떻게 할 수 없는 것', 즉 박탈 불가능한 것이라고 설명했다. 물론, 이는 후쿠자와의 주장이 아니라 번역에 불과하지만, 당시 『서양사정(초편)』이 해적판을 제외하고도 25만 부 이상 판매됐던 것으로 추정하면 이미 1860년대 말 시점에는 일본 사회에 이러한 생각이 소개되었다고 봐도 무리는 없을 것이다.

한편, 후쿠자와는 같은 책에서 "매노(買奴)"와 같은 표현을 사용하면서, "1820년 미주리 주를 병합할 당시 처음으로 노예론을 발표했는데, 주 내의 남북부에서 그 주장에 대해 불일치가 있었다. 이에 따라 1822년 의결을 내려 남방의 독립을 허했다"고 하며 다음과 같이 자신의 의견을 덧붙였다.

---

59 이에 대한 번역은 다음을 참고했다. 후쿠자와 유키치 저, 송경호, 김현, 김승배, 나카무라 슈토 공동번역, 2021, 『(완역) 서양사정』, 파주: 여문책, 82~83쪽.

노예론이란 예로부터 합중국의 남부에서 아프리카 대륙의 흑인노예를 사서 종신노예로 사역시킨 풍습이다. 반면 북부의 정론에 따르면 흑인노예라도 동일한 인류로서 이를 소나 말처럼 사역시키며 사람의 사람으로서의 통의를 허락하지 않는 것은 천리(天理)에 어긋나는 것이기 때문에 그 풍습을 개정하려 했다. 하지만 남부에서는 예로부터의 습속을 갑자기 개혁하면 경작 등의 산업에 불편하기 때문에 이를 듣지 않았다. 이에 따라 남북 사이에 불화가 발생한 것이다. 이후 수십 년이 지나 1862년 다시금 이 논의를 제기해 마침내 내란이 일어났으니, 4년간 남북부의 대전쟁에 이르게 된 것도 징조가 이미 그때부터 있었던 것이다.[60]

후쿠자와는 1866년 시점이 이미 동시대 일본 독자들에게 모든 인간이 단지 인간이라는 이유만으로 가지는 권리(그의 표현으로는 '통의')를 흑인노예라고 해서 허락하지 않는 것은 보편도덕(그의 표현으로는 '천리')에 어긋난다고 말했다. 이러한 점에서 쿨리 무역이 '자연의 정도'에 반하는 '인외무법'의 행위이며, '천연의 정의공평한 큰 이치'에 따라 이를 재판할 수 있다는 인식이 가능한 지적 자원이 1870년대 초 일본에 이미 존재하고 있었다고 볼 수 있다. 마리아 루스호 사건에 대한 판결이 영국과 미국 등 일부 '문명국'이 공유하고 있는 '각국의 통법'이나 보다 넓은 의미에서 일반 국제법 혹은 '만국공법'뿐만 아니라 '천연의 정의공평한 큰 이치' 혹은 천리를 근거로 내려질 수 있었던 것은 이러한 지적 배경이 존재했기 때문이다.

---

60 앞의 책, 89쪽.

3. 유녀봉공과 창기해방

지금까지 살펴본 맥락에 따라, 마리아 루스호 사건의 핵심은 국제중재재판에서 일본이 승리한 것이 아니라 일본 정부가 마리아 루스호 사건을 인권 문제로 인식하고, 각국의 법, 국제법, 나아가 보편적 규준에 기초해 판결을 내렸다는 점에 있다. 마리아 루스호 사건의 처리 과정은 단순히 외교적 압력에 대한 순응이나 서구적 보편성의 모방 과정이 아니라, 자기 자신에게서 보편성을 발견하고 '천연의 정의공평한 큰 이치'이자 '자연의 정도'로 재규정하는 과정으로서의 의미를 가진다. 가토 히로유키가 "우리 황국에는 태고로부터 이와 같은 것(노예제)이 없었다"고 주장했던 것처럼 스스로의 역사를 되돌아보고 다시 쓰는 것 역시 이러한 과정의 일부로 이해될 수 있는 것이다.

　이런 맥락에서 마리아 루스호 사건이 일본의 「예·창기약정」의 문제로 비화되어 일본에서 인신매매를 법적으로 금지하는 속칭 「창기해방령」으로 이어진 것은 자연스러운 귀결이라 할 수 있다. 물론 보다 직접적인 원인은 재판 과정에서 마리아 루스호 선장의 변호사가 "유녀의 연기 증문 사본과 요코하마 병원 치료(醫治) 보고서"를 증거로 삼아 일본에서 인신매매가 존재한다고 주장하고, 따라서 일본 국내법에 따라 쿨리의 계약을 무효로 판단할 수 없다고 주장한 것과 관련되어 있다. 해당 계약이 설령 노예 매매에 해당하는 것이라 하더라도 포르투갈령 마카오에서 유효한 계약으로 성립됐고, 일본에도 "매녀(賣女)의 약정"이 존재한다는 점을 고려할 때 여전히 유효하다는 주장에 대해, 오에는 "국내에서 노예가 존재하더라도 이를 수출 수입하는 것을 엄금하는 경우도 있다"고 변명했던 것이다.

그러나 이 사건이 본질적으로 외교문제로서의 성격을 가지고 있었고 요코하마 주재 각국의 관심을 받고 있었기에 판결문은 단지 변명만으로 정당화될 수 없었다. 일본 정부가 '매녀의 약정'을 관례라는 이유로 용인하는 것은 외국인에게 적용했던 '자연의 정도'를 정작 자국인에게 적용하지 않는 모순을 의미했기 때문이다. 오에는 인신매매 금지를 사법성에 건의했고 일본 정부는 이 문제를 형식적으로나마 해결해야만 했다. 선장이 요코하마에서 자행한 범죄에 대해 1차 판결이 내려진 직후인 1872년 9월 2일, 대장대보(大藏大輔) 부대신(副大臣) 이노우에 가오루(井上馨)가 "유녀해방건의(遊女解放建議)"를 제출했고, 마리아 루스호 사건 초기 가나가와현령이었던 무쓰 무네미쓰가 이에 대한 "대장성답의(大蔵省答議)"를 작성했다.

이 문건은 "수백년의 폐습"이 "일소(一洗)"되었음에도 불구하고 "사람의 부녀를 매매"하고 "유녀예자(遊女芸者)" 등 기타 여러 명목으로 "연한을 정해 혹은 평생 그 심신의 자유를 속박"하는 자가 있으니, 이는 "노예매매(売奴)와 대동소이한 경황"이라는 점을 지적하고 있다. 특히 주목할 점은 유녀해방이 "그 속박을 해방함으로써 그 인권의 자유를 얻도록 하는(其束縛ヲ解放セシメ其人権ノ自由ヲ得セシメ)" 것으로 정당화되었다는 점이다.[61] 현재와 같은 의미의 '인권'은 아니지만 모든 인간이 가지는 자유를 지칭하는 표현으로 '인권의 자유(人権ノ自由)'가 언급되었고, 그런 의미에서 창기해방이 건의되었다.

그 결과 1872년 10월 2일 태정관포고 295호가 이루어졌으며, 뒤이

---

61 이에 대해서는 다음을 참고하라. 松延眞介, 2002, 「「芸娼妓解放」と陸奥宗光」, 『仏教大学総合研究所紀要』第9券, 39~48쪽.

어 9일에는 사법성령 22호가 공포되었다. 태정관포고는 인신매매를 "인륜에 배반하여 있을 수 없는 일"로 규정하면서 유녀뿐만 아니라 농공상의 전습(傳習) 등의 이유로 봉공하는 모든 경우에 이를 적용해야 한다고 지적했다. 한편 사법성령의 경우, 인신매매를 "고래 제금한 것"이라면서 이에 대해 변상해야 한다고 하면서도, 창기와 예기의 경우에는 태정관포고가 이전의 건에 대해서는 "인신(人身)의 권리를 잃은 자로서 소나 말(牛馬)과 다르지 않고, 사람이 아닌 소나 말에게 사물의 변상을 구할 이치가 없다"고 명시했다. 이것이 창기해방령이 "우마 풀어주기(牛馬切りほどき)"라는 이명을 얻게 된 배경이었다.

이러한 태생적 한계로 인해 창기해방령은 창기의 실질적 해방으로 이어지지는 못했다. 이듬해인 1873년 12월 10일, 도쿄부는 「화좌부도세(貨座敷渡世)규칙·창기규칙·예기규칙」을 공포했다. 내무성은 전국에 같은 기준을 적용하기 위해 1900년 10월 2일 「창기취체(取締)규칙」을 공포했다. 창기해방이 아이러니하게도 공창제도의 전국적 완성으로 이어졌던 것이다. 이런 맥락에서 1911년 공창제도의 폐지를 목적으로 조직된 가쿠세카이(廓淸会)의 폐창 운동가 이토 히데요시(伊藤秀吉)는 당시의 포고에 대해 "그것이 구민의 폐창 여론이 발홍한 결과가 아니라, 뜻밖에 외교상의 경위에 따라 하등의 자각도 준비도 없이 행해진 결과"였기 때문에 한계가 뚜렷했다고 비판한 바 있다.[62] 그러나 이토는 비판과 동시에 이를 "노예해방령"이자 "폐창운동발상(發祥)의 하나의 요인"이라고 평가했다. 요컨대 이것이 하나의 역사적 기점이 될 수 있다는 점은 부정하기 어렵다

62　伊藤秀吉, 『日本廃娼運動史』[廓清会婦人矯風会廃娼聯盟, 1931; 不二出版, 1982(復刻版); 1995(再刊)].

는 것이다.

인권 문제로서 마리아 루스호 사건의 의미 역시 이처럼 양가적 성격을 띤다. 서두에서 언급한 것처럼 마리아 루스호 사건과 이에 대한 재판에 대해 다양한 관점에서 비판이 제기될 수 있다. 그러나 1870년대 초 메이지 일본에서 외국에서 외국인 간에 맺어진 계약을 '보편적 규준'에 따라 무효로 규정하고 인권의 맥락에서 쿨리 무역과 인신매매를 교정하려는 시도가 있었다는 사실은 부정할 수 없다. 최소한 마리아 루스호 이전의 지적 맥락과 마리아 루스호를 둘러싼 일련의 사건'들'이 메이지 일본에서 보편적 가치로서 인권에 관한 인식이 공유될 수 있는 하나의 계기가 됐다고 평가할 수 있을 것이다.

IV. 맺음말

지금까지 이 글에서는 마리아 루스호 사건을 중심으로 1870년대 초 메이지 일본에서 인권 개념 수용 과정의 한 단면을 조망했다. 마리아 루스호 사건은 처음부터 '사건'이었던 것도 아니고 인권 문제로 인식됐던 것도 아니었다. 마리아 루스호 사건은 당시 일본과 조약을 체결하지 않았던 외국 선박에서 외국인 사이에서 벌어진 일이고, 일본 영해가 아닌 곳에서 벌어진 일까지 포괄하고 있었으며, 그 근간에는 외국에서 외국인 간에 체결된 계약이 깔려 있다는 한계에도 불구하고 '보편적 규준'과 인권의 맥락에서 쿨리를 본국으로 송환하라는 판결로 이어지게 됐다.

물론 앞서 언급한 바와 같이, 여기에는 국제정치적 맥락이 깔려 있었다. 초기에 사건 개입에 소극적이었던 일본 정부가 '자연의 정도'라는 의미에서 외국인의 인권을 보장하는 판결을 내리게 된 배경에는 서구열강과 나란히 하려는 일본 정부의 열망, 그리고 이를 이용해 쿨리 무역을 금지하고자 하는 영국 정부의 조력 등 국제정치 내지는 현실정치적 배경이 분명 존재했다. 그러나 이 과정에서 마리아 루스호 선장이 쿨리에 대해 '이치에 어긋나게 취급'했으며, 이것이 '노예와 같은 모양새'이자 '거의 노예의 역'에 해당한다는 비판이 당대 일본의 언어로 제기됐다는 점에 주목할 필요가 있다. '보통의 인정'에 어긋나는 쿨리 무역은 '담부의 매매'이자 '악한 상업'으로 규정됐고 '제국의 이익 및 정해진 법'뿐만 아니라 '만국공법'과 '각국의 통법', 보다 근본적으로는 '천연의 정의공평한 큰 이치'와 '자연의 정도'에 반하는 '인외무법'의 행위로 지목됐던 것이다.

1870년대에 일본 정부가 쿨리 무역을 노예무역과 인신매매의 맥락에서 이해하고 이를 부당한 것으로 재단할 수 있었던 것은 '보편적 규준'에 따라 부당함을 교정해야 한다는 인식이 존재했기 때문이다. 그뿐만 아니라 인권을 지칭하는 명확한 표현이 없었음에도 그 개념을 명목으로나마 사용할 수 있었던 지적 배경이 있었기 때문이다. 『만국공법』과 『서양사정』의 사례에서처럼 1860년대 말부터 개인의 권리와 권리주체로서 개인을 나타내는 번역어가 소개됐으며, 이러한 개인의 권리 보호가 정부의 역할이며 노예 매매와 같은 인권에 대한 침해가 '보편적 규준'에 어긋나는 것이라는 인식이 공유되기 시작했던 것이다. 자연스럽게 인권이라는 측면에서 쿨리 무역에 대한 비판은 일본 국내의 변화로 이어졌다. 노예나 쿨리뿐만 아니라 '연한을 정해 혹은 평생 그 심신의 자유를 속박'하는 모든 행위가 '노예 매매와 대동소이한 경황'으로 지목되는 것으로 비판받은 것이다.

물론 이것이 메이지 일본에서 인권의 전면적 수용으로 이어진 것은 아니며, 결과적으로 마리아 루스호를 중심으로 한 일련의 '사건'이 매우 예외적인 사례가 된 것도 사실이다. 그러나 '인권'이라는 번역어가 명확하게 성립되지 않은 시기, 인권 개념에 대한 명시적인 이해가 존재했는지 불분명한 상황에서 인권에 기초한 판결이 내려진 마리아 루스호 사건은 19세기 동아시아와 일본에서의 인권 수용이라는 문제가 가진 복합성과 복잡성을 잘 보여준다. '인권' 없는 인권 개념 수용의 사례로서 마리아 루스호 사건은 일본과 동아시아에서의 인권 개념의 수용이 '번역-운동-법제화'라는 단선적이고 단계적인 과정으로 이루어졌을 것이라는 통념에 반하는 하나의 사례로 간주될 수 있을 것이다.[63]

마지막으로, 이 연구가 동아시아의 역사 속에서 역사화해의 가능성을 발견하기 위한 시도로 기획되었다는 점을 상기하면, 이 사례는 예외적일지라도 동아시아의 역사 속에서 상호 공유할 수 있는 '보편적 가치'를 발견해 낼 수 있다는 점을 시사한다. 우리의 경험이 아닌 것을 '우리 모두의 보편적 문제'로 인식하고, 그 속에서 공통의 보편적 가치를 발견해 내는 작업은 동아시아에서의 역사화해를 모색하는 하나의 방식이 될 수 있다. 그뿐만 아니라 역사화해를 넘어 '동아시아 정체성'을 구성하는 밑거름이 될 것이다.

---

63 마리아 루스호 사건 이외에도 인권에 대한 다양한 번역어가 등장해 서로 일반적 번역어로서의 지위를 차지하기 위해 경쟁이 채 완료되기 전에 이미 운동이 촉발된다거나, 법제화를 위해 급히 번역어를 고안해 냈지만 사회적 통용에는 한계를 보이는 등의 경우가 존재한다. 이러한 상황은 이들 각각을 '일반적 수용 과정'에서 벗어나는 예외적 사례로 간주하기보다 애초에 일반적 수용 과정이라는 단선적이고 단계적인 과정 자체를 의심해봐야 한다는 문제의식을 던져준다. 이와 관련된 상세한 논의는 이 논문의 범위를 넘어서는 것이기에, 추후의 과제로 남겨두고자 한다.

참고문헌

1. 1차 자료

「日本外交文書デジタルコレクション」(https://www.mofa.go.jp/mofaj/annai/honsho/shiryo/archives/)

Wheaton, Henry and Lawrence, William Beach, 1863, *Elements of International Law*. London: S. Low.

Wheaton, Henry, 1842, *Enquiry Into The Validity Of The British Claim To A Right Of Visitation And Search Of American Vessels Suspected To Be Engaged In The African Slave - trade*. Philadelphia: Lea & Blanchard.

伊藤秀吉, 1931,『日本廃娼運動史』, 廓清会婦人矯風会廃娼聯盟.

外務省調査部 編, 1940,『大日本外交文書, 第5巻』, 日本国際協会.

外務省調査部 編, 1940,『大日本外交文書, 第6巻』, 日本国際協会.

外務省調査部 編, 1940,『大日本外交文書, 第7巻』, 日本国際協会.

外務省 編, 1955,『日本外交文書, 第5巻』, 日本国際連合協会.

外務省 編, 1955,『日本外交文書, 第6巻』, 日本国際連合協会.

外務省 編, 1955,『日本外交文書, 第7巻』, 日本国際連合協会.

佐和希児(ジョージ・ワルレス・ヒール) 編, 1874,『白露国馬厘亜老士船裁判略記』, 神奈川県.

呉碩三郎・鄭右十郎 共訳, 1868,『和解万国公法』, 平井義十郎校閲.

堤殼士志 訳, 1868,『万国公法訳義』, 御用御書物製本書版.

大宜味朝徳, 1932,「一, マリア・ルス號事件」,『最近の秘露事情』, 海外研究所.

富田謙一, 影山知二, 1924,「第一節 マリア・ルス號事件」,『南米秘露: 大統領レギーア・秘露と日本』, 日秘協会.

重野安繹 訳注, 1870,『和訳万国公法』, 鹿児島藩蔵梓.

開成所(西周訓点), 1865,『万国公法』, 老皂館.

2. 논문 및 저서

Ching-hwang, Yen, 2012, "Chinese Coolie Emigration, 1845-74", in Tan, Chee-Beng eds, *Routledge Handbook of the Chinese Diaspora*, London: Routledge, pp.89-104.

Howland, Douglas R, 2001, *Translating the West: Language and Political Reason in Nineteenth-Century Japan*, Hawai'i: University of Hawai'i Press.

Howland, Douglas R, 2013, "The Maria Luz Incident: Personal Rights and International Justice for Chinese Coolies and Japanese Prostitutes", in Burns, Susan L, and Brooks, Barbara J, eds, *Gender and Law in the Japanese Imperium*, Hawai'i: University of Hawai'i Press, pp.21-47.

Irick, Robert L, 1982, *Ching Policy Toward the Coolie Trade 1847-1878*, Taiwan: Chinese Materials Center.

Keene, Edward, 2007, "A Case Study of the Construction of International Hierarchy: British Treaty-Making against the Slave Trade in the Early Nineteenth Century", *International Organization*, Vol. 61, No. 2, pp.311-339.

Le Moli, Ginevra, 2021, "'Parity with all nations': The 'Coolie' Trade and the Quest for Recognition by China and Japan", *Leiden Journal of International Law*, Vol. 34, Issue 4, pp.1-19.

Meagher, Arnold Joseph, 1975, *The Introduction of Chinese Laborers to Latin America: The 「Coolie Trade」, 1847-1874*, University of California, Davis.

Saveliev, Igor R, 2002, "Rescuing the Prisoners of the Maria Luz: the Meiji Government and the 'Coolie Trade', 1868-75", in Edstrom, Bert eds, *Turning Points in Japanese History Richmond*: Japan Library, pp.71-83.

Young, Elliott, 2014, *Alien Nation: Chinese Migration in the Americas from the Coolie Era through WWII*, Chapel Hill: University of North Press.

Yun, Lisa and Laremont, Ricardo René, 2001, "Chinese coolies and African slaves in Cuba, 1847-74", *Journal of Asian American Studies*, Vol. 4, No. 2, pp.99-122.

下村富士男, 1948, 「四・マリヤ・ルス事件」, 『明治維新の外交』, 大八洲出版.

中村彰彦, 2020,「HISTORY 歷史の足音(第46回)「マリア・ルス号事件」の余波と江藤新平の決断」,『Will: マンスリーウイル』第190券, 110~112쪽.

中網栄美子, 2012,「マリア・ルス号事件と人権: 明治の日本から現代へのメッセージ」,『人権のひろば』第15巻 1號, 23~26쪽.

大山梓, 1977,「マリア・ルース号事件と裁判手続 (小谷鶴次先生退官記念号)」,『政経論叢』第26券(5), 11~33쪽.

尾川昌法, 2004,「明治の人権論・ノート(9)マリア・ルス号事件と芸娼妓解放令 - 文明開化(2)」,『人権21』第169巻, 56~62쪽.

山本忠士, 2005,「明治新政府と「人権問題」- ハワイ出稼人召還日本人小児買取とマリア・ルス号事件」,『日本大学大学院総合社会情報研究科紀要』, 112~123쪽.

岩上はる子, 2017,「マリア・ルス号裁判はいかに伝えられたか: The Japan Weekly Mailの報道を中心に」,『関西英学史研究』第10券, 13~26쪽.

_____, 2016,「F, V, ディキンズの再来日の日々を追う: マリア・ルス号裁判を中心に」,『日本英学史学会英学史研究』第49券, 1~18쪽.

松延眞介, 2002,「「芸娼妓解放」と陸奥宗光」,『仏教大学総合研究所紀要』第9券, 39-48쪽.

柳田利夫, 1992,「「梨子盗難事件」と領事裁判権 - ペル船マリア・ルス号スペイン人乗組員の処罰を巡って」,『史学』第61券 3・4號, 401~415쪽.

_____, 1990,「スペイン外務省文書館所蔵日本関係文書について - マリア・ルス号に関する一史料の紹介」,『史学』第59券 4號, 479~499쪽.

森田朋子, 2005,『開国と治外法権: 領事裁判制度の運用とマリア・ルス号事件』, 吉川弘文館.

笠原英彦, 1996,「マリア・ルス号事件の再検討 - 外務省「委任」と仲裁裁判」,『法学研究』第69券 12號, 117~138쪽.

가토, 히로유키 저, 김도형 역, 2017,『입헌정체략·진정대의』, 서울: 세창출판사.

하울랜드, 더글라스 저, 김현, 박은영, 소진형, 손민석, 송경호, 이헌미, 홍철기 공동번역, 2021,『서양을 번역하다: 문명개화 시대의 자유, 권리, 주권, 사회』, 서울: 성균관대학교 출판부.

오영인, 2019,「미국 1870년 민권법(Civil Rights Act of 1870)과 이민자들: 19세기 중국인 쿨리(Coolie)를 중심으로」,『역사와세계』제56권, 261~294쪽.

정영구, 2017, 「19세기 후반 중국인 쿨리 해외이주의 개념과 방식」, 『명청사연구』 48권, 565~592쪽.

후쿠자와 유키치 저, 송경호, 김현, 김숭배, 나카무라 슈토 공동번역, 2021, 『(완역) 서양사정』, 파주: 여문책.

目安幷裁判書

神奈川縣廳權令大江卓閣下の面前に於て

原告西班牙國從民にて支那嗎港に在る「セノルアルメロ」の代として秘魯國
人氏(民)バルク船「マリヤルーヅ」船々長「ドンリカルドヘレイラ」
　被告前に云へるバルク船マリヤルーヅ船の乗客支那人「リーチョン」に對す
る一條また

原告は秘魯國人にて同國バルク船マリヤルーヅ船の船長「ドンリカルドヘレ
イラ」
　被告同船乗客支那人「サイヂャム」に對する一案

　右兩條の詞訟に付考案に備へんため原告被告雙方の代人より持出したる諸
法家の意と法律書の助力とを借り得たる事甚多し之予が普ねく寓國公法の確
説と他國の裁判所にて一般に通用する天然の正義公平の大理とを以て我か導
きとなさん事を希ふに因ってなり

　日本國既に外國と約を締ひし上は乃ち其列を俱にし社を同ふせり因て獨立
自主の國に行わるゝ公法の規例を悦領遵行す之を悦領する國には其爲に義務
乃ち存し利盆乃ち備る今日本國之を知り之を解せるにより其實存の義務を勤む
からは其備わりたる權理と特許とを受け有せん事を希望するなり

---

*　"「マリヤ・ルス」號船長ノ支那人乗客「リーチョン」「スエージャム」ニ對スル訴訟ノ裁判書", 第
　　5券 事項九 二四四

前に云へる詞訟は或は數種の論を含有せるに因り之を一々區別し考へる事甚便宜なりとす

第一案詞訟の中被の約書ど名つくる文書中にて之を見るに一方にては「アルタウス」又他の一方にては支那人リーチョングの兩人頭立たる者にてセノルアルメロ儀嗎港に在るアルクウスの代を勤める心にて其代として契約の書に調印せり

然るに代人は其本人より別段に代理の權を有せされは權を除人に移し能わさる事普通熟知の例法なり而して「セノルアルメロ」も又代人と稱する「ヘレイラ」も又其代言人も何れも此別段の代理の權を有せるを見ず又其代人たる實跡もある事なし爰を以て破れ其權を甲比丹ヘレイラに移す事能わさる也

爰を以て甲比丹ヘレイラは申立の約定を果さん事を求むる權理無之又夫に付訴訟を引起すの權決して之れなし然りと雖も雙方論駁の內別に其の議論の是非を熟考すへき物あり

第一には
彼の約定書と稱する物は曾て正當に設立せし物歟且約成るの地におゐては堅固且有力なる物なりや

第二
右は善良の道(コントラナスモレス)に反したる物なるや

第三
右は欺詐の譯を以て處無に屬するや又は不良の取扱に因て原告先きに約を破りし歟

第四右は此裁判所にて原告願の次第且其意を果さしむべきや

　第一間は右約定は相正當に取結はれたる趣の申立と右約定を結ひし土地に
おゐては堅固にして果さしむべきや否は判然確然と證明可致筈いかんとなれは
如此約條は他人へ可引渡事に付差障の意味無之共右様の約定もし此帝國中に
て結はれたる時は不堅固且果さしむべき物ならさる事確定なればなり右は帝國
の利盆及定法に反する故全く廢物なるべし方今當政府にては常に正直不偏の
規律を以て政務を取行へり而して從來屢々人子の親たる者又は後見の者とも
右の如き約を結ひ其目下にある子兒を密かに國外に引出し年限を定めて人に
仕役せしむる事あり當政府取調の上斯の如き約定を廢物となして虚無に歸せし
め右干係の者を强迫して子兒を其家に歸らしむ當縣廳の記録を見れは是迄度
數を重さね約そ二十名の子兒を歸復せし事あり

　右様の事件我官府の聽に達せる時は速に吟味に及ひ手段を盡して外國え連
れ往かれし者ともを取戻せり近頃右に均しき事件差起りたり

　上海に在る日本の領事力を極めて其子児を取回し之を擁護して日木に在
る其兩親に引渡せし事有之此條外務省の記録に見へまた共巨細を當年第九月
二十日出板のヂャッパンガゼット號の新聞紙にも出せり猶此上にも一層手廣き
一件は日本の從民數多布哇島に連往かれし處談判の上其人々の内多く呼戻さ
れて歸國せり(外務省の記録に出たり)右はいつれも成長せる人々にて欺詐の所
業に逢ひし事もなかりしなり

　原告の代言人にて中立たる彼の一種の約定日本國にも存在せる故此詞訟の
幇助ともなるへき積りにて引用したるなれとも當裁判所にても右約定は比例と
して執り用ゆへき物とは見成さるゝ也右引用したる約定には其人々外國へ赴き
而して其自國政府の保護と注意とを失ふ等の要事は全々記載せす右様の事は
當政府一定の方略に全く反對せる物とす故に此地にて結へる諸約定は都て廢
棄すへき物なるを保證すへし

一種國内限の仕法ありて敢て國外に及ぼす意にも非すまた世間の注意を促かす意にも非すして唯一國内に存せるあるは儘ある習俗なり

國内限の奴隷一國内に存する時にも之を輸出し之を輸入するに至ては嚴禁を設けたる事屢之れあり合衆國自今五十年以前の光景之に當れり代言人にて中立たる約定は一種異様の國内限の仕法なる故外國の裁判所如何様申出る事あるとも果さしむへき物として取上くへき物とは思われす

因て此帝國の熟考を經たる一定の方略也としては左件を口廣く陳述し得へし其趣は

當政府に從屬し或は其保護を受る服役の者又は其他の者共自主悦服の許諾に非すして又は政府の特許なくして國權の及ふ外に帶往せらるゝ事なかるへく且是等の主意の爲に取組たる約定は皆悉く廢棄せらるへし

此故に此の如き主意の約定は取結ひたる土地に於ては果さしむへきものなるを證すへしと上文巳に云ひしなり外國にて結へる約に付ての一般の法則は「レキスロシーコントラクチュス」(約を結ふ地の法)は約定の組立を支配し且常に其法に從て果さしむへき也然りと雖も萬國公法の本理を尋ぬるに「レキスロシー」(土地の法律)と「レキスフヲリー」(裁判を施す土地の法律)と相觸れあふ時は一國公然の法に逆ふ時の如く之を廢物とし且約を結ふ人々他の一國の法を兼て知りつゝ約を結ひし時と雖も取用られぬなりホレッワの著せる千八百六十九年のケース ヱント ヲピニオン ヲン コンステイチユーシユールロウ二百四十葉二百四十三葉及二百五十葉及ひケント氏コムメントレクチュール第三十九節四百六十二葉及ひストリー氏のコンフリクト ヲフ ロウの二百五十四節三百二十七節三百二十八節及ひ惠頓氏の萬國公法第九十三節に見へたり

第二

右の約定は「コントラボノスモレス」(善良の道に反したると云ふ儀)なるや

諸法書におゐて此に均しき約定の審判せられたる例を當裁判所におゐて見出さす故に此緊要の處に方って據るへき物なし付ては一般普通の法に基くへ譽なり扱彼の約定と稱する物は世間の法則において「アブヌーショー」(初發よりと云ふ儀)廢棄すへき物と云ふには非れとも右約定の體裁は之に關係ある國の外は各國においても實に容可すへからさるものなり猶國々にては斯の如き移民に付ては至て嚴敷法律及規則を設立せり

此處に合衆國々會の論文幷決定書と國務省より其公使領事等えの訓條(インストルクシユン)千八百六十八年第三版の領事館規則書の第八十五葉同第八十六葉且英國政府の規則及其訓條幷ワットソン氏の證據申立を參閲すへし

右約定書は通常のものに非す加之約定せし者共え外國に赴くべき旨を其約定書に記載せり右は前條に述る如く他人に讓渡し得へ譽非常の書體にて最入念詰問するを要すへきものと見ゆ右約定書中に載る束縛せられし者の形情は右約定に期限あるを除くの外大半奴隷の役に岡し其期限中は右束縛せられし者は最早人に非すして家具に齊し約定書に據れば甲より乙え乙より丙え讓渡し得へきものにて相續人に傳はり又は其時預人なる其者共の引受人にて之を取押へ得へきものなり其者の從ふくき規則は假令約定書中に掲ある共其者は未た之を知らす約定書を取結ひし時其者に之を讀聞かせし事なく又説明せざりし旨證人たる通辯官「サウキール」の口書にて余等之を承知せり右規則は吟味の節雙方より差出し能はざりし故當裁判所にては其規則實に知れざるなり此仕役の時期限定ありとも其眼目たる主意は敢て替はらざるべし總て右様の者共九十歳又は五十歳に至り始て全く自在になるへき律法に據りしものなれば其交接を見認め保護すべしと雖も其者共右法律に據れる奴隷とも謂ひ難し又名計りの給料を拂ふと云ふ箇條を以て前に述る原由を補とも謂ひ難し船司と奴隷との交接方に

付裁判所に訴へ之を吟味する時は右に等しき義務と見認之を果さしむべし船
司の方には常に確固たる義務在るものと見認むるなり如何となれば其義務は一
々書面に記載せすとも免かれざる者とす則右は療用を加へ衣類を與へ消遙の
ため数時間を與へ且奴隷の慰意且必要品のため金を前渡するが如きを云なり
且如何様の名を設るとも被告を譲り渡すへきを求むるは正しく奴隷の有様なり
右は獨り特法の力に據り見認むへきものとするは自然の正道に反するなり且自
主國に於て國法又は禮宜に於ても必ず之を助くへき義務はあらざるへし

　第三
　約定書と唱るものは其約定を取結ひし節偽言隠言又は欺詐を以てするか又
は苛酷の取扱を以て結ひたるものなる時は之を廢物とせる哉

　約定取結の事に付ては證據全く明白ならず約定を承諾せしむるために慥に
偽言及ひ隠語を用ひし事は口書を讀む者に於ては誰も疑を容れされども慥に欺
詐のものと云難し通辯官「ハウキール」の申立に右約定書は二枚に認め一枚宛
雙方に遺したる趣なり其後代言人旅客に與へし一通に調印無之を心付しに右
は原文にもあらす又二枚に認たるにも非す全く寫なる趣辯解せり然らば一方に
て右約定書に押したる印は其者の實印とし寫に無之ものとすろは不思議と云く
し故に此論起るは無論なり若し約定せし方にて自分に約定書を所持せさる時は
此後如何して彼の權理を立て又要用の時に當り其權理を裁判所に證明し得る
哉被告の所持せる寫は領事の調印無之又原文にある如く「レジストルゼ,ロッチ,
コスタ」の奥印もなし船司苛酷の取扱をなし約定を破りたりと被告より申立たり
故に此廉に付證人多人數に聞糺たり船中旅客の容體に付ては其船當港来着の
上此事に關せざる人々の申立と大に齟齬せり或人は非常に苦難を受けしと云
他の人は全く之に相反せり右様各人の申立齟齬する上は族客取扱方に付他の
情實を以て正しく決するを緊要とす出帆後間もなく且其後絶ず右船を遁逃せん
と企てしものあり又遁逃せんため船司に叛せんと企てしものも有之又右に付族
客の内多人数厳しく罰され且航海中三人は心を留て海中に飛込みたり右三度

の内両度は之を救助せんの意なし當港内に於ても數度多人數遁逃せんと企し事ありしが皆連戻せり又ワットソン氏の右放客と談話するを極めて甚しく拒みたり按針役及ひ通辯官も之を拒むため大に欺詐を用ひ一度は之を防かんため手出しをなしたる也右諸條は被告苛酷の取扱を受けしとの申立に猶力を添ゆるに足るへきものと見ゆるなり

航海記にも航海中其他のもの共海中に投身せんと企てたれども之を取支へし趣を載す

各族客に配與する場積は英國支那族客に付て定る法則に掲くるものより大に少く見ゆるなり此事に付原告の代言人申立には族客一人毎に平面十二尺則七十二立方尺の場所とあり然るに今當縣廳に在る「マリアロス」の船籍には其間數全く長さ百九尺巾廿四尺半とあり甲板間の艙の高さ甲比丹「プヲルウキス」（港長を云）にて六尺竿と測りたり族客二百五十人毎に平面十二尺則七十二立方尺を與ふる時は甲板の間殆と平面三千尺を要すべし然らば「マリアロス」船にて與へ得へき場所よりは尚一倍半を要すべし

第四
右約定を願出せし通且夫丈を果さしむべきものなる哉

右約定書は職業苦役を爲さしむへきための者なりと見ゆ其主意とする處は被告右苦役等のために秘魯國に赴く事なり又是非其趣を果さしめんとするも唯其廉のみを以てなり右は素より其全體に關るものとして考へさるを得ず且原告通則に據公卒のものとして請求する時は又原告にて公平の法を以てせざるべからず
故に述る比例且公平の外國裁判所の仕來に據れば是非約定を果さしむるに裁斷すべきには約定書中緊要の條は雙方互に約定を果さゝるを得さると其事の缺くべからざるとに在るを當裁判所にて知れり則損亡に必適する補ひをなし且一方に對し裁斷する前雙方にて其約定を果さむ様裁判所にてなさゝるを得

ず眼目の約定を果す事能はざる時は枝葉の約は是非果せしむへきものと裁断せさる也千八百七十年英國第十板ストーリー氏のイクヰチージュリスブリュテンス(書名)七百三十一より七百三十五枚エフ七百九十三枚ビ七百七十八枚迄千八百六十八年版ボーウキール氏の法律字典二巻目五百三十八枚と十二枚目を見るくし

　將又裁判所にて右比例の正しき文言を以て原告の所行を全く正しき者とし欺詐の形情なく約定書は總て其箇條明白正當なるものにて大なる苦難に逢ふき時と雖も求むる如く之を裁判せさるなり「チュドル」氏の「リージング,ケースセス,イン,イ,クイチー」に説ける種々の報を見るべし
　千八百五十年の版二巻目三百七十二枚より三百七十四枚目にある約定を是非果さしむへきを命するは裁判所の全く随意たる灘を記載せり

　自然公道の確固たる主意に基き確定せる法は當裁判所の裁断にて明瞭なり

　人を苦役する約定を雙方にて是非とも果さしむる事能はざる趣は通則にも載て則プロフェスショナル,チパルソン氏の約定法第五版三巻三百五十七枚に記載し且ストーリー「イクイチージュリスプリュデンス」(書名)千八百七十年版七百九十三章エルに之を載す

　前條所述の律例は総て内地處分の規則にて訴訟に關る雙方内地管内に在留する時に施すへきものなり

　故に裁判所にて外國人を共管轄外へ放遣し其保護の外に行かしめし例を見ず尤此事に就き豫め外國と別段の條約を結び共趣意によって是を處するか如きは敢て此例に非さる也右は刑法に關る事件にても同様にして約定書により右の如き請求をなす時は殊に適當すべき也

前條引用する處の律例は此一件に適用すへきものと見做故右約定は船司の要用とし申立る請求に果して適するもりなる哉否今爰に之を論せん

　若船司の望める通り裁判する時は雙方にて其約を果さしむるに非すして船司もし其約定を破らん事を望む事あらば却て之を助るに當るべし江戸灣外にあつては其船幷共船中の族客共當裁判所の管轄外にして則我帝國の權外なり

　譬月亮く譬は當裁判所にて右求むる如く裁断をなす時は其船其管外に航すべし此時に當つて船司若し右族客を約定外の地則其好む所の地え連行事ありとも如何して船司の所爲を防くへき哉

　船司若し幸に他國の着目注意を逃るゝ事あらば右族客を什器に齊しき賣奴法の行はるゝ一地に携行し之を無限の奴隷として賣却し得るなり故に當裁判所にて右族客に正當の處置を受しむるは方今にても又右の如き場合に於ても甚難しとす右事情を以て観れば實に預防の權ある事なし此故に如此事を當裁判所にて審判するに當つては右形情をも考察せさるを得ず

　右約定の結ひ方幷に雙方の所爲に付其情實を篤と取調しに原告の方詐僞なく又其所行全く正當にして訴出たる事とは見へす且其約定も亦正當適宜ならず又被告を苦めざるものと云がたし

　右取調の形情事實且法律によれば原告申立の通り裁判し能はざるなり
　原告願書の内若し被告にて之を拂の意なき時は此一般普通の訴訟手續を變へん事を請求す故に唯損傷請求の旨意なりと見做べし加之原告より右損傷を取立る事を當裁判所に願ふ事なく現在設立せざる裁判を夫がため猶開かん事を望めり

　然りと雖も損傷を受たる確證なく原告よりも之を證すへきを望まされば敢て

之を審判せざる也

　故に被告勝利と裁決す

　第二案訴訟も被告後見の廉を除き前同様なり然りと雖も約定中他人に譲渡し得へき趣意を見ず故らに他人に譲渡すべからざる事を記せり

　若し右の如き約定を日本にて取結事あらば是亦採用すべき者にあらざるは既に前段之を論したる如し且航海中の取扱は前段に説明したる通り同様なりし

　右約定は所謂「善良ノ道ニ相反スル」(コンタラボノスモラルス)ものとは言難し

　右既に詳論する條理と引用する法律の伺例とを以て必らす其約定を果すべきを命し能はす又損失の償をも命し能はざる也

　右様の約定にて損失を償ふは尋常適當の事なれ共此事件に於ては毫も其確證を見さる也

　原告より被告後見ありと申立ると雖も別に憑據とすべき者を出さず訴訟の趣は直に被告に對し差出したり何等の趣意にて右の如く訴へたる哉當裁判所にて其意を解せずと雖も此訴訟は右趣意を以て至當に裁判すべきものと見微し之を決定す故に裁判所にて被告の勝利と決裁す

　千八百七十二年第九月廿六日

　神奈川縣廳

[별지2] 문건 목록:
『日本外交文書』第5券 (1872) 事項九 秘露国風帆船「マリヤ·ルス」号ニ関スル件

문서	구력(舊曆)	신력(新曆)	발신자	수신자
195	6월 6일	7월 11일	陸奥神奈川縣令	副島外務卿
附屬書			橫濱池長, ホルウヰス	
附記				
196	6월 29일	8월 3일	英國臨時代理公使 R. G. Watson	副島外務卿 Soyejima Tameomi
197	6월 29일	8월 3일	米國臨時代理公使 Charles O. Shepard	副島外務卿 Soyejima Tameomi
198	7월 1일	8월 4일	副島外務卿	大江神奈川縣「事
199	7월 3일	8월 6일	副島外務卿卜英國臨時代理公使卜ノ對話書	
附記			尋問課	神奈川縣
200	7월 3일	8월 6일	神奈川縣	「マリヤ·ルス」號船長
201	7월 4일	8월 7일	神奈川縣參事大江, ロベルトソン氏, ヒル氏 列座	
202	7월 5일	8월 8일	橫濱居留地取締長官 E. S. Benson	大江神奈川縣「事
203	7월 6일	8월 9일	神奈川縣	外務省
附屬書	동치 11년 4월 19일	1870년	神奈川縣	外務省
附屬書		1872년 2월 13일	N. Tanco Armero, Recard Herreiro	
204	7월 6일	8월 9일	大江神奈川縣「事	「マリヤ·ルス」號船長
205	7월 11일	8월 14일	大江神奈川縣「事	副島外務卿
206	7월 11일	8월 14일	「マリヤ·ルス」號船長	神奈川縣令
207	7월 11일	8월 14일	橫濱在勤各國領事	神奈川縣令

제목
秘露國風帆船「マリヤ・ルス」號横濱ニ入港セル旨報告ノ件
六月五日右船尋問書
右船虐置一件提要(條約未濟秘露國風帆船マリヤルーツ號淸國拐民攬載横濱ヘ入港ニ付處置一件提要)
「マリヤ・ルス」號乘客ハ澳門ヨリ秘露國ヘ移送支那苦力ニシテ虐待セラレ居ルニ付右糾明方申出ノ件
「マリヤ・ルス」號乘客虐待事件糾明方ニ關シ申出ノ件
「マリヤ・ルス」號乘客虐待事件至急取調ノ上報告方指令ノ件
「マリヤ・ルス」號乘客虐待ニ關スル我方調査ニ對シ英國臨時代理公使ヨリ賣奴ノ疑アル旨等申入ノ件
六月四日ヨリ同月二十九日迄ノ「マリヤ・ルス」號入港取扱關スル手續書
先ニ引渡シタル支那人ト同道ニテ出頭方通知ノ件
「マリヤ・ルス」號船長竝ニ乘客支那人「モクヒン」吟味書
「マリヤ・ルス」號乘客虐待ノ事ハ認メ難キモ誘拐セラレクル旨訴フル者アリ又出帆後ノ嚴罰ヲ恐レテ船長ヲ訴ヘサルモノナラスヤト思ハルル旨報告ノ件
移住約定書・船貨渡書送達ノ件
四月十九日移住約定書
Translation
「マリヤ・ルス」號出帆差止ノ件
「マリヤ・ルス」號船長ヨリ婦國スヘキ旨申出タルニ付處置方伺ノ件竝ニ之ニ封スル指令趣旨下ケ札
歸國スヘキ旨申出ノ件
「マリヤ・ルス」號船長ニ係ル事件ノ處置ニ就テハ各國領事ト協議アリ度旨申出ノ件

문서	구력(舊曆)	신력(新曆)	발신자	수신자
208	7월 12일	8월 15일	大江神奈川縣参事	副島外務卿
附屬書		1872년 8월 13일	葡萄牙領事 イ·ロレイロ	神奈川縣令
209	7월 14일	8월 17일	神奈川縣令	林紳神奈川縣權典事, 神奈川縣法律顧問「ヒル」G. W. Hill
210	7월 18일	8월 21일	花房外務大丞	副島外務卿
211	7월 18일	8월 21일	大江神奈川縣權令	橫濱在勤各國領事葡國領事
			外務省法律顧問 スミス	副島外務卿
212	7월 19일	8월 22일	大江神奈川縣權令, 玉野司法權大判事, 花房外務大丞, 河野司法少丞, ヒール, 英葡蘭伊領事, ハンナン, リツキンス F. V. Dickins (フレデレッキデッギンス)	
附記				
213	7월 20일	8월 23일	マリヤルイ船壯師 フレデレッキ, ゼ, ジッキンス マリヤルイス船長 ヘレラー	神奈川縣廳
214	7월 20일	8월 23일	大江神奈川縣權令, 玉野司法權大判事, 花房外務大丞, 河野司法少丞, ヒール, 葡伊領事	白露國マリャルーシ船長 リカリドヘルロー
215	7월 22일	8월 25일	大江神奈川縣權令	橫濱在勤各國領事葡國領事
216	7월 23일	8월 26일	大江神奈川縣權令	太政官正院
附屬書				
附屬書			貫木慶, モクヒン, アクツク	
附屬書				
附屬書				
附屬書				
217	7월 23일	8월 26일	大江神奈川縣權令	橫濱在勤瑞西國總領事 シーボルフレンワルド

제목
葡國領事ヨリ申出アリタルニ關シ伺ノ件(「マリヤ・ルス」號抑留理由照會ノ件)
七月十日橫濱在勤葡國領事ヨリ神奈川縣令宛書翰
「マリヤ・ルス」號乘客支那人ノ訴訟ヲ承糾スヘ
「マリヤ・ルス」號船長・乘客・船ノ處置ニ關シ報告ノ件
「マリヤ・ルス」號抑留ハ乘客虐待事件糾明中ノ為ナル旨回答ノ件
葡領事へ返翰案
「マリヤ・ルス」號船長吟味書
七月十九日「マリヤ・ルス」號船長代言者送狀和繹文
「マリヤ・ルス」號船長ヨリ追加訴狀
「マリヤ・ルス」號船長吟味書
「マリヤ・ルス」號事件ニ關シ来會アリ度旨通知ノ件
「マリヤ・ルス]號事件處置ニ關シ伺ノ件竝ニ之對スル太政官決裁
別紙目録
七月二十三日「マリヤ・ルス」號乘客支那人「アートク」「モクヒン」吟味書
紳奈川縣廊吟味目安幷見込害案
右ニ對スル司法省見込附札
「マリヤ・ルス」號船長ニ對スル裁断案
「マリヤ・ルス」號處置見込案ニ關スル打合ノ件

문서	구력(舊曆)	신력(新曆)	발신자	수신자
218	7월 26일	8월 29일	佛國臨時代理公使	副島外務卿
219	7월 26일	8월 29일	橫濱在勤丁抹國總領事 E. De Bavier	大江神奈川縣權令
附屬書			E. de Bavier, Esq., His Danish Majesty's Consul ; E. Loureiro, Esq., His M. F. Majesty's Consul ; A. J. Bauduin, Esq., His Netherlands Majesty's Acting Consul ; F. Bruni, Esq., Italian Consul ; E. Zappe, Esq., His Imperial German Majesty's Acting Consul General ; C. 0. Shepard, Esq., U. S. Consul ; Russell Robertson, Esq., H. B. M. Consul	
附屬書			ED. Zappe	
220	7월 26일	8월 29일	橫濱在勤佛國總領事 ヲスカル コロー	大江神奈川縣權令
221	7월 27일	8월 30일	大江神奈川縣權令	橫濱在勤獨國總領事代理
附記				
222	7월 27일	8월 30일	「マリヤ・ルス」號船長	神奈川縣廳
223	7월 27일	8월 30일	神奈川縣廳	「マリヤ・ルス」號船長
224	7월 27일	8월 30일	澳門總督兼日本駐箚葡國公使	副島外務卿
附屬書				
225	7월 28일	8월 31일	米國公使 C. E. De Long	副島外務卿
附屬書		8월 30일	Ricardo Heriero	米國公使 C. E. De Long
226	7월 29일	9월 1일	副島外務卿卜米國公使館通譯官卜ノ對話書	
227	7월 30일	9월 2일	副島外務卿	米國公使
228	7월 30일	9월 2일	副島外務卿	佛國臨時代理公使
229	7월 30일	9월 2일 (3일?)	西班牙人「アルメロ」代人「マリヤ・ルス」號船長ヨリ神奈川縣令ヘノ 訴狀	

제목
「マリヤ・ルス」號乘客支那人ヲ歸船セシメラレ度旨申出ノ件
各國領事集議書寫・獨國總領事代理勤言書送付ノ件
七月二十六日各國領事集議書寫
獨國總領事代理勤言書 (神奈川縣廳裁決竝ニ中渡書ニ反對ノ件)
「マリヤ・ルス」號事件ニ封スル處置竝ニ船長ニ對スル裁判ニハ承服セサル旨申出ノ件
神奈川縣廳吟味目安竝見込書通リ裁判シ且申出アリタル異議ニ對シテハ後日釋明スル旨回答ノ件
七月二十七日裁判手續書
「マリヤ・ルス」號乘客支那人ヲ歸船セシメラレ度旨願出ノ件
「マリヤ・ルス」號乘客支那人ノ歸船ニ關シテハ其ノ件裁判ノ決定ニ俟ツヘキ旨ノ件
「マリヤ・ルス」號事件取扱ニ關シ異議申出ノ件
澳門ヨリ支那人移住ノ為ノ規則
「マリヤ・ルス」號事件裁判ニ關シ船長ノ依賴ニヨリ照會ノ件
七月二十七日「マリヤ・ルス」船長ヨリ米國公使宛書翰寫
米國公使ヨリ「マリヤ・ルス」號事件關係書類要求ノ件
米國公使ヨリ秘露國代表トシテ差出サレタル文書ハ受理致シ難ク「マリヤ・ルス」號乘客支那人ハ彼等ノ意志ニヨラサレハ歸船セシムル事能ハサル旨等回答ノ件
「マリヤ・ルス」號乘客支那人强ヒテ歸船セシムル事能ハサル旨等回答ノ件
「マリヤ・ルス」號乘客支那人對シ移民契約履行竝ニ吟味入費請求ノ件

문서	구력(舊曆)	신력(新曆)	발신자	수신자
230	8월 1일	9월 3일	米國公使	副島外務卿
附屬書		1870년 4월 13일	Department of State, Hamilton Fish	Charles E. De Long
231	8월 2일	9월 4일	神奈川縣廳	「マリヤ・ルス」號船長
232	8월 3일	9월 5일	副島外務卿ト英國臨時代理公使トノ對話書	
233	8월 4일	9월 6일	「マリヤ・ルス」號乘客支那人ヨリノ願書	大日本國憲台大人
234	8월 7일	9월 9일	副島外務卿ト米國公使トノ對話書	
235	8월 7일	9월 9일	「マリヤ・ルス」號乘客支那人「アフー」ノ代言人ヨリノ返答書	
236	8월 8일	9월 10일	「マリヤ・ルス」號船長ノ代言人ヨリ神奈川縣令ヘノ訴狀	
237	8월 8일	9월 10일	西班牙人「アルメロ」代人「マリヤ・ルス」號船長ノ代言人ヨリ神奈川縣令ヘノ訴狀	
238	8월 10일	9월 12일	太政官正院	大江神奈川縣權令
239	8월 12일	9월 14일	「マリヤ・ルス」號乘客支那人「スヱージャム」ノ代言人ヨリノ返答書, John N. Davison	
240	8월 12일	9월 14일	「マリヤ・ルス」號乘客支那人「リーチョン」ノ代言人ヨリノ返答書, John N. Davison	
241	8월 14일	9월 16일	大江神奈川縣權令	橫濱在勤各國領事
242	8월 15일	9월 17일	外國大丞等	橫濱在勤葡國領事
附屬書	8월 15일	9월 17일	外務卿	ウイスコント エス ヂヤヌワリヨ
243	8월 23일	9월 25일	副島外務卿	米國公使
244	8월 24일	9월 26일	神奈川縣廳	
245	8월 24일	9월 26일	鄭外務少記	柳原外務大丞
附記				

제목
「マリヤ・ルス」號事件關係書類ノ請求竝ニ秘露國ノ爲ニ斡旋スル事ハ米國國務卿ノ訓令ニ基キ既ニ日本政府件ニ通告濟ナル旨等申出ノ件
明治三年三月十三日米國國務卿ヨリ米國辨理公使宛書翰寫(秘露國外務卿ヨリ米國公使ニ秘露國公使事務取扱アル樣依賴アリタルニ付右事務執行スヘキ旨ノ件)
「マリヤ・ルス」號乘客支那人ニ對シ出訴ノ儀アラハ至急申立ヘキ旨ノ件
「マリヤ・ルス」號事件ニ關スル裁判書ハ至當ナル旨其他打合ノ件
本國ヘ送還アリ度旨願出ノ件
米國公使ノ秘露國事務取扱ニ關スル件
西班牙人「アルメロ」代人「マリヤ・ルス」號船長ヨリノ訴狀ハ棄却セラレ度旨ノ件
「マリヤ・ルス」號乘客支那人「スエージャム」ニ對シ移民契約履行損害賠償請求ノ件
「マリヤ・ルス」號乘客支那人「リーチョン」ニ對シ移民契約履行損害賠償請求ノ件
神奈川縣テ裁判所設置セラルルモ「マリヤ・ルス」號事件ハ從來通リ取扱フヘキ旨ノ件
移民契約履行損害賠償請求ニ應スル理由ナキ旨ノ件
移民契約履行損害賠償請求ニ應スル理由ナキ旨ノ件
「マリヤ・ルス」號船長ノ乘客支那人ニ對スル訴訟ノ裁判期日ヲ通知シ右裁判ニハ領事ノ立會ヲ請求セサル旨ノ件
副島外務卿ヨリ澳門總督兼日本駐箚葡國公使宛書翰傳達方依賴ノ件
八月十五日副島外務卿ヨリ澳門總督兼日本駐箚葡國公使宛書翰(「マリヤ・ルス」號事件裁判ハ葡國政府ノ支那移民取扱方ニ關スルモノニ非ス且右裁判ハ葡國政府ニ關係ナキ旨等回答ノ件)
在留秘露國民ノ爲ニ友誼ノ取扱兼務アルモ差支ナキ旨回答ノ件
「マリヤ・ルス」號船長ノ支那人乘客「リーチョン」「スエージャム」ニ對スル訴訟ノ裁判書
上海道臺ノ依賴ニヨリ淸國使節ト同道神戸ニ到着セル旨報告ノ件
八月十二日鄭外務少記ト淸國上海道臺トノ對話ノ槪略

문서	구력(舊曆)	신력(新曆)	발신자	수신자
246	8월 28일	9월 30일	副島外務卿	太政官正院
附屬書				
附屬書				
附屬書				
247	9월 1일	10월 3일	淸國使節	副島外務卿
248	9월 1일	10월 3일	神奈川裁判所	神奈川縣
附屬書		10월 2일	神奈川裁判所 西成慶	丁抹惣領事 イデ·ハウイール
249	9월 2일	10월 4일	副島外務卿, 柳原外務大丞	各國公使, 瑞西國總領事
250	9월 3일	10월 5일	大江神奈川縣權令	副島外務卿
附屬書				
附屬書				
251	9월 5일	10월 7일	大江神奈川縣權令	副島外務卿
252	9월 5일	10월 7일	大江神奈川縣權令	副島外務卿
253	9월 6일	10월 8일	橫演出張品川領事等	柳原外務大丞等
254	9월 7일	10월 9일	副島外務卿	大江神奈川縣權令
附屬書				
附屬書				
255	9월 10일	10월 12일	副島外務卿卜米國公使卜ノ對話書	
256	9월 13일	10월 15일	副島外務卿卜米國公使卜ノ對話書	
257	9월 13일	10월 15일	大江神奈川縣權令	副島外務卿
附屬書				

제목
清國使節到着ノ報告及贈品受納ニ關シ伺ノ件竝ニ之ニ對スル太政官指令
清國通商大臣ヨリ同國上海道臺ヘノ指令書陳福勳ヲ日本ニ派遣スヘキ旨ノ件
八月十五日清國通商大臣ヨリ陳福勳ヘノ委任狀(「マリヤ·ルス」號事件ニ就キ渡日折衝スヘキ旨ノ件
清國上海道臺ヨリ柳原外務大丞宛害翰(「マリヤ·ルス」琥事件ニ關シ使節ヲ派述セルニ付配慮アリ度旨ノ件)
「マリヤ·ルス」號乘客支那人ハ本國ニ帶回スヘク又船長ニ對スル罪狀ハ深究セサル旨申出竝ニ殘留ノ幼女取戾方依賴ノ件
丁抹國綿領事ヨリノ願出ニヨリ「マリヤ·ルス」號抑留方懸合ノ件
右ニ關スル丁抹國總領事ヨリノ願書
「マリヤ·ルス」號乘客支那人詞訟一件略書送付ノ件
「マリヤ·ルス」號乘客支那人ヨリノ蹄國歎願書課文送達ノ件
右歎願書和繹文
八月二十六日橫濱中華會館董事 ヨリノ右歎願書添書
「マリヤ·ルス」號乘客支那人幼女ハ既ニ船長ト共ニ 出帆セルニ付取戾方法無キ旨報告ノ件
清國使節ヘノ書翰案ノ添削ヲ請ヒ且丁抹國總領事ノ願出ニヨル「マリヤ·ルス」號抑留ハ解除セル旨報告ノ件
「マリヤ·ルス」號船長ノ支那人幼女帶同脱走ニ關スル處置等ニ就キ上申ノ件
改刪セル清國使節ヘノ書翰ヲ送付シ右漢繹ノ上達方指令ノ件
大江柳奈川縣權令ヨリ清國使節宛書翰(「マリヤ·ルス」號乘客支那人保護事情報知ノ件)
九月大江神奈川縣權令ヨリ清國使節宛書翰(「マリヤ·ルス」號乘組ノ支那人幼女ハ既ニ同船長ト共ニ 橫濱ヲ出帆セルニ付取戾方法無キ旨照會ノ件)
「マリヤ·ルス」號船長逃亡ニ付右船管理方ニ關スル件
「マリヤ·ルス」號竝ニ同船乘客支那人送還等ニ關スル件
「マリヤ·ルス」號乘客支那人引渡事情等報告ノ件
清國使節ヘ引渡シタル書類目錄

문서	구력(舊曆)	신력(新曆)	발신자	수신자
附記				
258	9월 14일	10월 16일	副島外務卿	大江神奈川縣權令
259	9월 15일	10월 17일	副島外務卿卜伊國公使卜ノ對話書	
260	9월 20일	10월 22일	副島外務卿	米國公使
261	9월 22일	10월 24일	橫濱在勤葡國領事	副島外務卿
附屬書				
262	9월 29일	10월 31일	米國公使	副島外務卿
263	9월 ?일		淸國使節	副島外務卿
264	10월 12일	11월 12일	大江神奈川縣權令	副島外務卿
265	10월 20일	11월 20일	米國公使	副島外務卿
266	10월 21일	11월 21일	副島外務卿	米國公使

제목
白露國船一件英文印行公告書
「マリヤ・ルス」號抑留ニ關スル丁抹國總領事ノ願出ハ取上ケサルニ付右船米國公使ニ引渡方指令ノ件
「マリヤ・ルス」號船長逃亡ニ付賤サレタル同船乘組水夫處置等ニ關スル件
秘露國ニ代リ米國公使ニ於テ「マリヤ・ルス」號引受アルモ異議無キ旨通知ノ件
澳門總督兼日本駐箚葡國公使ヨリ副島外務卿宛書翰傳達ノ件
九月八日澳門總督兼日本駐箚葡國公使跳別葡訓公使ヨリ副島外務卿宛書翰(澳門ニ於ケル支那移民ノ取扱ニ對スル日木政府ノ見解ニ滿足シ「マリヤ・ルス」號事件ノ公平ナル處分希望ノ件)
「マリヤ・ルス」號ニ米國人ヲ乘租マセ管理セシムル旨回答ノ件
支那人乘客ヲ帶回シ開帆セントスルニ當リ謝意表明ノ件
米國公使ノ申出ニ同意シ「マリヤ・ルス」號乘組水夫ヲ解雇シ香港ヘ送還スヘキ旨報告ノ件
「マリヤ・ルス」號乘組水夫解雇送還事情竝ニ同船管理方ニ關シ報告ノ件
「マリヤ・ルス」號乘組水夫解雇送還事情竝ニ同船管理方ニ關シ報告了承ノ件

6

『대의각미록(大義覺迷錄)』해석의 역사적 변천에 대한 일고찰(一考察)

'군신대의(君臣大義)'에서 '중화대의(中華大義)'까지

이동욱 동북아역사재단 연구위원

I. 머리말

청나라의 옹정제(1678~1735)가 편찬한『대의각미록(大義覺迷錄)』(1729)은 청 왕조와 옹정제 본인에 대한 한인 지식인들의 각종 비난을 하나하나 논박하고, '대의(大義)'로써 그들의 '어리석음을 깨우쳐 주어[覺迷]' 청 조정에 충성하도록 유도하기 위한 책이었다.[1]

필자는 선행연구에서 역사 문제로 인한 갈등을 해소하기 위한 시도라

는 측면에서 이 책을 분석한 바 있다.[2] 옹정제가 이 책을 편찬한 주된 의도는 첫째, 자신의 황위 계승을 둘러싼 유언비어에 대해 적극 해명하여 자신의 정통성을 주장하고, 둘째, 화이지변(華夷之辨)과 존왕양이(尊王攘夷)라는 유교 논리에 기초한 반청 사상을 비판하고 천명(天命) 사상과 오륜(五倫)의 첫 번째 덕목인 군신의 의리에 대한 강조, 화이일가(華夷一家)의 주장, 명·청 교체기에 대한 역사 내러티브의 수정 등을 통하여 청조의 중국 통치의 정당성을 주장하며, 그 밖에 봉건제 실시나 과거제 폐지 등을 제기하는 유교적 이상론을 논박하여 당시 청조의 통치 정책을 옹호하는 것이었다.

특히 족군(族群: ethnic group) 간 갈등의 해소와 통합 시도라는 측면에서 보자면, '화이일가'와 '군신대의'의 주장은 주목할 필요가 있다. 옹정제는 이 책을 통하여 청 제국이 화이일통(華夷一統)을 이루었기 때문에 더 이상 중화(中華)와 이적(夷狄)의 분별이 의미가 없으며, 군신 간의 의리가 곧 『춘추(春秋)』의 대의(大義)이므로 한인들은 천명을 받아 천하를 통치하는 청의 황제들을 이적(夷狄)이라 배척하지 말고 충성을 다해야 한다고 주장했다. 한인 지식인들의 배타적인 화이지변과 존왕양이 사상에 기초한 반청(反淸) 논리를 반박하고, 청이 명을 멸망시킨 원수가 아니라 이자성이 명을 멸망시킨 이후의 혼란을 수습하고 천하를 안정시킨 은인이었음을 주장함으로써 반청복명(反淸復明)의 정서를 해소하려 하였다.

또한 그는 이 책을 전국에 배포하여 정기적으로 강독하도록 하였다.

---

2 이동욱, 2019, 「『大義覺迷錄』에 나타난 청 옹정제의 滿漢갈등 해소논리」, 『중앙사론』 50; 이병택 편, 2020, 「청 옹정제의 만한(滿漢) 역사 갈등 해소 모델」, 『역사화해의 이정 표 1: 이론적 기초를 찾아서』, 동북아역사재단, 247~288쪽.

이러한 일련의 조치는 황제의 지시로 청조 지배하의 족군 간 '통합'을 강조하는 이데올로기를 만들어 배포하고, 백성들에게는 이를 의무적으로 학습하도록 하는, 일종의 톱다운(Top-down) 방식의 문제 해결 방식을 통해 명·청 교체의 역사를 통해 형성된 족군 간 갈등을 해소하려는 시도였다고 볼 수 있다. 그러나 그것은 만주족과 한족 간의 화해와 협력을 의미하는 것이 아닌, 한인들이 만주족 군주에 대한 신하의 의리를 지키고, 만주족의 통치에 순응하는 형태의 통합이었다.

그러나 이 책은 출판된 지 근 300년이 되어 가는 오늘날, 옹정제의 의도와는 또 다른 방식으로 다민족국가 중국의 민족 통합을 지지하는 중요한 전통사상 자원으로 재조명되고 있다. 20세기 말부터 중화민족주의가 강화되면서 옹정제의 '화이일가' 주장이 역사 속에서 '중화민족'을 구성하는 족군들 사이의 통합을 강조한 '민족이론'으로서 새삼 관심을 받고 있는 것이다.

사실, 옹정제가 '화이일가'를 강조했던 이유는 만주족 군주가 중국의 황제로서 군림하는 것의 정당성을 주장하기 위한 것으로서, 궁극적으로는 한인들의 이민족 군주에 대한 충성을 요구하기 위한 장치였다. '군신대의'의 주장이 『대의각미록』의 핵심이었던 것이다. 그러나 이 책에 대한 최근의 관심은 '중화민족의 통합'을 지지하는 '화이일가' 또는 '화이일통'에 초점이 맞추어져 있다. 만주족의 중국 통치를 정당화하기 위해 제시된 '화이일가'의 주장이 21세기에 들어서는 현대 중국을 구성하는 한족과 여러 소수민족이 역사적으로 한 집안(一家)을 이루며 통합되어 있었음을 증명하는 근거로서 소환되어 재조명되고 있는 것이다.

이 글에서는 이러한 현상의 역사적 맥락을 파악하기 위하여 만주족 통치자에 의한 '화이일가'의 천하 속에서 '군신대의'를 요구한 이 책이

21세기 들어 한족을 중심으로 하는 '중화민족'의 '화해(和諧)'와 통합을 지지하는 역사적 자원으로 전유되기까지, 『대의각미록』에 대한 해석의 초점이 각 시대의 정치적 상황 또는 정치적 필요성에 의해 변화되어 온 양상을 추적하고자 한다.

II. 『대의각미록』이 청대 화이질서 인식에 미친 영향

1728년, 궁벽한 산골의 한인(漢人) 지식인 쩡징(曾靜)의 반역 미수 사건이 일어나자, 옹정제는 쩡징을 처형하기보다는 그를 이용해 끊임없이 일어나는 한인들의 반청 움직임 및 자신의 황위 계승에 대한 악의적 소문들에 대응하기로 결심하였다. 결국 쩡징에 대한 심문과 공술(供述)의 형식을 빌어 황제와 한인 지식인 사이의 대화를 기록한 책을 편찬하였다. 앞서 언급했듯, 이 책은 궁극적으로는 청조의 중국 통치와 자신의 황위 계승에 정당성을 부여하기 위해 다양한 주장들을 다루고 있다. 특히 옹정제는 청조의 중국 통치를 정당화하고자 가깝게는 명의 멸망과 만주족의 입관(入關), 중원 정복이라는 과거사, 보다 장기적으로는 유교적 화이지변과 존왕양이, 그리고 복수론(復讎論)이라는 명분 등에서 비롯된 한인들의 반만(反滿) 논리를 같은 유교적 언어를 통해 논박함으로써 청조의 중국 통치를 정당화하고자 하였다.[3]

쩡징은 이미 작고한 유학자 뤼류량(呂留良)을 인용하여 이적(夷狄)을

---

3 이동욱, 2019, 「『大義覺迷錄』에 나타난 청 옹정제의 滿漢갈등 해소논리」, 『중앙사론』 50, 132~134쪽.

금수(禽獸)와 같은 존재이며, 공자가 저술한 춘추(春秋)의 미언대의(微言大義)는 존왕양이에 있다고 주장하였다. 만주족의 청 왕조를 중원에서 몰아내고 명나라의 후예를 찾아 왕조를 재건함으로써 중화를 부흥시키는 것이 춘추 대의의 실천이라는 것이었다.[4]

이에 대하여 옹정제는 하늘은 중화와 이적을 막론하고 덕이 있는 이에게 천명(天命)을 내려 천하를 통치하게 한다는 천명사상을 통해 만주족이 중원의 군주로 군림하게 된 것을 정당화하였다. 이어서 군주와 신하 간의 의리는 인간으로서 마땅히 지켜야 할 윤리의 첫 번째 덕목이라는 유교적 명분론(名分論)에 따른 군신대의를 강조하여 화(華)와 이(夷)를 구분하고 이적을 배척하는 것이 결국 대의에 어긋나는 패륜이라고 몰아갔다.[5]

한편, 화이(華夷)를 구별하는 것은 역대 왕조가 천하를 하나로 아우르지 못했기 때문에 서로를 배척하고 질시한 것에 불과하며, 청조가 만주와 몽골, 중원을 통합하여 이룩한 대일통(大一統)의 세계에서는 더 이상 화이의 구별이 무의미해졌다고 주장하였다.[6] 명·청 교체기 역사기억을 선택적으로 재구성해 만주족이 명을 멸망시킨 원수가 아니라 이자성의 반란으로 명나라가 멸망한 뒤 혼란에 빠진 중원을 안정시키고, 오히려 명나라의 마지막 황제 숭정제의 후손을 찾아 제사를 잇게 하고 후하게 대우해주는 등 은혜를 베풀어 왔음을 주장하였다.[7]

이러한 주장들은 한인들의 이민족에 대한 반감과 존명(尊明) 의식이

---

4   이동욱, 앞의 글, 144~150쪽.
5   이동욱, 위의 글, 152~159쪽.
6   이동욱, 위의 글, 159쪽.
7   이동욱, 위의 글, 160~165쪽.

혼합된 청조에 대한 저항 의식을 무력화시키려는 것이었다. 옹정제는 쩡징의 주장과 그에 대한 옹정제의 반박을 정리하여 『대의각미록』이라는 책으로 편찬하였다. 이 책을 전국에 유포하여 백성들에게 강제로 학습시킴으로써 한인들의 만주족에 대한 반발을 해소하고 만주족의 한족에 대한 통치를 공고히 하려 하였다. 아울러 반역죄를 저지른 쩡징과 그의 제자를 처형하는 대신 석방하여 전국을 순회하며 황제의 관용을 선전하도록 하였다.[8]

그러나 옹정제 사후 그의 아들 건륭제는 『대의각미록』의 전국적인 교육을 금지하였고, 이 책 또한 금서로 지정하였다. 그 배경으로는 화이론에 대한 반박보다는 옹정제의 즉위 과정에 대한 변명이 오히려 백성들 사이에서 새로운 억측과 풍문을 유발한 점이 지적된다.[9]

또한 건륭제는 옹정제가 스스로를 '이(夷)'라고 인정한 것을 부정적으로 인식하여 만주족을 가리켜 '이(夷)'로 지칭하는 행위를 금지하였다.[10] 대신 청나라의 간접 지배의 대상이 된 다른 민족들, 그리고 청나라 판도 밖의 민족들을 가리키는 용어로서 '夷'를 사용하였다.

이러한 새로운 용례의 빈번한 적용을 통해 만주족은 '중화(中華)'로 재탄생하고, 청나라의 주변 민족은 '이(夷)'로 정의되었다. 이는 옹정제가 『대의각미록』에서 '화(華)'와 '이(夷)'의 구별을 단순한 지리적 기준에 따라 구분하였는데 이것의 연속선상에 있는 것으로 파악할 수 있다.

---

8   조너선 D. 스펜스, 이준갑 옮김, 2004, 『반역의 책: 옹정제와 사상통제』, 이산, 311쪽; 이동욱, 위의 논문, 139쪽.

9   조너선 D. 스펜스, 이준갑 옮김, 2004, 위의 책, 316~317쪽.

10   王汎森, 2015, 「從曾靜案看18世紀前期的社會心態」, 『權力的毛細管作用: 清代的思想, 學術與心態(修訂版)』, 北京大學出版社, 342~343쪽.

리디아 류는 이러한 현상을 두고 '이(夷)'가 청 중기 이후 공문서에서 '오랑캐(Barbarian)'가 아닌 '외국인(Foreigner)'의 의미로 사용되었다고 주장한다.[11] 그는 청 중기 이후 청 정부에서 공식적으로 사용한 '夷' 개념은 전통적인 폄하의 의미가 제거된 '외국인(Foreigner)'의 뜻일 뿐이었는데, 서양인들의 의도된 오역과 오해를 통하여 'Barbarian'으로 번역되었으며, 결국 제2차 아편전쟁의 결과로 체결된 『톈진조약』(1858)에 청조의 공문서에는 서양인을 지칭하는 용어로 '夷(Barbarian)'라는 글자를 사용할 수 없다는 조항[12]이 포함되었다고 설명한다. 그러나 그의 주장은 중국의 오랜 화이지변이 청 조정의 노력에도 불구하고 생명력을 유지하여 청의 멸망에까지 영향을 끼쳤음을 떠올린다면 쉽게 동의하기 어렵다. 오히려 건륭제 이후의 청조 통치자들과 관료들이 만주족에 대하여 '夷'라는 용어를 사용하는 것을 금기시했다는 것은 이 시기의 '夷'라는 글자가 여전히 차별적인 뉘앙스를 담고 있었다는 것을 반증한다. 그보다는 청 조정이 문자옥(文字獄)을 비롯한 강력한 사상통제를 통하여 만주족 황제를 '중화제국'의 황제로 위치 짓고, 청조의 교화(敎化)를 입은 지역, 즉 청조의 통치 지역은 새로운 '중화'의 영역으로, 청조의 통치가 미치지 않는 곳은 '夷(Barbarian)'의 영역으로 재설정했다고 이해하는 것이 더 적절할 듯하다.[13]

어쨌든 『대의각미록』을 통해 문자화되고 구체화된 옹정제식 화이론,

---

11 리디아 류, 차태근 역, 2016, 『충돌하는 제국』, 글항아리.

12 "Treaty of Tientsin(1858)", *Treaties, Conventions, Etc., Between China and Foreign States*, vol 1, 2nd Edition, Published by Order of the Inspector General of Customs, p.404.

13 Yuanchong Wang, 2018, *Remaking the Chinese Empire: Manchu-Korean Relations, 1616-1911*, Cornell University Press.

즉 화이일가론과 '청조는 명 왕조와 한인들의 원수가 아니라 은인'이라는 식의 과거사 담론은 청대의 관변 이데올로기로 유지되었다. 옹정제 사후에도 건륭제에 의해 60여 년 동안 더 지속된 태평성대와 청조의 사상통제는 한인 지식인들의 청조에 대한 지지와 찬양 및 스스로에 대한 자아검열에 영향을 끼침으로써 청대의 기득권층인 신사(紳士) 계층 지식인들의 사상적 경향이 옹정제가 의도한 방향으로 발전하게 했다. 경세치용의 사상적 경향을 보이는 한인 지식인들, 장춘위(莊存與), 궁즈쩐(龔自珍), 웨이위안(魏源) 등 청 중·후기의 공양학자(公羊學者)들이나 쩡궈판(曾國藩) 같은 성리학자들이 청조의 대일통(大一統)을 찬양하며 옹정제의 화이일가, 화이일통 주장을 계승 발전시켰다. 그들에게 만주족은 중화의 통치자였으며, 청 왕조는 멀리 서북부 몽골의 준가르까지 정벌하여 중국의 판도를 크게 확장하는 위업을 달성한 정통 왕조였다.

결국 옹정제가 적극적으로 재해석한 화이일가와 대일통의 논리는 한인 지식인층의 일정한 지지를 획득하며 청말 입헌파의 대민족주의 및 오족공화론과 계승관계를 가지게 되었다. 물론 옹정제는 이러한 계승관계를 의도했던 것은 아니었다. 그의 '화이일가'는 만주족의 지배에 저항하는 강남(江南)의 한인 지식인들을 복종시키는 것이었으며, 만주족과 한인의 실질적인 평등 관계를 지향하는 것이 아니었다. 그가 주장한 '대일통' 역시 만주족과 한족, 몽골족의 일부에 제한된 것이었지, 이후 오족공화론에서 주장하는 것과 같은 만주족, 한족, 몽골족, 회족, 티베트족의 통합에까지 이른 것은 아니었다.[14] 결정적으로, 청말의 대민족주의와 중화민국의

---

14 송인주, 2020, 「옹정제의 사상투쟁-대의각미록의 화이론과 중외일통 이론」, 『인문과학』 77, 150~152쪽.

오족공화론, 중화민족론에서 민족 통합의 주체는 옹정제가 지배의 대상으로 여겼던 한인들이었으며, 다른 민족들은 한족에 동화되어야 할 대상으로 전락하였다.[15] 그 과정에서 만주족을 중심으로 한 국가 통합의 이데올로기는 한족을 중심으로 한 국가가 만주족을 포용해야 할 근거를 제시하기 위한 용도로 활용되기도 하였다.

한편, 옹정제가 『대의각미록』을 통해 설득하고 제거하려 했던 반청의 주장 역시 쉽게 사라지지 않고 생명력을 유지했다. 만주족을 몰아내자는 구호와 만한 대결의 관념은 기층사회에서 소외된 자들의 조직인 비밀결사의 기원 전설 및 입회의식 등에 면면히 이어져 내려와서 천지회 반란, 태평천국, 그리고 청조의 멸망을 초래한 신해혁명에 영향을 미쳤다.[16] 장기적으로 보자면, 옹정제가 논파하려 했던 '화이지변'과 양이(攘夷)의 논리는 청조의 회유와 탄압에도 불구하고 비밀결사, 태평천국, 청말의 혁명파로 계승되어 청조의 멸망을 불러왔던 것이다.[17]

---

15 김형종, 2001, 「淸末 革命派의 '反滿'革命論과 '五族共和'論」, 『중국근현대사연구』 12, 17쪽.

16 천지회를 비롯한 청대 비밀결사의 반청복명의 구호 및 이와 관련된 각종 전설에 대해서는 이평수, 2008, 「청대 비밀결사 천지회 연구: 1761~1900년 광동의 사례를 중심으로」, 성균관대학교 박사학위논문; 2014, 「청대 천지회 기원전설의 각색과 변천-인물과 이야기의 비교를 중심으로-」, 『명청사연구』(41) 참조.

17 이춘복, 2012, 「청대 만주본위의 민족정책과 문화충돌」, 『다문화컨텐츠연구』(12); 2013, 「청대 전기 華夷觀과 청조의 漢滿 융합」, 『다문화컨텐츠연구』(14); 2015, 「전통 화이관과 근대 민족주의의 연속성 연구」, 『중국근현대사연구』(68); 2016, 「청대 公羊學派의 대일통사상과 개혁파의 대민족주의」, 『중국근현대사연구』(71); 2016, 「청말 혁명파의 用夏變夷 논리체계와 그 적용범주 연구」, 『중앙사론』(44); 2016, 「중국 전통시대 '用夏變夷'사상의 論理와 그 전개 양상 연구」, 『중앙사론』(43) 참조.

III. 20세기 전반 민족국가 건설 시기의
『대의각미록』 해석

150여 년 동안 금서로 묶여 있었던 『대의각미록』이 다시 지식인들에게
언급되기 시작한 것은 일본으로 흘러들어갔던 이 책이 청말에 재발견되
고, 20세기 초 중국의 개혁을 추구하는 움직임이 입헌운동과 혁명운동으
로 발전하면서부터였다.[18] 『대의각미록』을 통해 만주족의 한족 지배의 정
당성을 설득하려 했던 옹정제의 의도와는 다르게 책에 대한 지식인들의
이해와 활용은 당시의 시대적 맥락 속에서 이루어졌으며, 책의 내용 자체
에 대한 독자의 입장은 화이관의 계승관계와 반드시 일치하지는 않았다.
예를 들어 캉유웨이 등과 함께 무술변법을 추진하다가 보수파의 반격으로
희생된 무술육군자(戊戌六君子) 중 한 명인 탄쓰퉁(譚嗣同)은 유신파 개혁
가이면서도 청조의 만행을 비판하는 글에서 다음과 같이 언급하고 있다.

> 『명계패사(明季稗史)』 중의 「양주십일기(揚州十日記)」, 「가정도성기략
> (嘉定屠城紀略)」은 겨우 한두 사건만 예를 든 것이다. 당시에는 군대를
> 풀어 분탕질을 치고 또 체발령(剃髮令)을 엄격하게 하였다···『남순록
> (南巡錄)』에 실린 음탕하고 무뢰한 모습은 수나라 양제, 명나라 무종과
> 크게 다르지 않았으며, 떳떳하지 못하고 금수와도 같은 행동은 『대의
> 각미록』에 잘 밝혀져 있다.[19]

---

18 조너선 D. 스펜스 지음, 이준갑 옮김, 2004, 『반역의 책: 옹정제와 사상통제』. 이산,
    315쪽; 王汎森, 2015, 「從曾靜案看18世紀前期的社會心態」, 『權力的毛細管作用: 清代的思想,
    學術與心態(修訂版)』, 北京大學出版社, 342~343쪽.

19 譚嗣同, 1998, 『仁學』(1896), 中州古籍出版社.

옹정제의 의도와 달리『대의각미록』에 기록된 유언비어들이 청나라의 잔혹하고 부도덕한 통치의 사례를 고발하는 데 인용되고 있었던 것이다. 사실 이는 옹정제 자신의 실수 때문이기도 했다. 왕판썬(王汎森)이 지적했듯, 청대의 법률에서 황제에게 올리는 공문서에는 황제를 비난하는 '대역무도'한 발언의 내용을 담을 수 없도록 되어 있었지만, 황제 자신이 이를 거리낌 없이 상유(上諭)와『대의각미록』에 적시하여 반포했기 때문이다. 옹정제와 청조에 대한 각종 유언비어들, 그리고 옹정제 스스로 밝힌 황실의 비사(祕史)들이 활자화되어 전국으로 확산되었고, 금서로 지정되었음에도 암암리에 유통되어 후세의 개혁가에게 '떳떳하지 못하고 금수와도 같은 행동'이라 비난받게 된 것이다.[20] 한편, 혁명파의 후한민(胡漢民)은 중국의 전제군주제와 군신의 의리를 강조하는 송대 이후 유학의 풍조가 "종족(種族)의 사상을 절멸시켜서" 중국이 진흥하지 못했다고 주장하였다. 청대에 '오랑캐의 추장'과 '한간(漢奸)'들이 모두 '군신의 명의'를 이용하여 '혹세무민'했는데, "『대의각미록』이 이치에 맞지 않음은 삼척동자도 모두 판단할 수 있으나 첫마디부터 군신의 명의를 찾으니 하늘과 땅의 법도처럼 움직일 수 없는 것이 되었다"는 것이다. 이 때문에 청초의 중국인들은 옛 왕조의 멸망에 슬픔을 느끼지 않는 자가 없었으나 결국 청나라의 통치에 순종하였고, 다시 200년이 지나자 쩡궈판, 줘종탕 같은 이들은 태평천국 운동 당시 "청인의 앞잡이가 되어 같은 종족을 학살하고도 그것을 당연한 의리(義理)라 생각하였다"고 주장하였다.[21]

20　王汎森, 2015,「從曾靜案看18世紀前期的社會心態」,『權力的毛細管作用: 清代的思想, 學術與心態(修訂版)』, 北京大學出版社, 317~321쪽.

21　胡漢民, 1905,「述侯官嚴氏最近政見」; 張枏 · 王忍之編, 1978,『辛亥革命前十年間時論選集』第二卷, 生活 · 讀書 · 新知三聯書店, 151쪽.

후한민은 한족 민족주의 혁명가의 입장에서 옹정제의 『대의각미록』 편찬 의도와 그 계승관계를 비판적으로 짚고 있었던 것이다. 인상적인 것은 옹정제가 군신대의(君臣大義)를 강조하여 화이관에 근거한 이민족에 대한 배타주의를 비판하였다면, 후한민은 이민족에 대한 배타주의를 현대 민족주의의 근간이 되는 '종족의 사상'으로 높게 평가하였다는 점이다. 이 '종족의 사상'이 전통시대 중국의 정치체제와 유가 사상의 억압을 받았기 때문에 옹정제 역시 '군신의 의리'를 내세워 민족주의적인 '양이(攘夷)'의 주장을 억압할 수 있었으며, 한족 지식인들은 유가의 오륜(五倫) 중 첫번째 윤리 규범이 군신의 의리를 지키는 것(君臣有義)임을 내세우며 이민족 군주를 섬길 것을 요구하는 옹정제의 주장에 꼼짝하지 못했다는 것이다.

반면, 같은 시기에 화이일가론을 견지한 캉유웨이는 만주족을 몰아내고 한인의 민족국가를 건설하자는 혁명 노선을 비판하며 광서제(光緖帝)를 중심으로 하는 입헌제를 주장하였다. 그는 만주족 등 이민족을 배제하고 한인만의 민족국가를 건설하자는 혁명파의 주장은 편협한 '소민족주의'라 비판하면서 한족과 만주족, 몽골, 회족, 티베트족을 포괄하여 민족국가를 건설하는 '대민족주의'만이 청조가 이룩한 중국의 판도를 계승하고 분열을 막을 수 있다고 주장하였다. 특히 만주족 배척을 반대하는 그의 주장은 『대의각미록』의 내용과 매우 유사하였다. 혁명파의 한 사람인 왕징웨이(汪精衛)는 캉유웨이의 「변혁명서(辯革命書)」가 '교활한 오랑캐 추장 인전(胤禛)'[22], 즉 옹정제가 직접 지은 『대의각미록』을 베꼈다고 주장하기도 하였다.[23]

---

22   精衛, 1907, 「雜駁新民叢報(續)」, 『民報』 第11號, 1600~1601쪽.

23   精衛, 1978, 「民族的國民」(1905), 張枬·王忍之編: 『辛亥革命前十年間時論選集』 第二卷, 北

1-a『대의각미록』: 본 왕조와 만주인의 관계는 중국에 적관(籍貫)이 있는 것과 같다. 순(舜)임금은 동이(東夷) 사람이고, 주 문왕(文王)은 서이(西夷) 사람이었지만, 그로 인해 성덕(聖德)에 손상을 입힌 일이 있었는가?

1-b「변혁명서」: 예나 지금이나 순임금은 동이 사람이고, 주 문왕은 서이 사람으로서 중국에 들어와서 주인이 되었다고 말한다. 소위 만주와 한인[의 차이]은 토착인(土籍)과 이주민(客籍)의 적관(籍貫)이 다른 것에 불과한 것과 같다.

2-a『대의각미록』: 한유(韓愈)가 말하기를, 중국이 이적(夷狄)과 같은 행동을 하면 이적이 되고, 이적이 중국과 같은 행동을 하면 중국이 된다고 하였다.

2-b「변혁명서」: 공자가 지은『춘추(春秋)』의 의리에 따르면 중국이 이적과 같이 행동하면 이(夷)로 여기고, 이(夷)라도 예의(禮義)가 있으면 중국으로 여긴다고 했다.

3-a『대의각미록』: 중국이 하나로 통일되었을 때에도 영역이 넓지 못했으며, 그중에 교화를 따르지 않는 경우에 그를 이적(夷狄)이라 비난했으니, 삼대(三代: 하·상·주 시대) 이전의 묘(苗), 형(荊), 초(楚), 험(玁), 윤(狁)은 지금의 후난(湖南), 후베이(湖北), 산시(山西) 등지에 있었다. 지금 이들을 이적이라 부를 수 있는가? 한(漢), 당(唐), 송(宋) 왕조의 전성기에 북적(北狄)과 서융(西戎)은 대대로

변방의 근심이었지만 신하로 복속시켜서 그 땅을 가지지 못했다. 우리 [청] 왕조가 중토에 들어와 주인이 된 이후 몽골의 극히 변방에 있는 각 부를 모두 합병하여 판도에 넣었으니 이는 중국의 강토가 멀리까지 개척된 것이다. 이는 중국 신민의 큰 행운인데, 어찌 아직도 화이(華夷)의 구분을 논하는가?

3-b 「변혁명서」: 중국은 과거 진(晉)나라 때 저(氐), 강(羌), 선비(鮮卑)가 중원에 들어와 주인이 된 적이 있으며, 북위(北魏)의 문제(文帝)가 [선비족의] 96개 큰 성씨(大姓)를 [중국식으로] 바꾸어 그 자손이 중토에 널리 퍼진 이가 천억 명에 이른다. 또 장강 이남의 오계만(五溪蠻)과 낙월(駱越), 민(閩), 광(廣) 지역은 모두 중국인과 여러 만족(蠻族)이 서로 뒤섞여 살아 지금은 구별할 수 없게 되었다. 국조(國朝: 청 왕조)가 만주, 몽골, 회강(回疆), 칭하이(青海), 티베트(藏衛) 등 만여 리에 걸친 땅을 개척하여서 중국의 판도가 넓어진 것이 한, 당, 송 명 왕조를 뛰어넘었다.[24]

인용문 〈1〉은 캉유웨이가 옹정제의 적관론, 즉 '화'와 '이'는 출신 지역에 따른 구분에 불과하다는 주장을 계승하였음을 보여준다. 〈2〉는 유교적 예(禮)와 의(義)의 행위 규범을 준수하는지의 여부에 따라 '이'가 '화'로 전환될 수 있으며, 혈통이나 지역에 따른 화이의 구분보다 더 중요한 것은 교화와 도덕성이라고 지적하면서 화이준별론을 논박하는 옹정제의 주장을 캉유웨이가 계승하고 있음을 보여준다. 〈3-b〉의 캉유웨이의 주장은

24 精衛, 1978, 「民族的國民」(1905), 張枏 · 王忍之 編: 『辛亥革命前十年間時論選集』第二卷, 北京: 生活 · 讀書 · 新知三聯書店.

옹정제의 주장 〈3-a〉와 유사하지만 한 걸음 더 나아간다. 중국은 과거에 이미 수차례 이민족의 지배를 받고 다양한 민족이 섞여 살며 현재의 한족을 이루게 되었으므로 화이의 구별은 의미가 없으며, 또한 청조는 광활한 영토의 개척을 통해 화이의 지리적 경계를 무너뜨려 하나로 통합했다는 것이다.

이상을 통해 볼 때, 캉유웨이가 실제로 『대의각미록』을 베꼈는지 여부를 떠나 캉유웨이가 주장하는 대민족주의가 옹정제가 확립한 화이일통 사상을 계승하고 있음은 분명해 보인다. 그러나 캉유웨이는 한 걸음 더 나아가 만주족 역시 중국인과 같은 뿌리를 가진 종족이라는 주장을 펼치며 청 왕조를 옹호하였다. 이는 만주족이 '이'이자 '외국'으로서 중원에 들어와 주인이 되었다고 주장하는 옹정제와는 다른 지점이었다. 예를 들어 옹정제는 "청조는 중외(中外)의 신민의 주인이니 화이를 분별하며 다르게 보아서는 안 된다"라고 말했고, 만주인들이 중국인과 엄연히 다른 종족이라는 것을 조금도 감추려 하지 않았다. 그러나 캉유웨이는 『사기(史記)』를 인용하여 "만주(滿洲)라는 종족은 하이(夏夷)에서 나왔다"고 주장하였다.[25] 캉유웨이의 대민족주의를 강력하게 비판한 왕징웨이는 이를 두고 캉유웨이가 옹정제를 베끼다 못해 왜곡하고 있다고 비난하였다.

왕징웨이의 캉유웨이에 대한 비판은 옹정제와 『대의각미록』에 대한 그의 부정적인 시각을 잘 드러내 준다. 왕징웨이가 보기에 만주족은 명나라를 멸망시킨 원수였다. 그는 옹정제가 『대의각미록』에서 한인의 비방을 피하려 노력했으나 단지 동이(東夷)가 나쁜 명칭이 아니므로 동이라는

25　精衛, 1978, 「民族的國民」(1905), 張枬·王忍之編: 『辛亥革命前十年間時論選集』 第二卷, 北京: 生活·讀書·新知三聯書店.

단어를 기휘(忌諱)할 필요가 없다고 주장했을 뿐이지, 한족에 동화하려는 마음이 없었다고 주장하였다. 또한 청나라 황제들은 화이를 분별하지 말 것을 강조했으나 사실 입관 전부터 만한의 경계를 매우 엄격히 나누어서, 역대 황제들의 상유에서는 매번 만주를 제일 높이면서 한족을 천시하고 차별대우했다고 하였다.[26]

그는 또한 만주족은 명나라 때 이미 별도의 나라를 이루고 있었고 중원을 정복한 이후에도 한족과 섞이지 않았으니, 이는 순임금이 동이이고 주 문왕이 서이였지만 중국에 들어와 중국인이 된 것과는 다른 경우라고 했다. 옛날 금나라와 몽골이 중국을 정복한 것이나 당시의 영국이 인도를 멸망시킨 경우, 러시아가 폴란드를 멸하고 프랑스가 월남을 멸망시킨 경우와 같이 외국이 중국을 정복하여 멸망시킨 것에 불과하다고 주장하였다.[27]

그는 만주족이 이처럼 외국으로서 중국을 멸망시켰을 뿐, 중국인과 동종이 아닌데도 캉유웨이와 량치차오가 망국의 백성이면서도 망국의 역사를 잊고 있다고 맹비난하였다. 중국인은 마땅히 만주족을 원수로 삼아야 하는데도,[28] 캉유웨이는 만주족이 중국 고대의 성인인 하우(夏禹)의 후손이라 주장하고, 량치차오는 만주인이 원래 중국의 신민이었으며 중국을 멸망시킨 적이 없다는 궤변을 늘어놓는다는 것이었다.[29]

이처럼 『대의각미록』과 옹정제의 화이일가론이라는 유산에 대한 찬반양론이 공존하고, 양측의 상호비방이 계속되었지만, 옹정제의 화이관

---

26 思古, 1908, 「論滿洲當明末時代於中國爲敵國」, 『民報』 第20號.

27 思古, 1908, 「論滿洲當明末時代於中國爲敵國」, 『民報』 第20號.

28 思古, 1908, 「論滿洲當明末時代於中國爲敵國」, 『民報』 第20號.

29 韋裔, 1907, 「辨滿人非中國之臣民」, 『民報』 第14號.

이 근대 중국의 화이관과 민족주의에 상당한 영향을 끼쳤음은 분명하다. 예를 들어, 진숭천(金松岑), 천취빙(陳去病) 등 캉유웨이의 무술변법에 동조하던 개혁론자들은 본격적으로 유럽의 민족주의 사조를 수입하기 이전인 1897년부터 청일전쟁 패배에 대한 설치(雪恥)를 강조하며 설치학회(雪恥學會)를 조직한 바 있다.[30] 즉 단일 민족에 의한 국민국가 건설을 주장한 청말 혁명파의 설치의 일차적 대상이 한족을 유린한 만주족이었던 것에 반해, 명확한 배만 혁명의 목적이 없었던 청말 개혁파들의 설치의 대상은 일본을 포함한 외세였던 것이다. 이는 그들이 청대의 '화이일통'으로 인해 확장된 청의 판도를 '중국' 또는 '중화'로, 서양과 일본, 러시아 등의 외국인을 '이'로 지칭하던 청 정부의 인식과 호칭을 그대로 수용하고 있었음을 보여준다. 차이점은 만주족을 '이'로 볼 것인가, 아닌가에 있었으며, 그에 따라 혁명파와 입헌 개헌파가 구상하는 '설치'의 내용 역시 달라졌다.

요컨대, 청말의 '설치'는 만주인에 대한 한인의 복수를 실현하는 차원과 부강한 국가를 건설해 외세에게 당한 치욕을 씻는 차원을 아우르는 문제였다. 혁명파에게 있어서 외세에게 당한 치욕을 씻기 위해서는 청일전쟁과 의화단 사건을 통해 부패와 무능이 폭로된 것으로 여겨지던 만주족 정권을 몰아내고 한인 중심의 민족국가를 건설하는 것이 급선무였다. 이는 청말 혁명운동의 중요한 지원세력이었던 천지회 계열의 반청복명 사상과 결합하여 '오랑캐를 몰아내자(驅除獯虜)'는 구호와 '중화를 부흥시키자(振興中華)'는 구호의 결합으로 나타났다. 반면, 캉유웨이를 위시한 입헌파에게 있어 만주족 정권을 몰아내는 것은 불필요하고 오히려 새로 건설할 국가와 '국민'의 범위를 축소하는 선택으로 보였다.

---

30 中國近代史稿編寫組, 1974, 『簡明中國近代史知識手冊』, 北京師範大學出版社, 259~260쪽.

그러나 전술한 설치학회의 회원들이 훗날 혁명파와 입헌파로 분화된 것에서 볼 수 있듯 양자의 경계는 모호했으며, 그것은 민족 건설(nation-building)과 국가 건설(state-building)의 과정에서 필요에 따라 선택적으로 전유될 수 있는 성질의 것이었다. 따라서 신해혁명이 성공하여 기존의 청 왕조가 전복되고 한족 주도의 국가인 중화민국이 수립되었을 때, 새로운 국가를 건설해야 하는 단계에 들어선 혁명파는 초기의 소민족주의 대신 입헌파의 대민족주의를 수용하여 오족공화(五族共和)를 표방하였다. 대체로 한족 중심의 '화이지변'과 양이론은 근대에 들어 배만(排滿) 민족주의 혁명에 영향을 준 전통적 사상 자원으로 기능했던 반면, '화이일가'의 주장은 중화민국 성립 이후의 국민 통합과 청 제국의 유산 계승을 지지할 논리적 근거가 되었다고 볼 수 있을 것이다. 이후 중화인민공화국과 타이완에 나뉘어 계승된 '청의 판도=중국=중화'라는 영토 관념도『대의각미록』이 강조했던 청대 화이일통론의 관념을 계승하여 중국과 외세를 구별하고 있다고 보아야 할 것이다.

신해혁명 성공 이후, 중화민국 정부가 공식적으로 오족공화론을 주창하면서 만주족은 더 이상 한족의 복수 대상이 아니었고 새로운 중국의 일부로서 한족과 공존하게 되었다. 옹정제의 화이일가론이 계승된 셈이었다. 그러나 오족공화론의 본질이 한족 중심의 동화정책인 이상, 만한의 관계는 역전되어 만주족은 한족에게 동화되어야 하는 대상으로 여겨졌다.

한편, 오족공화론의 채택을 통한 '화이일가' 주장의 계승과는 별개로 중화민국에 팽배한 한족 중심의 민족주의 혁명사관 속에서『대의각미록』에 대한 평가는 대체로 세 가지 부류로 나뉘었다.

첫째는『대의각미록』을 옹정제의 사상통제로 보는 것이었다. 캉유웨이의 제자로서 청말 입헌파의 주요 논객 중 한 명이었던 량치차오는

1920년대에 이르러 청대의 학술사를 정리하면서 옹정제와 건륭제 통치 시기를 '주권자가 인민의 사상에 간섭하기를 좋아하던 시대'라 규정하고 『대의각미록』과 옹정제에 대해 비판적인 인식을 드러내었다.

옹정제는 매우 의심이 많고 각박한 사람이었으며 매우 사나워서 형제들을 도살하고 대신을 주륙했으며, 사방으로 사람을 보내어 감시했다. (중략) 『대의각미록』은 뤼류량의 문생 쩡징과 변론한 내용을 담고 있다. 그 내용 중 가장 중요한 것은 '이적과 화하(夷夏)'의 문제를 따지는 것이었고 그다음은 봉건제도를 따지는 것이었으며 옹정제가 모친을 핍박하고 형제를 시해한 것 등의 죄악을 변호하는 내용 등이 담겨 있었다. 이 책에 따르면 쩡징은 완전히 설복되었으며 「귀인설(歸仁說)」을 지어 책의 뒤에 부록으로 담았다. 이에 옹정제는 쩡징을 사면했지만, 쩡징의 학설이 뤼류량에게서 나왔다고 하여 뤼류량을 부관참시하고 그 가족을 멸족했다. (중략) 한 명의 제왕으로서 직접 수십만 글자의 책을 써서 (중략) 표면상으로는 진리를 연구하고 서로 변론하는 것처럼 보인다. 제왕이라도 이러한 자유는 있다. 만약 이 두 권의 책만 읽는다면 우리는 그의 태도가 틀렸다고 할 수 없다. (중략) 그러나 그의 행동을 자세히 살펴보면 뤼류량을 참시하고 온 가족을 살해하였으며, 저작들 역시 모두 없애버렸으니 이것이 어떻게 학문을 토론하는 것인가?[31]

량치차오는 『대의각미록』이 '군신의 의리'로서 '종족의 사상'을 억압

---

31 梁啓超, 1924, 「中國近三百年學術史」, 『飮冰室專集』(75), 上海中華書局.

하려 한 책이라는 후한민의 평가와 마찬가지로 쩡징의 화이관에 대한 논박이 『대의각미록』에서 옹정제가 다루고자 한 가장 중요한 논점이었다고 이해했다. 후한민 등 혁명파와는 달리 옹정제에게도 진리의 연구와 토론의 자유는 있다고 인정하지만, 이 글에서 량치차오는 옹정제의 화이론을 특별히 긍정하고 있지도 않다. 옹정제가 주장한 내용 자체보다는 뤼류량을 부관참시하고 그의 유족들을 살해하였으며 저작들을 모두 없애버림으로써 학문과 사상의 자유를 탄압하였다는 점에 방점을 찍고 있다.

둘째는 옹정제의 『대의각미록』 편찬을 긍정하는 경우였다. 민국 시기의 청사 연구 대가 샤오이산(蕭一山)처럼 혁명사관에 뚜렷이 경도된 학술적 성향에도 불구하고, 옹정제가 한족을 탄압하기보다는 설득하려 하고 쩡징을 사면해 준 사례를 그의 아들 건륭제가 한족에 대해 대대적인 문자옥을 시행한 것과 비교하며, 옹정제가 강희제의 한족에 대한 관용 정책을 계승하여 만한 관계에 있어 '조화정책(調和政策)'을 펼쳤다고 평가하였다. 그러나 그는 옹정제의 화이론에 대해 특별한 평가를 내리지는 않았다.[32]

셋째는 옹정제가 『대의각미록』을 편찬한 본의를 의심하면서 이 책을 청대 황실 비사를 추적하는 자료로 활용하는 경우였다. 청사 연구의 또 다른 대가(大家)인 멍썬(孟森)은 이 책의 반포 의도를 반청 정서에 대한 청조의 정통성 확보보다는 옹정제 본인의 제위 계승 문제라고 보았다. 즉 옹정제가 아버지인 강희제와 어머니, 형제들을 죽음으로 몰아넣으면서 제위를 찬탈했다는 의혹을 변명하고자 이 책을 편찬한 것으로 간주하면서 이 책에 수록된 옹정제의 해명의 진실성을 의심하였다.[33] 그의 이러한

---

32   蕭一山, 1986, 『淸代通史』(上), 中華書局.

33   孟森, 2006, 「淸初三大疑案考實」, 『明淸史論著集刊(下)』, 中華書局, 383~437쪽.

태도는 중화민국의 민족주의 혁명사관 속에서 청조에 대한 역사학자들의 인식이 부정적인 선입관의 영향을 받은 측면도 있겠지만, 옹정제가 아버지를 시해하고 유조를 위조하여 즉위했다는 의혹이 후대에도 끊이지 않았음을 의미한다.

　이상에서 살펴본 것처럼 민국 시기의 『대의각미록』에 대한 학술적인 관심은 화이일가, 화이일통의 논리 자체보다는 『대의각미록』의 저술 의도에 대한 관심이 주된 것이었다. 물론 긍정적인 평가도 존재했지만, 대체로 옹정제의 제위 계승 문제 해명에 대한 의심, 그리고 표면적으로 『대의각미록』 출판을 통해 황제가 일개 서생과 직접 토론을 나누는 모습을 연출하였지만 실제로는 뤼류량 일가를 도살하고 그의 저작을 없애버리는 등 교활한 폭군으로서 옹정제의 이미지가 부각되었던 것이다.

IV. 1980년대 이래 대륙 학계의 재평가

중화민국 시대의 혁명사관하에서 옹정제의 『대의각미록』은 그리 긍정적인 평가를 받지 못했고, '화이일가론' 역시 학술적으로 큰 주목을 받지 못하였다. 1949년 중화인민공화국 건국 이후에도 『대의각미록』에 대한 평가는 반제·반봉건 혁명사관의 영향력 아래에서 "만주족 통치자가 반청 사상을 가진 지식분자를 탄압하고 청조 통치의 '합법성'을 변호한 행위의 산물", 나아가 "함풍제 이후 청조가 제국주의에 투항하는 이론적 근거를 창조하고, 현대에 장제스 등 각국의 지주자본계급 반동파들이 제국주의에 투항하는 이론 근거를 창조했다"는 식의 정치적인 색채가 농후한 평가

가 주류를 이루었다.[34]

이러한 평가는 1980년대 들어 허샤오팡(何曉芳)에 의해 크게 바뀌었다. 그는 옹정제의 『대의각미록』이 공자의 '존왕양이(尊王攘夷)'에서 비롯된 '화이지변(華夷之辨)'에 반대하고 '화이일가(華夷一家)'를 주창한 것은 중국 '민족사상(民族思想)' 발전사의 거대한 변화이자 중요한 성과라고 주장하였다. 따라서 "마르크스레닌주의의 민족이론에 의거한 민족 평등의 관점과 유물사관에 따라", "『대의각미록』에서 봉건적인 찌꺼기를 제거하고 그 우수한 사상적 성과를 계승하는 것은 사회주의 시기 각 민족의 공동발전과 번영에 십분 적극적인 의의를 가진다"고 주장하였다.[35]

공자가 제기한 '존왕양이'에서 옹정제의 '화이일가'로 이어지는 중국 민족사상(民族思想) 발전사 중에는 거대한 변화가 있었다. 그 사상적 성과를 진지하게 총결하고, 역사상의 민족관계를 과학적으로 해석하여 역사를 현실의 거울로 삼고, 나아가 중국민족 관계 발전의 규율을 이해하여⋯ 중국공산당이 제정한 일련의 민족정책의 정확성을 더 깊이 이해하고, 사회주의 시기 각 민족의 공동 발전과 번영에 복무할 수 있다. '옛것을 오늘날의 문제에 활용하는 것(古爲今用)'은 『대의각미록』을 연구하는 것의 현실적인 의의다.[36]

---

34 『文彙報』 1963.2.3; 何曉芳, 1986-02, 「論雍正的『大義覺迷錄』及其民族思想」, 『滿族研究』에서 재인용.

35 何曉芳, 1986, 「論雍正的『大義覺迷錄』及其民族思想」, 『滿族研究』 1986-02.

36 何曉芳, 1986, 위의 책.

허샤오팡은 옹정제가 유가 전통의 화이지변과 다른 민족사상을 제기하였으며, 청조가 만주인 것은 '중국에 적관이 있는 것과 같으며', 만주족과 한족을 일체(一體)로 보았다는 점을 높이 평가하였다. 종족이 아닌 오륜(五倫)이라는 윤리강령을 준칙으로 하여 오직 덕이 있는 사람이 천하의 군주가 될 수 있다고 주장하고, "화와 이는 모두 한 집안사람이므로 피차간에 경계를 나누어서는 안 된다"고 주장한 것은 청대의 성공적인 민족정책 이론의 총결이자, '중국 각 민족의 수천 년 동안의 정치, 경제, 문화 교류가 날로 밀접해지는 것이 사상적 영역에서 반영된 것'이었다는 것이다. 더 나아가 『대의각미록』이 만주족 통치자가 후세에게 남겨준 보배와 같은 정신적 유산이라 주장했다.

이후 『대의각미록』에 대한 중국 학계의 관심도는 상당 부분 화이일가론에 대한 천착으로 나타났다.[37] 화이일가론에 대한 긍정은 청대의 '대일통'에 대한 재해석으로 연결된다. 류샤오둥(劉曉東)은 역대 중국의 '대일통'을 전통 유가 사상에 따른 '존왕양이'의 대일통과 '화이의 협동(夷夏協同)'에 의한 대일통으로 구분하면서 청대의 대일통이 '중외일체(中外一體),

---

37 이 시기에 발표된 중국 학술계의 논저는 다음과 같은 것들이 있다: 郭成康, 「也談滿族漢化」, 『淸史硏究』 2000-2; 吳洪琳, 「試論雍正帝的民族思想-『大義覺迷錄』新解讀」, 『西北農林科技大學學報(社會科學版)』 2004-06; 周玲, 「從『大義覺迷錄』看雍正的民族思想」, 『文山師範高等專科學校學報』 2006-01; 欒洋 · 薑勝南, 「帝王眼中的華夷之分與君臣之倫-從『大義覺迷錄』看雍正的政治思想」, 『燕山大學學報(哲學社會科學版)』 2008-01; 庫曉慧, 「淺析淸代"華夷一家"的民族觀念-以『大義覺迷錄』爲視角」, 『河北靑年管理幹部學院學報』 2009-02; 林開強, 「華夷之別思想的辯駁與消弭-以淸雍正年間思想整合運動爲中心」, 『中華文化論壇』 2009-03; 劉曉東, 「"華夷一家"與新"大一統"」, 『學習與探索』 2011-02; 衣長春, 「論淸雍正帝的民族"大一統"觀-以『大義覺迷錄』爲中心的考察」, 『河北學刊』 2012-01; 韓東育, 2014, 「淸朝對"非漢世界"的"大中華"表達─從『大義覺迷錄』到『淸帝遜位詔書』」, 『中國邊疆史地硏究』, 24(4); 李治亭, 「"大一統"與"華夷之辨"的理論對決-『大義覺迷錄』解讀」, 『歷史檔案』 2021-2.

화이일가(華夷一家)'의 기초 위에서 성립된 후자의 대일통 이념이었다고 주장하였다. 나아가 만주족이 '화'와 '이', '내(內)'와 '외(外)'를 하나로 통일하면서 '중국'의 개념 역시 다시 정의되어 당대 중국의 기초를 이루었다고 높이 평가하였다.[38] 이러한 주장은 역대 중국의 '대일통' 이론을 체계적으로 분석한 결과라기보다는 『대의각미록』의 프레임, 즉 '존왕양이'를 『춘추』의 미언대의라고 주장하는 쩡징과 청조 치하에서 '화이일통'이 이루어졌음을 과시하는 옹정제의 대결 구도를 그대로 따온 듯한 인상을 준다.

물론 옹정제의 화이일가론이 전제군주제 치하에서의 민족 통합이었다는 시대적 한계를 강조하는 연구도 존재한다. 옹정제에게 있어서 '화'와 '이'는 모두 똑같이 천하일통(天下一統)을 이룬 제왕의 신하였으므로, 한족이든 만주족이든 군신 간의 윤리를 준수하여 자신에게 충성해야 한다고 요구하는 것이 옹정제의 화이일가론의 핵심이었다는 것이다.[39]

그러나 한둥위(韓東育)와 같은 연구자는 청대의 '화이일통'으로 인한 '중국' 개념의 변화가 현대 중국의 기초를 이루었다는 주장에서 한걸음 더 나아가 『대의각미록』의 화이관이 건륭시대에서 청의 멸망까지 일관되게 계승되었음을 강조한다. 그는 옹정제를 계승한 건륭제의 시대에는 만주족과 한족을 넘어서 몽골족, 회족 모두 자신의 신하라는 점을 들어 '만한일체(滿漢一體)'와 '화와 이에는 차이가 없음(華夷無間)'을 더욱 강조하였으며, 이들을 포괄하여 청조의 판도를 기초로 한 '대중화(大中華)'라는

---

38 劉曉東, 「"華夷一家"與新"大一統"」, 『學習與探索』 2011-02.

39 欒洋·薑勝南, 「帝王眼中的華夷之分與君臣之倫-從『大義覺迷錄』看雍正的政治思想」, 『燕山大學學報(哲學社會科學版)』 2008-01.

관념을 완성했다고 주장하였다. 청조에게 있어 '외이(外夷)'는 더 이상 청조 판도 안의 한족을 제외한 소수민족이 아닌, 러시아 등의 외국이었다는 것이다.[40] 그리고 그 결과가 신해혁명 당시 청조의 만주족 통치자가 직접 반포한 「청제손위조서(淸帝遜位詔書)」에서 '만(滿), 몽(蒙), 한(漢), 회(回), 장(藏) 다섯 민족의 완전한 영토를 합하여 하나의 대중화민국(大中華民國)으로 삼는다'는 내용을 적시하여 명확하게 '대중화(大中華)', '대중국(大中國)'의 개념을 제시한 것이라고 주장하였다.

사실, 「청제손위조서」에서 언급한 '대중화민국'의 '대(大)'가 과연 '대청국(大淸國)', '대한제국(大韓帝國)' 등 당시 국가명 앞에 관습적으로 붙이던 접두어에 불과한 것인지, 아니면 한둥위의 주장처럼 '중화' 또는 '중국'과 구별되는 '대중화', '대중국'을 의도하고 사용한 접두어인지에 대해서는 이론의 여지가 있다. 그럼에도 그는 옹정제의 『대의각미록』과 청말의 『손위조서』는 '천명'과 '인심'이 나라의 운명을 결정하였다는 판단 표준을 공유하고 있었으며, 천명과 인심을 따르고 '오족통합'을 유지하는 것이야말로 '중화대의(中華大義)'였다고 주장한다. 청조가 '화이일가론'으로 '대중화'를 형성하고, 신해혁명기에 남북 분열을 초래하지 않고 '오족통합'을 통해 현대 중국에 완정(完整)한 영토를 남겨준 것이 청 전기의 『대의각미록』과 청말의 『손위조서』를 하나로 관통하는 '중화대의'라는 것이다.[41]

그의 이러한 주장은 학술적이기보다는 정치적인 민족주의 서사이다. 그의 해석과 달리, 『대의각미록』에는 두 가지 대의(大義)가 등장할 뿐

---

40 韓東育, 2014, 「淸朝對"非漢世界"的"大中華"表達─從『大義覺迷錄』到『淸帝遜位詔書』」, 『中國邊疆史地硏究』, 24(4), 13쪽.

41 韓東育, 2014, 위의 책, 15~16쪽.

이다. 첫째는 쩡징이 뤼류량의 영향을 받아 『춘추』의 미언대의(微言大義)라고 확신했다고 주장하는 '존왕양이'라는 대의이며, 둘째는 옹정제가 그를 논파하기 위해 주장한 '군신대의', 즉 군신 간의 의리였다. 옹정제의 논리는 만주족 군주의 통치에 대한 한인의 순종을 의도한 것이었다. 게다가 그가 주창한 만한일가의 선언과 달리, 150여 년 뒤 혁명파와 입헌파의 논쟁을 통해 확인할 수 있듯, 청대의 역사 속에서 만한의 실질적인 '통합'은 이루어지지 않았다. 또한 옹정제 시대에는 준가르와 티베트 지역에 대한 정복이 이루어지지 않았기 때문에, 옹정제가 '오족통합'을 유지하고자 하였다는 것도 사실과 다르다.[42] 현대의 중화민족 개념을 시대를 거슬러 적용하여 '중화대의', 즉 중화민족의 통합이라는 대의를 위한 것이었다고 주장하는 것은 학술적이라기보다는 정치적인 주장에 불과하다.

최근에는 '동북공정'을 지휘한 원로 학자로 국내에도 잘 알려진 리즈팅(李治亭) 역시 『대의각미록』에 대한 짧은 글을 발표하였다.[43] 그는 기존의 청사 연구가 '문자옥'을 비판할 때에야 쩡징 사건을 언급하고, 옹정제를 평가할 때만 『대의각미록』을 인용하여 옹정제가 자신의 황위 찬탈에 대해 스스로를 변론하고 청조의 '정통'을 주장했음을 언급하고 있다고 비판한 뒤, 『대의각미록』의 가장 핵심은 "옹정제가 청조가 '대일통'을 실천하기 위한 이론을 개발하고, 그 자신의 새로운 민족관(民族觀)을 설명하는 동시에, 쩡징이 견지하고 있던 '화이지변(華夷之辨)'이라는 천년 이상 이

---

42   송인주, 2020, 「옹정제의 사상투쟁-대의각미록의 화이론과 중외일통 이론」, 『인문과학』 77, 150~152쪽.

43   李治亭, 2021-2, 「"大一統"與"華夷之辨"的理論對決 - 『大義覺迷錄』解讀」, 『歷史檔案』.

어져 내려온 전통 관념에 대하여 비판과 청산을 전개한 것"[44]이라고 주장하였다. 리즈팅은 이렇게 중대한 문제가 학계에서 충분히 중시되지 않고 있다고 주장하며, 쩡징과 옹정제의 '화이지변', '대일통', 이민족의 중국 지배, 그리고 '중국' 및 '중외'의 개념에 대한 논쟁들에 초점을 맞추어 『대의각미록』의 내용을 소개하였다. 이어서 그는 옹정제가 사실과 이론을 결합한 논증을 통하여 '화이일가'의 대일통 이론을 구축하고 중화민족의 사상 관념을 변혁하였으며 중국 역사의 발전 과정을 바꾸었다고 높이 평가하였다.[45]

사실 국내외의 선행연구와 비교해 볼 때, 그의 주장과 달리 학계는 이미 오래전부터 『대의각미록』의 '화이론'과 '대일통' 이론에 관심을 가져왔으며, 이 글은 2021년에 발표된 글로서는 크게 새로울 것이 없다. 오히려 글의 내용 자체보다는 「동북공정」을 주도한 학자로 잘 알려져 있는, 중국 학계에서 상당한 중량감을 가진 원로 연구자가 『대의각미록』의 화이일가 론 및 대일통 이론에 관심을 가지고 이를 정리하였다는 점에 의미를 부여할 수 있다. 현대 중국의 '변강사(邊疆史)' 및 '중화민족사' 연구에서 『대의각미록』이 가지는 가치를 확인할 수 있는 것이다.

이상과 같이 20세기 말부터 21세기에 걸쳐 『대의각미록』의 화이일가론과 대일통론은 중화민족의 통합을 강조하는 통일다민족국가론과 중화민족 대가정론, 그리고 최근의 '중화민족공동체' 이론을 지지하는 전통적 사상 자원으로 소환되었다. 이는 중국의 개혁개방 및 1980년대 말부터

---

44 李治亭, 2021-2, 「"大一統"與"華夷之辨"的理論對決 – 『大義覺迷錄』解讀」, 『歷史檔案』, 127쪽.

45 李治亭, 2021-2, 위의 책, 132쪽.

이어진 소련의 해체와 동구권의 붕괴로 인한 사회주의 이데올로기의 구심력 약화를 '중화민족주의'를 통해 보강하려는 흐름과 관련이 있다. 중화민족주의의 강화 흐름 속에서 과거 소련에서 수입한 민족이론을 넘어서서 중국의 전통시대에서부터 민족 통합과 소위 '대중화'의 이념이 형성되었다는 것을 강조하고, 그 사상 자원을 적극 활용하려는 흐름이 『대의각미록』에 대한 주목으로 나타나는 것이다.

사실, 청 왕조가 주장한 화이일가 내지는 만한일가(滿漢一家), 그리고 청의 통치자가 신민을 동등하게 대우한다는 '일시동인(一視同仁)'의 주장은 정치적인 수사였을 뿐, 실제 만주인과 한인 사이의 동등한 지위를 의미하지 않았다는 것은 잘 알려져 있다. 이는 반대로 현대의 '중화민족 대가정' 또는 '중화민족 공동체' 논리에도 마찬가지로 적용된다. 중화인민공화국 인구의 92%를 차지하는 한족과 기타 55개 소수민족 사이의 관계에 있어서, 여러 소수민족 우대 정책과 소수민족 문화 보호 정책이 존재하고 있음에도 중화인민공화국과 그들이 주장하는 '중화민족'이 근본적으로 한족 중심의 통합 논리라는 비판이 끊이지 않는다. 이는 청 멸망 이후 중화민국의 주권을 부정하거나 모호한 태도를 취하며 반독립적으로 존재하던 동투르키스탄(新疆) 및 티베트(西藏) 등지를 중화인민공화국 초기에 무력을 동원하여 '해방'했던 역사, 그리고 이를 계기로 한 티베트, 위구르 독립운동 및 한족의 대거 이주로 인한 민족 간 갈등의 심화 등과 밀접한 관련이 있다. 티베트와 위구르의 독립 의지를 억누르는 사상적 바탕이 '통일다민족국가' 이론과 '중화민족 대가정', '중화민족 공동체' 이론인 것이다.

이러한 연속성에도 불구하고, 청조가 제기한 '화이일가론'과 달리 '중화민족'의 주장은 태생적인 관제이데올로기는 아니었다. 오히려 19세기 말 20세기 초 문화제국으로서의 청 제국 해체와 국민국가로서의 '중국' 건설 과정에서 진행된 국민 만들기(nation building)와 국가 건설(state building)의 모색 속에서 지식인들의 논쟁을 거치며 형성되고, 20세기의 외침과 국가 분열, 특히 일본의 만주침략과 중일전쟁 속에서 중국의 지식인들이 스스로 발굴하고 강화해 왔던 민족주의적 역사 인식이었다.

그러나 이러한 역사 인식이 중화인민공화국 시기, 특히 개혁개방 이후 국가 통합 및 국민 통합의 이데올로기로 채택되어 강화되는 과정에서는 국민의 대부분을 차지하는 한족의 한인 왕조 중심 역사 인식과 관방에서 지향하는 '중국의 역사적 강역 안에서 일어난 역사로서의 중국사 및 중화민족사' 교육 방침 사이에서 괴리가 엿보인다.

예를 들어, 2000년대 초반 중화인민공화국의 한 역사실험교과서에서 금나라에 대항해 싸웠던 남송의 명장 악비(岳飛)나 원나라에 저항했던 문천상(文天祥)과 같은 인물은 중화민족의 영웅이 될 수 없다는 주장을 실으려 한다는 언론 보도가 나와 큰 논란이 일었던 적이 있다.[46] 그에 따르면, 그들은 중화민족의 일부였던 북방민족 여진족과 몽골족에 맞서 싸운 한족의 영웅일 뿐이며, 중화민족 전체의 영웅은 아니라는 것이었다. 이러한 주장은 수백 년 동안 그들을 충군애국(忠君愛國)의 상징이자 민족 영웅으로 인식해 왔던 한족 민중의 반발과 비난의 대상이 되었다. 결국 교과서에는 이러한 내용이 실리지 않았고, 악비는 여전히 충군애국을 실천한 민족 영웅으로 묘사되었다. 이 사건은 티베트와 위구르, 몽골 등 소수민족과 한족의 역사를 통합하여 중국사, 그리고 중화민족의 역사로 서술하고자 하는 중화인민공화국 교육부의 고심과 중국 인구의 92%를 차지하는 한

---

46 이와 관련한 논의는 송한용, 2011, 「'중화민족' 논하의 국민 통합과 갈등-민족 영웅 악비를 중심으로-」, 『역사학연구』 41 참조.

족 민중의 민족주의 정서 사이의 충돌로 읽힌다. 티베트와 위구르 등 소수민족의 독립의식을 억누르는 이데올로기로 작용하는 '통일다민족국가'론과 '중화민족 대가정'론을 강화하기 위한 노력이 오히려 전통적인 화이지변에 기반한 중화주의적 역사관과 충돌을 일으킨 것이다.

이러한 상황 속에서 화이일가론은 역설적으로 현대의 '중화민족 대가정'이나 '중화민족 공동체'와 유사한 내용을 가지는 전통적 사상 자원으로서 활용 가치를 가진다. 그러나 이는 한편으로 정부에서 국가 통합과 국민 통합을 유지하기 위한 '통합'의 이데올로기를 제작하여 배포, 교육하는 것이 소수 집단뿐 아니라 주류 집단에서도 그리 단순하게 수용되지 않을 수 있음을 보여준다.

다시 말하자면, 전통적인 화이지변과 청 왕조의 유산인 화이일가론의 길항은 현대 중국에서도 계속되고 있는 셈이다. 아이러니컬하게도 화이일가론을 주창하는 주체가 만한일가를 내세우던 만주족 지배자에서 당시의 피지배층이자 설득 대상이었던 한족 중심의 국가로 바뀌었을 뿐이다. 그 과정에서 만주족이 세운 청 왕조가 한인 통치를 위해 내세운 이데올로기는 21세기 중국의 민족 통합을 지지하는 전통사상 자원으로 재평가되어 재활용되고 있다.

V. 맺음말

『대의각미록』은 '화이일가'와 '군신대의'를 강조하며 한인 지식인들의 화이지변(華夷之辯)과 존명(尊明) 사상에 기초한 반청 의식을 논파하기 위해 간행, 반포된 책이었다. 이 책을 통해 주창된 옹정제의 화이일가 논리는 청조의 대일통을 지지하는 한인 지식인층에게 수용되어 오족공화론(五族共和論) 및 중화민족론으로 계승되었다. 그러나 그가 논파하려 했던 한인들의 배타적 화이관 역시 청대를 거치면서 소멸되지 않고 현재까지도 한족 민족정서의 기저에 깊이 뿌리내리고 있다.

250여 년 전 만주족의 중국 통치에 반발하는 한인 지식인들의 이념적 공격을 반박하고 한인 대중들이 만주족에 충성하도록 설득하기 위해 반포되었던 『대의각미록』은 20세기 초엽 이후 100여 년 동안 시대 상황과 국내의 정치적 필요에 따라 소환되어 재해석되었다. 20세기 초엽 중국에서 민족국가 건설에 대한 논의가 활발하게 진행될 때에는 청 왕조를 유지한 채 입헌군주제 개혁을 실시하자는 입헌파의 대민족주의 및 오족공화 주장으로 계승되어 공화혁명을 주장하는 혁명파의 비난과 공격의 대상이 되었다.

옹정제의 화이일가론과 대일통론은 건륭제에 의해 『대의각미록』이 금서로 지정되어 회수된 것과 달리 청대의 관변이데올로기로 계승 발전, 신해혁명 성공 이후에도 청조의 판도와 함께 중화민국에 계승되어 오족공화론 및 중화민족론으로 발전하였다. 그러나 정작 『대의각미록』과 옹정제는 중화민국 시기 민족주의 혁명사관 및 한족 중심 중화민족주의의 영향을 받아 부정적으로 평가되는 경향이 있었고, 이 책의 화이론 역시 별다른 주목을 받지 못하였다.

옹정제의 화이론과 『대의각미록』이 재평가되고 다시 주목받게 된 것은 20세기 말, 중국의 개혁개방과 사회주의권의 몰락으로 인해 관변에서 중화민족주의를 강조하던 시점이었다. 만주족의 한인 통치를 합리화하기 위해 제작하고 유포한 '화이일가'라는 청조의 관제이데올로기는 한때 반청 지식인을 탄압하고 '제국주의에 투항하는 이론 근거를 창조한' 책으로 공격받았으나, 21세기 들어 한족을 중심으로 하는 '중화민족'의 '화해 (和諧)'와 통합을 지지하는 사상 자원으로 새롭게 부각되고 있다. 거칠게 말하자면, 만주족 중심의 국가 통합을 위해 편찬되었던 책이 한족을 중심 으로 하는 56개 민족의 통합 이론으로서 재해석되고 있는 것이다. 역사의 아이러니라 할 수 있다.

참고문헌

1. 1차자료

淸雍正帝 撰, 1967(民國56), 「大義覺迷錄」, 沈雲龍 主編, 『近代中國史料叢刊』第36輯, 臺
　　北: 文海出版社, 影印本.

『大淸世宗憲(雍正)皇帝實錄』, 華文書局, 1964.

中國第一歷史檔案館 編, 1989, 『雍正朝漢文硃批奏摺彙編』, 江蘇古籍出版社.

上海書店出版社編, 2011, 『淸代文字獄檔』, 上海書店出版社.

譚嗣同, 1998, 『仁學』(1896), 中州古籍出版社.

梁啓超, 1924, 「中國近三百年學術史」, 『飮冰室專集』(75), 上海中華書局.

思古, 1908, 「論滿洲當明末時代於中國爲敵國」, 『民報』第20號.

韋裔, 1907, 「辨滿人非中國之臣民」, 『民報』第14號.

精衛, 1978, 「民族的國民」(1905), 張枬·王忍之編: 『辛亥革命前十年間時論選集』第二卷,
　　北京: 生活·讀書·新知三聯書店.

精衛, 1907, 「雜駁新民叢報(續)」, 『民報』第11號.

胡漢民, 1978, 「述侯官嚴氏最近政見」(1905), 張枬·王忍之編: 『辛亥革命前十年間時論選
　　集』第二卷, 生活·讀書·新知三聯書店.

2. 단행본

Jonathan D. Spence, 2001, Treason by the Book, New York: Viking; 조너선 D. 스펜스 지음,
　　이준갑 옮김, 2004, 『반역의 책: 옹정제와 사상통제』. 이산.

葛兆光 지음, 이원석 옮김, 2012, 『이 중국에 거하라』, 글항아리.

옹정제 지음, 이형준 외 옮김, 2021, 『대의각미록』, 도서출판 비.

羅志田, 1998, 『民族主義與近代中國思想』, 三民書局.

孟森, 2006, 「淸初三大疑案考實」, 『明淸史論著集刊(下)』, 中華書局,

蕭一山, 1986, 『淸代通史』(上), 中華書局.

王汎森, 2015,『權力的毛細管作用: 清代的思想·學術與心態(修訂版)』, 北京大學出版社.

中國近代史稿編寫組, 1974,『簡明中國近代史知識手冊』, 北京師範大學出版社.

3. 논문

羅志田, 1996,「夷夏之辨的開放與封閉」,『中國文化』(2).

史曜菖,「棺蓋, 論未定: 清代呂留良(1629-1683)思想·形象的抗拒與接

邵東方,「清世宗《大義覺迷錄》重要觀念之探討」,『漢學研究』, 1999年2期.

蕭敏如, 2008,「從「滿漢」到「中西」: 1644~1861 清代《春秋》學華夷觀研究」, 國立臺灣大學
　　文學院中國文學研究所博士論文.

小野川秀美, 1958,「雍正帝と大義覺迷錄」,『東洋史研究』16(4).

송인주, 2020, 「옹정제의 사상투쟁_대의각미록의 화이론과 중외일통 이론」, 『인문과학』
　　77.

송한용, 2011, 「'중화민족' 논하의 국민통합과 갈등-민족영웅 악비를 중심으로-」, 『역사
　　학연구』41.

史曜菖, 2010,「棺蓋, 論未定 : 清代呂留良(1629-1683)思想·形象的抗拒與接受」, 國立中
　　央大學歷史學研究所碩士論文.

楊向奎,「論呂留良」,『史學月刊』, 1984年4期.

吳冠倫, 2014,「《大義覺迷錄》的種族觀與社會記憶」, 國立中正大學歷史學研究所碩士論文.

吳志鏗, 1994,「清代前期滿洲本位政策的擬定與調整」,『國立臺灣師範大學歷史學報』22.

溫智,「國恥: 一個時代話語的緣起及影響」,『學術論壇』2011年11期.

王力堅, 2016,「清初漢文人心態的轉變及其對詩詞風氣的影響-以康熙十八年(1679)博學鴻
　　儒科為考察中心」,『中國文哲研究集刊』49.

王俊義,「雍正對曾靜·呂留良案的「出奇料理」與呂留良研究兼-論文字獄對清代思想文化發

展之影響」,『中國社會科學院研究生院學報』, 2001年2期.

柳鏞泰, 2015, 「四夷藩屬을 中華領土로-民國時期 中國의 領土想像과 동아시아 인식」,『동양사학연구』130.

閔斗基, 1964, 「『大義覺迷錄』에 대하여」,『진단학보』25.

이동욱, 2019, 「『大義覺迷錄』에 나타난 청 옹정제의 滿漢갈등 해소논리」,『중앙사론』50.

_____, 2020, 「청 옹정제의 만한(滿漢) 역사 갈등 해소 모델」, 이병택 편,『역사화해의 이정표 1: 이론적 기초를 찾아서』, 동북아역사재단.

衣長春, 「論淸雍正帝的民族"大一統"觀──以《大義覺迷錄》爲中心的考察」,『河北學刊』2012年01期.

이춘복, 2012, 「청대 만주본위의 민족정책과 문화충돌」,『다문화컨텐츠연구』12.

_____, 2013, 「청대 전기 華夷觀과 청조의 滿漢융합」,『다문화컨텐츠연구』14.

_____, 2015, 「전통 화이관과 근대 민족주의의 연속성 연구」,『중국근현대사연구』68.

_____, 2016, 「청대 公羊學派의 대일통사상과 개혁파의 대민족주의」,『중국근현대사연구』71.

_____, 2016, 「청말 혁명파의 用夏變夷논리체계와 그 적용범주 연구」,『중앙사론』44.

_____, 2016, 「중국 전통시대 '用夏變夷'사상의 論理와 그 전개 양상 연구」,『중앙사론』43.

李治亭, 「"大一統"與"華夷之辨"的理論對決-『大義覺迷錄』解讀」,『歷史檔案』2021-2.

張其賢, 2009, 「「中國」槪念與「華夷」之辨的歷史探討」, 國立臺灣大學社會科學院政治學系博士論文.

張丹丹, 2015, 「《大义觉迷录》的理论与实践」, 东北师范大学博士学位论文.

张日娟, 2018, 「《大义觉迷录》中华夷观问题之探讨」, 国立中央大学历史研究所硕士论文.

馮爾康, 「曾靜投書案與呂留良文字獄論述」,『南開學報』1982年5期.

何曉芳, 「論雍正的『大義覺迷錄』及其民族思想」,『滿族研究』1986年2期.

韓東育, 2018, 「淸朝對"非漢世界"的"大中華"表達─從《大義覺迷錄》到《淸帝遜位詔書》」,『中國邊疆史地研究』2014年04期; 仙石知子 訳, 「淸朝の「非漢民族世界」における「大中華」の表現─『大義覚迷録』から『淸帝遜位詔書』まで」,『北東アジア研究』別冊第4号.

7

오키나와의 파토스와 화해의 도정

현선 전북대학교 일본학과 강사

I. 머리말

오키나와(沖繩)는 외세 침략과 식민지배의 역사적 굴레에서 폭력과 저항
의 반복된 경험으로 말미암아 여러 결의 파토스(Pathos)가 견고하게 내재
된 곳이다. 이 연구는 오키나와의 갈등과 그로 인해 적체된 파토스의 제
양상을 살펴보고자 한다. 오키나와인의 삶과 죽음, 살아남은 자의 전쟁 기
억 등을 사유하는 것은 오키나와의 잠재적 트라우마의 치유 가능성과 화
해를 모색하는 일이 될 것이다.

　이 연구는 오키나와 속 인종문제, 역사인식, 다양한 힘의 역학관계 등

　이 글은 「오키나와의 파토스와 화해의 도정」(『비교일본학』 제52집, 2021)을 수정·보완한
　것이다.

2부 동북아시아의 한·중·일 사례　255

을 고려하여 보다 중층적인 구조에서 오키나와의 모습을 발견해 내고자 한다. 오키나와에 대한 정체성 문제는 지속적으로 제기되어 왔다. 내부적으로 오키나와인은 1972년 미군정이 끝나고 일본 반환 이후 본인의 정체성에 대해 고민해 왔다. 이러한 고민은 지사 선거와 같은 선거의 구도 양상으로 나타나기도 한다.

오키나와 내부에서 발원하는 정체성 문제는 독립, 지리 공간, 경제 등의 문제로 나타난다. 이는 1879년 '류큐처분(琉球處分)'[1]이라는 역사적 경험과 미군정 시기 군사기지를 짓기 위해 삶의 터전을 강제 이주한 경험에서 비롯한 반감의 정서가 누적된 결과라고 볼 수 있다. 여기에 일본과 미국에 의한 피지배의 경험, 지역과 인종 차별의 경험 등이 결합하였다. 다른 한편에서는 일본 본토 혹은 미군정과 화합하여 평화와 번영을 염원하는 목소리가 있다. 이들의 목소리는 오키나와가 지리와 이념상의 경계에 놓여 있어 항상 긴장 상태를 유지해야 하는 경험을 벗어나고 싶은 열망에 연유한다. 이처럼 오키나와의 내부에서조차 결이 다른 목소리가 팽배하면서 오키나와의 정체성 문제는 다양한 파토스의 복합적인 구성체로 만들어져 난해해 보인다.

일본에서 오키나와의 지위는 모호하다. 미국은 제2차 세계대전 이후 오키나와를 전략적 요충지로 간주하여 핵심적인 기지로 삼았다. 오키나와는 아시아에서 미국의 세계 패권을 가장 집약적으로 보여주는 지역이다. 메이지유신(1868) 이후 일본은 '탈아입구(脫亜入欧)'를 목표로 근대

---

1 일본은 1879년 3월 경찰과 군인 등 약 600명을 동원해 무력적 위압 상태에서 '류큐번을 폐지하고 오키나와현을 설치한다'는 폐번치현 명령을 일방적으로 전달하고, 일본 영토로 편입시켜 오키나와현을 설치하였다. 이때 대의명분으로 내세운 것은 민족통일과 근대화였지만 이는 봉건적 신분에 따른 사회경제적 특권의 폐지를 의미했다.

화를 추진하였는데 '입구'의 구도가 바뀐 계기는 태평양전쟁에서의 패전이었다. 미국의 점령통치를 경험한 일본인에게 "미국이 곧 서양이 되었고, 일본은 '입미(入美)'로 궤도 수정[2]을 하였다. 이와 같이 "동화주의와 압축적 근대화의 침략 이데올로기"[3]는 아시아 식민지 국가들에게 가혹한 희생과 전쟁의 상흔을 안겨주었다.

위와 같은 점을 고려하여 이 연구에서는 오키나와 아이덴티티 문제에 천착해 온 작가 오시로 다쓰히로(大城立裕), 오키나와 문제를 작품 속에 융해시키며 오키나와의 현재를 극명하게 보여주고 있는 메도루마 슌(目取真俊)의 텍스트에 주목하였다. '왜 동아시아가 오키나와에 주목하는가', '왜 우리는 오키나와에 대한 정체성을 규정하려고 하는가'에 의문을 품고 '역사화해' 차원에서 조명해 보고자 한다. 앞의 질문은 다시 '오키나와는 누구에게 분노하는가'와 '오키나와는 누구와 화해할 것인가'에 대한 의문으로 변환하여 그에 대한 답을 구하고자 한다.

첫째, '제국의 식민지-오키나와는 존재하는가'를 염두에 두고 파토스의 집성체인 오키나와를 파헤친다. 오키나와의 통증과 경험을 더듬는 일은 파토스의 저수지, 출구 없는 정체성과의 마주침이기도 하다. 오키나와에 응축된 오랜 갈등과 분노는 '누구에게 분노하는가', '누구를 향한 원념인가'의 문제로 이어진다. 이것은 화해 문제와도 연결된다. 대상이 있어야 화해도 가능한데 그 대상이 국가, 민주주의, 자유와 같은 실체 없는 모호한 대상이다 보니 분노, 슬픔 등의 파토스는 복잡해질 수밖에 없다. 이러한 균열은 오키나와에 복수의 주체를 배태하여 혼돈을 야기시켰고, 생존

---

2 윤상인, 2009, 『문학과 근대와 일본』, 문학과지성사, 208쪽.
3 가와미츠 신이치, 이지원 역, 2014, 『오키나와에서 말한다』, 이담, 252쪽.

을 위한 행위는 오키나와의 일상적인 저항으로 연결되었다.

둘째, '오키나와 인식'에 초점을 맞추어 침묵하는 파토스의 실체, 삶의 영토에 대한 의문을 풀어가고자 한다. 치유와 평화의 섬 만들기, 그리고 평온의 외피를 씌우기 위해 침묵과 눈감기를 자행해 왔던 그곳에는 모호한 용서와 형식적인 애도, 침묵이 자리한다. 그렇기 때문에 역사의 흔적과 통절한 기억이 갇혀 있는 지표면에서 '오키나와 마주하기'는 내재한 여러 문제의식과의 대면을 의미한다.

이 연구는 기존의 연구를 토대로 '파토스'와 '화해'에 관한 논의를 확장할 것이다. 지금까지 오키나와와 관련한 연구는 다양한 분야에서 상당량이 축적되었다. 이 연구의 주제가 여러 분야의 선행연구와 접점을 이루고 있는 만큼 연구사 검토를 하기가 어려운 점이 있다. 따라서 본론에서는 필요에 따라 선행연구를 언급하면서 논의를 전개할 것이다.

오키나와에서 일어난 전쟁의 상흔과 그로 인한 오키나와인의 삶과 죽음, 살아남은 자들의 전쟁 기억 등을 현재적 시점에서 사유하면서 오키나와의 파토스와 그 실체를 응시하는 일은 오키나와의 화해와 공존을 위해 필요하다. 이를 통해 그들의 총체적 삶에 대한 관심 및 오키나와의 역사가 우리와 무관한 것이 아니라 역사에 드리워진 무게와 함께 밀접한 내적 연계를 가지고 있음을 확인할 수 있을 것이다. 구체적으로는 굴곡의 역사를 겪은 오키나와인의 분노와 슬픔 등의 파토스를 통해 오키나와의 균열을 직시하고, 화합과 연대의 장으로 나아가기 위한 노정을 모색하는 일이 될 것이다.

II. 파토스의 집성체, 오키나와

오키나와의 역사는 굴곡의 연속이었다.[4] 오키나와를 둘러싼 논쟁을 이해하려면 역사의 발자취를 더듬어 볼 필요가 있다. 특히 근대 일본국가에 병합되면서 그들은 일본인이 되기 위해 그들의 문화, 즉 "'오키나와다움'을 버리는 자기부정을 강요당했다. 무엇보다 1945년 오키나와는 미군의 일본 본토 공격을 저지하고 국체(國體, national polity), 즉 천황제를 사수하기 위해 희생"[5]된 역사의 통증이 마멸되지 않고 있다.

오키나와인에게 오키나와 전투(沖繩戰, Battle of Okinawa)[6]는 혼돈과 충격이었다. 일본 본토를 지켜내기 위해 일본군은 오키나와를 군사기지화했고 오키나와인은 전쟁의 참화 속에 내던져졌다. 그들은 일본군에게 무참히 희생당했고, 미군에게도 희생당하는 이중의 희생을 감내할 수밖에 없었다.

---

4 중국의 명·청 왕조와 긴밀한 관계를 맺었던 독립왕국 시대(1372~1874), 중국과 일본 양쪽과 관계했지만 사실상 일본 남부의 사쓰마(薩摩)번의 지배를 받았던 반(半)독립왕국 시대(1609~1874), 근대 일본의 한 현이었던 시기(1872~1945), 초기에는 미국의 군사점령지, 1952년 이후에는 대일강화조약에 의한 군사식민지였던 시기(1945~1972), 그리고 이후 다시 일본의 현이 되었지만 여전히 미군에 의해 점령되어 있는 상태다.(개번 매코맥·노리마쓰 사토코, 정영신 역, 2014, 『저항하는 섬, 오키나와』, 창비, 20~21쪽)

5 개번 매코맥·노리마쓰 사토코, 정영신 역, 2014, 위의 책, 29쪽.

6 1945년 오키나와 전투는 일본군과 미군 사이에 벌어진 대규모 지상전으로 오키나와 전체 인구의 1/4의 주민이 사망했고 일본군의 강요에 의한 '집단 자결' 사건도 발생했다. 일본은 본토 사수의 마지막 거점으로 오키나와를 방어했고, 미국은 본토 공격을 위한 교두보를 확보하고자 했다.

〈그림 1〉 동아시아에서 오키나와가
점하는 위치

〈그림 2〉 오키나와섬의 미군기지[7]

샌프란시스코 강화조약(1952) 체결 이후, 오키나와는 1972년 일본 복귀 전까지 미군정의 식민통치를 받았다. 오시로 다쓰히로의 『2세(二世)』(1957)[8]는 "미군정의 통치를 받는 현실을 드러내며 미국의 군사기지로 전락한 오키나와의 현주소"[9]를 보여준다. 이 작품은 등장인물의 여러 입장과 마음가짐이 교차하며 그들의 복잡한 상태를 그려내고 있다. 오키나와를 해방시켰다는 미군의 생각과 달리 오키나와인에게 미국은 오키나와를 점령한 새로운 식민통치자이기도 했다.

작품 속에서 오키나와 전투에 미군으로 참전한 오키나와계 미국인 2세 헨리 도마 세이치(ヘンリー・当間盛一)는 주인공이다. 그는 오키나와에

7 아라사키 모리테루, 김경자 역, 2019, 『오키나와 이야기』, 역사비평사, 140쪽에서 발췌.

8 텍스트는 곽형덕 역의 「2세」, 『오키나와 문학 선집』(2020, 소명출판)에 따른다.

9 곽형덕 편역, 2020, 『오키나와 문학 선집』, 소명출판, 450쪽.

〈그림 3〉 오키나와섬에 상륙한 미국 군함 (1945년 4월)[10]

대한 복합적 감정을 지닌 인물로 그려진다. 오키나와 전투가 끝나자 수용소에서 소령은 헨리 도마 하사에게 "자네에게 가장 절실한 것은 자신의 지위를 객관적으로 자각하는 것"임을 주지시키며, "합중국의 양심이 2세 병사들에게 거는 기대가 크다"(169쪽)는 점을 강조한다. "여긴 부모님의 고향이다. 그들은 내 동포이며 그들을 사랑한다."(171쪽)라는 그의 부자연스러운 술회는 복잡한 감정을 느끼게 한다. 따라서 자신의 정체를 확인하려는 듯 보조원 아라사키(新崎)에게 전하는 말에도 무거운 울림이 감지된다.

저는 오키나와 사람이에요. 일본인이에요. 제 형제들이, 그 안에서 고통스러워하는 참호 안으로, 수류탄을 던지는 것을, 보는 것이 가능할

---

10 미군은 오키나와섬 동해안에 상륙해 남과 북 두 갈래로 진격했다. 『오키나와 이야기』 73쪽 참조.(사진제공: 류큐신보)

까, 아라사키 씨, 생각합니까? 제가 그때 어떤 기분이 들었는지 알겠어요?"(174쪽)

감각적으로 무겁고 무섭게 울리는 헨리의 말에는 인간에 대해, 자신에 대해 확인하는 저의와 자학이 담겨 있다. 자신을 구하는 마음으로 오키나와인을 구했다는 자부심, 본인은 미국인이지만 그들과 동포로 연결되어 있다는 믿음, 자신의 진실이 이곳에서 결실을 맺으리라는 기대감 등이 뒤섞여 미래를 향한 긍지를 갖게 했다. 공상으로 채우는 헨리와 달리 오키나와인 아라사키는 풍경의 잔해를 보며 "과거의 형태를 재현해서 로맨틱한 허상에 위안"(193쪽)을 받는 것조차 무의식적 조작임을 깨닫고 큰 슬픔에 사로잡힌다.

그러던 중 헨리가 그토록 찾던 동생이 해골 같은 모습으로 나타난다. 순간 동생의 존재를 부정하고 싶은 슬픔이 만남의 기쁨을 제압했다. 이 감정은 그의 가슴에 소생하여 반성과 후회를 강요했고 이 현실감은 마비된 감각으로 변했다. 그런데 헨리의 동생도 형의 존재를 부정하며 격한 거부감을 표시한다. 형을 보자마자, "넌 누구야. 저리 가! 어서 돌아가!"(227쪽), "할머니는 전쟁에서 돌아가셨어. 네가 죽였잖아."(228쪽)라고 울부짖는 동생의 행동은 헨리에게 혼란과 고통을 안겨주었다.

전쟁 중에는 국가가 사람을 죽인다. 아니지, 국가가 국가를 멸망시킬 따름이다. 그렇지 않으면 나는 피로 이어진 오키나와에 군인이 돼 올 이유가 없다. 나는 일본 군벌이 장악한 나라를 증오했지만, 거짓 신에게 지배된 오키나와 민중을 증오할 수는 없었던 그들을 해방시키려 왔다. 그 민중 가운데 동생도 할머니도 속해 있다. 아라사키가 말했던 것처럼 나는 실로 동생을 위해서 오키나와에 왔던 것인데. 내가 오키나와 민중을 사랑하고 그들을 위해 바삐 일한다는 것도 동생을 위해서였는데. '조국을 위해서이기도 하다!' 그렇게 마음속에서 확실히 말하고서 깜짝 놀랐다. 정말로 그렇단 말인가? 바로 반문이 일었다. 저추하고 무서웠던 할머니에게 나는 과연 애정을 품었단 말인가. 거짓말이야, 거짓말이야, 라는 목소리가 날아들었다. 머릿속이 혼란스러워졌다. 등을 돌린 것은 누구인가. 배신의 무리는 동생인가 나인가. 발에 힘이 들어가고 속도가 50킬로를 훨씬 넘어섰다. 땅거미가 지기 시작해 점차 황량해진 풍경 속에서 헨리 도마의 정신은 이상한 가속도가 붙어 고독으로 빠져들었다. 요 며칠 동안 느꼈던 환희는 마치 거짓말 같았다. 그것은 참된 환희가 아니었단 말인가? 믿어서는 안 됐던 것일까? 나는 그런 환희를 향유할 권리가 없는 것일까. 그렇다면 도대체 나는 무엇을 위해 오키나와에 왔던 것일까?(229~230쪽)

헨리의 양가적 감정은 그가 어릴 적 할머니를 보고 육친이 아니길 바랐던 기분과 닮아 있다. 그 공포심을 동생에게서도 느낀 것이다. 생각지못한 복잡한 감정에 당황해하는 형과는 달리 동생 세이지는 분명한 태도로 일관하는데 그것은 바로 형에 대한 원망과 적대감이었다. 헨리는 동생과 만난 후, 오키나와인도 아니고 미국인도 아닌 불완전한 자신의 모습에 혼란스러워하며 극도의 고독감에 빠진다. 그리고 의식의 밑바닥에 봉인된 이 고독은 예기치 않은 사건으로 그 실체를 드러낸다.

헨리는 미군 병사에게 강간당할 위기에 처한 오키나와 여성을 구해준다. 그가 눈물을 흘리며 오키나와 여성에게 동포로서 친애의 정을 표현했는데도 오키나와 여성은 헨리를 믿어주지 않고 사라진다. 이 작품에서 헨리가 미군에게서 구한 여자와 할머니를 겹쳐 떠올리는 장면은 혼란스러운 헨리의 정체성 인식과 더불어 오키나와인의 파토스를 이해하려는 헨리의 심경 변화를 암시하고 있다.

이 작품이 본격적으로 미국의 점령이 시작되자 이에 맞서 오키나와인의 저항이 거세지던 시기를 배경으로 하고 있기 때문에 오키나와의 구성원 간에 얽힌 파토스는 더욱 복잡해질 수밖에 없다. 정체성에 대한 물음을 찾으려는 작가의 고뇌가 투영된 등장인물인 헨리가 정체성의 문제를 고민하기 전에 맞닥트리게 되는 것은 각 등장인물의 파토스이다. 이들이 지닌 파토스는 역사인식과 궤를 같이하여 쉽게 용해되지 않는 감정으로 적체되어 있다. 이러한 오키나와의 견고하고 복잡한 파토스의 단면을 보여주는 것이 바로 '오키나와 전투(沖繩戰)'이다.

주지할 점은 미국이 일본 본토를 공략하는 발판으로 삼은 것이 오키나와였는데 오키나와는 일본에게도 본토 방어를 위한 최후의 방파제였다는 사실이다. 오키나와는 "일본의 실체를 밝힐 수 있는 증거를 고스란히 간직하고 있는 기억의 저장고"[11]이자 일본이 제국주의의 욕망을 가장 노골적으로 드러낸 장소로서 '국가'와 '이념', '전쟁'이라는 거대한 틈바구니에서 수많은 민간인들이 희생되었다. 오키나와 전투가 '본토 결전'을 위해 최대한 시간을 벌고, 천황제를 지키는 조건으로 평화 교섭의 길을 모색하기 위한 '사석(捨石) 작전'이었기 때문이다.

이와 관련하여 오키나와 전투를 전면에 내세우고 있는 『가미시마(神島)』(1968)[12]를 살펴보고자 한다. 오시로 다쓰히로는 이 소설을 집필하게

---

11 오키나와타임즈 편집, 김란경·김지혜·정현주 역, 2020, 『철의 폭풍』, 산처럼, 518쪽
12 텍스트는 오시로 다쓰히로, 손지연 역의 「신의 섬」, 『오키나와 현대소설선』(2016, 글누

된 경위를 '게라마(慶良間) 집단 자결'을 명령한 장군에게서 얻었다며 본토에 대한 '원망'을 드러냈다.[13] 인터뷰에는 본토에 대한 작가의 고뇌, 복잡한 심경이 드러나는데 이러한 심정은 '원망'이라는 감정적 상태로 분출되고 있다. '동화'와 '이화' 사이에서 흔들리는 모습, 본토에 대한 생각은 등장인물의 자세에서도 엿볼 수 있다.

소설에 등장하는 '가미시마'는 1945년 미군이 처음 상륙한 곳으로 당시 가미시마 초등학교 교사였던 다미나토 신코(田港眞行)가 섬을 방문하면서 이야기가 전개된다. 그는 섬 안에서 일어난 '집단 자결'[14]의 전말을 밝히고자 집단 자결이 은폐하고 있는 지점들을 더듬어 간다.

1945년 3월, 오키나와 근해로 들어온 미군은 우선 가미시마에 상륙했다. 섬에는 수비대로 일개 중대 삼백여 명과 비전투원으로 조직된 방위대 칠십 명, 조선인 군부 약 이천 명이 있었다. 그 중대장인 구로키 대위로부터 미군 상륙 하루 전에 촌장 앞으로 명령이 내려졌다. 비전투원은 아카도바루(赤堂原)에 집결하라는 것이었다. (중략) 낮에도 혼자 오기는 적막한 곳인데 수많은 도민들이 그곳에 목숨을 구하려 집결했다. 그곳은 군이 있는 호(壕)와 가까웠다. 아카도바루 한 켠에 작은 하천이 흐르고 있었고, 호 안에 있는 병사들이 매일처럼 그곳에 물을 길러 나왔다. 그곳을 종결지로 정한 것은 군이 도민의 생명을 안

림)에 따른다.

13   오시로 다쓰히로, 손지연 역, 2016,『신의 섬』, 글누림, 168쪽.

14   '강제집단 자결'(forced mass suicides), 혹은 '옥쇄'는 '집단 자결'(collective suicide) 혹은 '강제집단사'(forced collective deaths)로 알려지게 되었다. (개번 매코맥·노리마쓰 사토코, 앞의 책, 50쪽 참조)

전하게 보호해 주기 위함일 것이라고 그들은 굳게 믿었다. 다른 곳에서 호를 파고 피난해 있던 사람들도 상당히 많은 수가 모여들었다. 오후 4시, 움푹 들어간 곳이라 해가 머무는 시간은 짧다. 집결은 했지만 머무를 곳은 마련하지 못했다. 까마귀가 가끔씩 커다란 날개짓 소리를 내며 날아드는 것을 올려다보며 사람들은 불안감과 기대감이 교차하는 표정을 하고 있었다. 그곳으로 군에서 미야구치 군조라는 이가 와서는 촌장을 데리고 나갔다. 촌장은 잠시 뒤 돌아와서 명령을 전달했다. "군은 최후의 병사 한 사람까지 섬을 사수할 각오를 하고 있다. 그 식량을 확보하기 위해 도민은 자결하라"라는. 그리고 한 세대에 한 개의 수류탄이 배급되었다. 사람들 사이에 동요는 있었지만, 얼마 뒤 누군가가 수류탄의 신관을 빼고 그것을 가슴에 안고 냇가에 있던 여러 명의 사람들과 함께 산화하자, 그것이 연쇄반응을 일으켜 여기저기서 폭발을 일으켰다. 불발로 성공하지 못한 사람은 면도칼로 자신의 목을 긁거나, 혹은 괭이로 아이 머리를 내리치는 이도 있었다. 그리고 날이 저물 무렵까지 329명이 자결을 하고, 자결을 피해 마을로 돌아간 몇 안 되는 이들 가운데는 다음 날 자결해 하천 하류에서 피가 발견되기도 했다. 호에 숨어 있던 우군 부대는 오키나와 전투 종결 후 한 달 동안이나 저항을 계속해 7월 중순에 이르러 구로키 대위 이하 살아남은 장병 전원이 투항했다.(23~24쪽)

예문에는 집단 자결을 둘러싼 불편한 진상이 펼쳐져 있다. 『가미시마』는 집단 자결이라는 민감한 사안을 정면에서 다루면서 집단 자결의 심리에 대해서도 파헤친다. "집단 자결은 제2차 세계대전 이전 일본의 모습,

나아가 근대국가 일본의 왜곡된 모습을 상징하는 사건"[15]으로 기능한다. 소설 속 후텐마 젠슈(普天間全秀)와 그의 여동생 하마가와 야에(浜川ヤエ) 등 섬 주민은 집단 자결의 비극을 경험했으나 모두 한결같이 침묵한다. 가미시마를 찾은 이들은 '그 속에 숨은 진실은 과연 무엇인가'를 두고 서로 격돌한다.

후텐마 젠슈는 전쟁에서 받은 정신적 상처로 인해 자신의 책임을 되돌아보는 버릇이 생겼다. 그는 다미나토에게 '북위 27도선'과 '마음속 27도선'의 차이를 피력하며 "살아 있는 자가 죽은 자에게 부채를 갖고 있기 때문에 침묵을 지킨다."(112쪽)라는 모호한 발언도 한다. 이처럼 섬에 만연한 '침묵'의 실체, 그리고 뭔지 모를 용서와 형식적인 애도는 섬사람들에게도 무거운 짐이었다. "이 섬사람들은 대부분 마음속에 27도선을 갖고 있지. 특히 전쟁 중에 이 섬에서 집단 자결을 시도했던 적이 있는 자들은 더욱 강해."(118쪽)라며 그는 인간의 마음을 들여다본다. 이것은 마음의 진실에 선이 그어졌음에도 그 선을 외면한 채 일본으로 복귀한다면 위선적 일본인이 되고 말 것이라는 심정적 두려움과 맥을 같이한다. 즉, 표면적으로는 평화로운 풍경이지만, 그 실상을 들여다보면 화해하지 못하고 감춰온 왜곡된 정서가 삶에 켜켜이 쌓여 가고 있다는 두려움이 존재하며, 그 두려움이 현재의 삶에 통증을 유발하고 있다.

특히 다미나토의 인식에는 생각의 복잡성과 혼란함이 두드러진다. 이것은 오키나와의 통증과 경험을 더듬는 일이기도 하다. 집단 자결을 주도하고, 가족이 서로를 살해하는 비극은 일방적 강제, 지시 사안으로 넘겨짚을 일이 아니다. 그 내부에 깃들인 정책과 명령, 그리고 이후 그들이 짊

---

15   아라사키 모리테루, 김경자 역, 2019, 앞의 책, 74쪽.

어지게 된 심정적 고통은 단순하게 치부될 문제가 아니기 때문이다. 잔혹한 기억 마주하기를 회피하고 정면 대결을 비껴가는 후텐마 젠슈의 태도에는 고통의 흔적이 선명하다. 그러나 기억 마주하기를 거부하는 것 또한 모든 역사적 기술을 부정하는 일이 된다.

요나시로(与那城昭男)는 이 섬의 전쟁을 영화로 찍고 싶었지만 섬에와보니 전쟁의 상흔을 치유하기도 전에 전쟁을 잊고 싶어한다는 것을 알았다. "잊을 수 없으면서 잊으려는 얼굴"(124쪽)을 하고 있는 그들을 간파한 것이다. "잊고 싶으면 잊어도 됩니다. 잊을 수 있는 사람은 잊어도 됩니다. 그러나 잊어선 안 된다고 외치는 사람은 어떻게 할까요?"(124쪽)라고 반문하는 목소리에는 진실의 무게를 함께 나누고자 하는 고뇌의 빛이 역력하다. "조국 복귀를 앞두고 강화된 '평화의 섬'이라는 이미지, 모호한 용서와 형식적인 애도로 치러지는 위령제, 전쟁 책임에 무자각한 본토인",[16] 이런 점들을 그는 정면으로 응시한다.

> 섬에서는 가해자나 피해자나 죽은 자에 대해 침묵을 지키고 있거나
> 아니면 뭔지 모를 용서와 형식적으로 애도하는데 그것으로 좋은 걸
> 까?(113쪽)

집단 자결이라는 막대한 희생을 치른 섬사람들과 전쟁 책임으로부터 면죄부를 부여받은 본토인들의 '공모된 침묵' 없이 가미시마의 존속은 불가능한 일이었다. 그 침묵이 깨지면 그동안 유지되어 온 평화도 깨질 것임을 그들도 알고 있기 때문에 침묵할 수밖에 없는 것이다. 하마가와와

---

16 손지연, 2020, 『전후 오키나와 문학을 사유하는 방법』, 소명출판, 310쪽.

본토 며느리 요시에(木村芳枝)의 언쟁에서도 요나시로는 이론적으로는 요시에의 말에 동의하면서도 감정적으로는 야에의 변명에 마음이 기울고 있다. 오키나와에서 과거는 여전히 살아 있다는 사실에 공감하며 껍데기 속 평화의 실체에 대해서도 진지하게 고민한다.

> 어리광 부리지마. 자네들이 과거를 잊고 현실을 살아가려는 거, 그래 그건 좋다고 치자. 그러나 그것은 피 흘리며 살아온 과거를 무시하는 것이어선 안 돼. 섬사람들에게 과거는 이미 사라지고 없어. 그것을 사라져 없어진 것으로 치부해선 안 된다는 거야. 야마토 사람들에게도 그건 확실하게 인식시키는 것이 좋아. 그렇지 않으면 일본 복귀 후에도 다시 잊어버리게 될 걸. 그때는 또 그때의 현실이 기다릴 테니까.(156쪽)

인용문은 전쟁의 비극을 망각해 온 오키나와와 본토의 암묵적 공모관계를 지적하며 오키나와 내부의 성찰을 촉구하는 장면이다. "정리되지 않은 악순환"(158쪽)을 상기시키며 섬에 큰 전쟁이 있었던 만큼 변하지 말았어야 함을 강조한다. 오키나와 사람의 마음에 깃든 전쟁의 기억과 상흔을 그대로 방치하지 말고 마음의 상태를 열어보기를 제안하는 모습을 통해 진정한 정신적 평화의 도래, 그 기다림을 감지할 수 있다.

표정 없는 섬과 바다가 발신하는 불안감을 견디기 힘들어서 "이 바다는 대체 뭘까?", "이 바다는 나에게 도대체 어떤 의미일까?"(131쪽)라고 절규하는 『가미시마』의 요시에처럼 「2세」에서 헨리도 "저 바다를 넘어 부모의 나라로 왔다"(176쪽)며 바다 위를 표류하는 고독한 자신과 마주한다. 그들 모두 바다를 사이에 두고 역사의 파고 속에서 형해화되지 않은 수많은 파토스를 마주하고 있는 것이다.

〈그림 4〉 도카시키섬(渡嘉敷島) 서북단 온나가와라(恩納河原)의 집단 자결[17]

III. 침묵하는 파토스: 눈감기

'평화박물관'은 과거의 전쟁을 전시하는 장소로 기능한다. 전 세계 평화
박물관의 3분의 1이 일본에 운집해 있으며 특히 오키나와 남부에는 평화
기념관이 집중되어 있다. "오키나와에서 기지 주변을 걷다 보면 전쟁 유
적과 마주치고, 전쟁 유적지를 걷다 보면 기지와 마주친다"[18] 라는 오오시

17　『철의 폭풍』 51쪽 참조.[사진제공: 미국 국립공문서관(US National Archives)]
18　石原昌家 他, 2002, 『爭點・沖繩戰の記憶』, 社會評論社, 19쪽.

로 마사야스(大城將保)의 지적처럼 전쟁 유적지는 기지와 서로 밀접한 관련이 있으며, 아직 끝나지 않은 전쟁을 상기시킨다. 일본 본토에서 '전쟁'은 과거의 일로, '평화'는 헌법 제9조에 의해 수호된다고 알고 있지만 오키나와의 입장은 이와 다르다. 그 평화를 위해 누군가의 희생이 강요되고 있다는 중요한 사실을 그들이 간과하고 있기 때문이다.

오키나와는 "헌법 제9조의 뒤에 숨어서 '전쟁 수행 능력'을 양성하고 '군사력의 사용이나 위협'을 준비하는 거점으로 기능하기 위해 존재했다. 본토 일본은 헌법상으로 '평화국가'였던 반면 오키나와는 기지의 역할"[19]을 해왔던 것이다. 본토 일본과 오키나와의 입장이 첨예하게 대립하는 가운데 역할에 따른 둘 사이의 모순을 어떻게 화해시킬 것인지는 여전히 요원한 문제이다.

메도루마 슌은 소설 『평화거리라 이름 붙여진 거리를 걸으면서(平和通りと名付けられた街を歩いて)』(1986)[20]를 통해 천황제 및 천황의 전쟁 책임 문제, 전후 미군 문제에 대해 비판의 목소리를 높였다. 특히 "오키나와 전투를 '현재'적 시점(일본 복귀 이후)에서 사유해서 일본 및 오키나와의 전쟁 책임을 날카롭게 비판"[21]하고 있다. 그의 분노는 "오키나와 내부의 모순 및 치유의 섬, 평화의 섬 등으로 덧씌워진 오키나와의 이미지에 안주하는 지식인"[22]들에게 향한다. 그가 전하고자 했던 것은 "전쟁 속에서 오

19 개번 매코맥 · 노리마쓰 사토코, 정영신 역, 2014, 앞의 책, 138~139쪽.

20 텍스트는 곽형덕 역의 「평화거리라 이름 붙여진 거리를 걸으면서」, 『어군기』(2017, 도서출판 문)에 의한다.

21 곽형덕, 2015, 「마타요시 에이키 문학에 나타난 '타자와의 교섭' 과정」, 『탐라문화』 49, 제주대학교 탐라문화연구소, 37쪽.

22 곽형덕, 2016, 「메도루마 슌 문학과 미국」, 『오키나와 문학의 힘』, 역락, 158쪽.

키나와 민중이 어떻게 살았고 어떻게 죽어갔는지, 살아남은 사람들이 전쟁을 기억 저편에 담아둔 채 전후를 어떻게 살아가고 있는지에 대한 것"[23]이었다.

미국은 제2차 세계대전 이후 오키나와를 핵심적인 기지로 삼았다. 전략적 요충지로서 오키나와는 "미국이 신제국주의로 성장한 이후 대 아시아 패권의 전략을 가장 웅변적으로 대변하는 지역으로 자리매김해 왔다. 다시 말해 오키나와는 아시아에서 미국의 세계 패권을 가장 집약적으로 보여주는 지역"[24]인 것이다. 주일미군시설의 75%를 총 영토 면적의 0.6%에 불과한 작은 섬 내부로 봉쇄한다는 미일 간의 공모야말로 '전후 일본'을 가능케 했던 가장 핵심적인 전략이자 구조였다. 따라서 '평화국가, 일본'의 토대에는 '기지의 섬, 오키나와'가 작동하고 있었고, '기지의 섬'이라는 오키나와의 현실은 '평화국가'라는 일본의 이미지에 의해 은폐[25]되어 있었다.

『평화거리라 이름 붙여진 거리를 걸으면서』는 오키나와를 방문한 황태자 부부를 향한 치매 노인의 배설물 투척 사건을 그리고 있다. 전쟁 중 남편과 큰아들을 잃고 평화거리에서 생선 장사를 하며 살아온 치매 노인 우타(ウタ)는 평화거리의 평화를 위협하는 존재가 되고 만다. 행사를 앞두고 평화거리 상인들을 규제하고 진압하는 과잉 경비는 '평화거리'의 이름을 무색케 하며 논란의 한가운데 섰다.

---

23   메도루마 슌, 안행순 역, 2013, 『오키나와의 눈물』, 논형, 69쪽.

24   김재용, 2016, 「오키나와에서 본 베트남 전쟁」, 『오키나와 문학의 힘』, 역락, 214쪽 참조.

25   아라사키 모리테루, 정영신 역, 2019, 앞의 책, 294쪽 참조.

차 문을 들이받고 두 사람이 타고 있는 앞 유리창을 손바닥으로 큰 소리가 나게 두드리고 있는, 백색과 은색 머리카락이 마구 흐트러진 원숭이처럼 보이는 나이 든 여자는 바로 우타였다. 앞뒤 차 안에서 힘이 센 남자들이 뛰어나와 우타를 떼어내더니 눈 깜짝할 사이에 황태자 부부가 탄 차를 둘러싸고 방어 자세를 취했다. 길 위에 내팽개쳐져 허리띠가 풀리고 옷 앞부분 가슴이 벌어진 우타의 위로 사파리 재킷 남자와 아까 공원에서 라디오를 듣고 있던 부랑자 같은 남자가 덤벼들었다. 양측에서 팔을 잡히면서도 우타는 나이든 여자라고 생각할 수 없을 정도의 힘으로 난폭하게 날뛰었다. 가주는 입에서 피와 침을 흘리는 채로 서서 울부짖고 저항하는 우타를 봤다. 개구리처럼 사지가 벌려져 버둥거리자 살이 홀쭉해진 다리 안쪽으로 황갈색 오물 범벅인 얇은 음모가 드러났고 붉게 문드러진 성기가 보였다. (중략) 동시에 가주의 뒤에서는 눈앞에 벌어지고 있는 혼란과는 어울리지 않는 문란한 웃음이 흘러나왔다. 그것은 낮은 중얼거림이라는 포자를 흩뿌려서 금세 주변을 감염시켜 갔다. 누군가가 자동차를 손가락으로 가리켰다. 정차하고 있던 두 사람이 탄 차가 서둘러 발진했다. 가주는 웃는 표정을 짓는 것도 잊은 채 겁먹은 듯이 우타를 보고 있는 두 사람의 얼굴 앞에 황갈색을 띤 두 개의 손도장 모양이 있는 것을 발견했다. 그것은 두 사람의 뺨에 척 달라붙어 있는 것 같았다. 사람들의 실소를 의아하게 생각했던 것인지 조수석에 있던 노인이 속도를 줄인 자동차에서 내려서 창문을 보더니 새파랗게 질려서 매우 허둥대며 손수건으로 창문을 닦았다. 하지만 손수건만으로는 부족해지자 중후해 뵈는 노인은 차와 함께 비척비척 달리면서 택시도 소매로 똥을 닦았다. 똥이 칠해진 고급차는 웃음과 짙은 냄새를 남기고 시민회관 주차장으로 사라졌다.(221~222쪽)

인용문은 손자 가주(カジュ)의 도움으로 감금 상태에서 풀려난 우타가 돌발적으로 황태자 부부를 환영하는 인파 사이를 비집고 들어가 두 사람이 탄 차에 자신의 대변을 차창에 내던지는 장면이다. 창문에 묻은 황갈색의 손도장은 마치 '두 사람의 뺨에 척 달라붙어 있는 것 같은' 형태가 되고, 음모와 성기는 존엄한 천황의 권위를 실추시키고 있다. 우타의 행위는 규제와 감시의 대상인 개인과 천황이라는 상징, 그 사이를 매개한다. 그 근원에는 전쟁의 고통과 전후의 경험이 가로놓여 있음을 상상할 수 있다. 그것은 아무리 봉인하고 감금하려고 해도 퍼져 나가는 냄새 지독한 배설물로 치환되고 있다. "'치매'라는 장치는 천황가의 존엄을 위한 마지막 피난처이자 보루"[26]인 셈이다. 우타와 같이 오키나와가 경험한 전쟁과 전후는 천황과의 관련성이 두드러진다.

황태자 부부 오키나와 방문. 이누야마(犬山) 지사 등이 마중. 경비진의 철벽 경호 및 비가 올 듯한 날씨 속에서 황태자 부부가 12일 오후 1시 ANA 특별기로 오키나와에 도착했다. 이번 오키나와행은 일본 적십자사 명예 부총재로서 13일 오후 1시 반부터 나하시 시민회관에서 열리는 제××회 '헌혈운동추진전국대회'에 출석하는 것이 목적인데 그 사이에 이토만시 마부니 국립 오키나와 전몰자 묘지, 오키나와 평화기념당, 히메유리의 탑을 참배하는 것 외에 오키나와현 적십자 혈액센터 등을 방문한다. 황태자 부부의 오키나와 방문으로 그날 나하공항, 마부니 전적공원 등 인근 도로에는 53년 '7.30(교통법변경)' 이후 엄중 경계 태세가 시행돼 헌혈운동추진전국대회 당시 다른 현에서는

---

26   조정민, 2017, 『오키나와를 읽다』, 소명출판, 183쪽.

그 예를 찾아보기 힘든 긴박한 공기가 조성됐다. (중략) 이토만 가도에도 환영 인파는 끊이지 않아서 황태자 부부의 차량 행렬이 모습을 보이기 전부터 연도에는 작은 일장기 깃발을 든 주민으로 가득 찼다. 황태자 부부는 차 안에서 얼굴에 웃음을 머금고 조금씩 손을 흔들며 환영에 응답했다. 남부 전적지에서는 국립전몰자묘원(國立戰歿者墓苑), 오키나와 평화기념당을 참배. 게다가 과거 오키나와 사범학교 여자 학생, 직원 등 224명을 합사(合祀)한 히메유리의 탑을 참배해, 전사한 소녀들의 명복을 빌었다.(202~203쪽)

황태자 부부를 환영하는 일장기 깃발과 깃발을 흔드는 손, 여기에 화답하는 모습에 주목해 보면 황태자 부부는 "얼굴에 웃음을 머금고 조금씩 손을 흔들며 환영에 응답"하면서 '화해'와 '통합'의 상징으로 기능함을 알 수 있다. 그러나 아무리 거대한 국가적 이벤트, 통합의 장치가 가동되더라도 사람의 마음을 움직이는 데 큰 무리가 따른다. 절대적 신뢰가 기반이 되어 있지 않은 탓에 오키나와의 동의를 얻어내기에는 역부족임을 현시하고 있다. 전쟁에서 가족을 잃었는데 왜 우리가 깃발을 흔들어야 하냐는 후미(フミ)의 물음이 이를 단적으로 보여준다. 후미는 절대 환영 따위는 하지 않으리라 다짐하며 일장기를 갈기갈기 찢어 화장실 안으로 던져버렸다. 이러한 행동을 하는 경위를 보면, 오키나와에서 '일장기'란 "오키나와 전쟁과 식민 지배를 환기시키는 상징 그 자체이며, 그것은 오키나와 사람들에게 여전히 폭력적인 사상 검열과 강제적인 동일화의 기제로 작동"[27]하고 있기 때문이다.

---

27 조정민, 2017, 앞의 책, 201쪽

"전쟁에서 그만큼 피를 흘리게 해 놓고 뭐가 헌혈대회야."(203쪽)라고 반발하는 말도 국가와 전쟁에 희생된 자, 천황과 오키나와 사이에 잠재되어 있는 갈등, 균열, 반란 등을 환기시킨다. 천황에 대한 희박한 관심 또한 오키나와에 대한 차별과 천황제의 관계성을 짐작케 한다. "천황제 또는 천황제적인 것은 온갖 차별의 근원"[28]이기 때문이다. 여기에는 오키나와에 대한 천황의 의중도 배제할 수 없다. 일본을 미국의 영향력 아래 두려면 오키나와를 미군의 군사적 요새로 만드는 것이 중요하다고 판단한 맥아더(Douglas MacArthur)의 발언에 쇼와(昭和) 천황은 "미국이 오키나와를 25년이나 50년, 또는 그 이상에 걸쳐 지배하는 것은 미국에게 이익이 될 뿐 아니라 일본에게도 이익이 된다"[29]는 뜻을 연합국최고사령부(GHQ, General Headquarters, 聯合國軍最高司令官總司令部) 측에 전했다. 이후 이러한 사고방식이 역사 속에 혼재되어 발현되었다는 점이, 일본이면서도 일본이 아닌 오키나와의 독자적인 역사를 반증한다.

나도 황태자 전하가 오키나와에 오는 것을 용서할 수 없어. 우리 아버지도 오빠도 천황을 위해서라며 군대에 끌려가서 전쟁에서 죽었어. 천황이라도 황태자라도 눈앞에 있으면 귀싸대기를 때리고 싶어.(215쪽)

하지만 분노는 사라지지 않았다. 그것은 이 여자에 대한 분노가 아니라 무언가 막연한 보다 커다란 것에 대한 분노였다.(201쪽)

---

28   개번 매코맥·노리마쓰 사토코, 앞의 책, 431쪽.
29   아라사키 모리테루, 김경자 역, 2019, 앞의 책, 82쪽.

〈그림 5〉 전후 최초로 오키나와를 방문한 아키히토 천황 내외(1993년 4월 23〜25일)[30]

〈그림 6〉 오키나와국제해양박람회(1975년 7월 20일〜1976년 1월 18일)[31]

30   『오키나와 현대사』 181쪽에서 발췌(사진 제공: 류큐신보사)

31   『오키나와 현대사』 87쪽에서 발췌(사진 제공: 나하시역사박물관)

정말로 뭐가 황태자 오키나와 방문 환영이라는 거야. 모두, 과거의 아

픔을 잊고선.(196쪽)

우타의 과거를 공유하고 그 삶에 공감하는 후미도 우타와 같이 평화거
리에서 생선장사를 해왔다. 우타가 돌발 행동을 해서 시장 상인들에게 비
난받을 때면 그들에 대한 분노가 아니라 "무언가 막연한 보다 커다란 것
에 대한 분노"를 느꼈는데 후미의 분노 대상은 눈에 보이는 것, 사람이라기
보다는 그보다 더 큰 존재, 보이지 않는 거대함, 즉 '국가'에 비견할 수 있다.

1975년 아키히토(明仁) 황태자가 방문한 오키나와국제해양박람회는
오키나와의 일본 복귀를 기념하기 위한 사업의 일환으로 오키나와의 산
업 진작과 사회 인프라 정비를 도모하는 자리였다. 패전 이후 오키나와와
일본의 일체감을 형성하여 정서적 통일을 구현하는 데 황족은 적절한 장
치였다.[32] 그러나 오키나와는 여전히 전쟁이라는 과거에서 자유로울 수
없었다. 황태자 부부의 애도와 묵념은 과거의 아픔을 눈감는 행위로 인식
되어 또 다른 고통의 파토스를 느끼게 만든다.

황태자는 일본과 오키나와의 심리적·상징적 통합 기제로 작용한다.
천황의 일가가 오키나와를 방문할 때마다 전쟁 책임, 미군기지 문제, 전사
자 위령 문제는 대두될 수밖에 없다. 오키나와가 경험한 절망적이고 불편
한 시간들은 '관광입현(觀光立縣)'이라는 구호와 함께 경제성장 이데올로
기에 가려 후경화되곤 하는데 이러한 경험들을 통해 진정한 화해와 통합
의 길은 무엇인지 묻는 자각과 비판이 동반되었다.

요컨대『평화거리라 이름 붙여진 거리를 걸으면서』에서는 치매 노인,

---

32   조정민, 2017, 앞의 책, 185쪽 참조.

황태자 부부, 황태자 부부를 환영하는 오키나와인의 관계 설정이 주제와 연관되어 있다. 치매 노인은 과거 문제를 기억하려는 입장이며, 황태자 부부와 이들을 환영하는 오키나와인들은 과거를 기억하려 하기보다는 오키나와의 발전을 위해 현재에 초점을 두려는 태도를 지니고 있다. 치매 노인의 입장에서 보면 황태자 부부와 이들을 환영하는 오키나와인들은 과거 역사의 상처와 파토스를 덮으려 하는, 즉 과거에 눈감은 이들이다. 다른 한편으로, 황태자 부부와 이들을 환영하는 오키나와인들의 입장에서 보면 치매 노인은 오키나와의 발전과 평화를 위해 과거의 기억을 눈감아야 하는데 그렇게 하지 않는 인물이다.

이들은 과거의 역사로 인해 쌓여 온 오키나와의 파토스로 얽혀 있는 관계이며 또한 서로 화해의 장에서 마주 보아야 할 대상이기도 하다. 다시 말해 치매 노인은 오키나와의 아픈 역사와 파토스를 기억하려는 사람들의 입장을 대변하고 있으며, 황태자 부부를 환영하는 오키나와인들은 오키나와의 발전을 위해 과거를 묻어두려는 사람들의 태도를 보이고 있고, 마지막으로 황태자 부부는 오키나와 역사의 한 축인 본토 일본을 상징하고 있다고 볼 수 있다. 작품에서 이들은 서로의 입장을 확인하지만 상대에 대해 공감하지 못하며 화해, 혹은 화합에 이르지 못한다.

오키나와는 안보조약이 헌법보다 우위에 선 상태가 되어 강요된 희생 위에 존립해 왔다. 현재 오키나와에서 저항의 초점은 헤노코(辺野古) 신기지와 같은 과제에 집중되어 있다.[33] 오키나와의 미군기지는 그동안 폭

---

33 나고시(名護市) 헤노코(辺野古) 앞바다에 대규모 해상복합 기지 건설을 추진하고자 오키나와 미군기지의 상징인 후텐마(普天間) 공군기지를 동쪽 바다인 헤노코 지역으로 이전하는 계획을 말한다. 1995년 오키나와에서 주일 미군의 소녀 성폭행 사건이 일어난 뒤, 미국·일본 양국 정부는 같은 해 11월 '오키나와에 관한 특별위원회(SACO)'를

력의 거점이 되었는데 더 이상 희생양이 되지 않겠다는 결심을 보여주는 것이 헤노코 신기지 건설 반대이다. 그렇기 때문에 『버들붕어(鬪魚)』(2019)³⁴는 메도루마가 헤노코 앞바다에서의 활동을 소설로 승화시킨 작품으로 의의가 있다.

헤노코(辺野古) 앞바다 오우라만(大浦灣)을 메워서 새로운 기지가 만들어지고 있는 현실은 오키나와섬 북부 얀바루(山原)에서 태어나 자란 가요에게는 남의 일이 아니었다. 미군기지가 지금보다 늘어나면 미군 병사도 많아지며 사건 사고도 끊이지 않는다. 이는 자신의 가족과 친척, 지인이 미군과 관련된 사건 사고에 휘말릴 가능성이 높아짐을 의미한다. 북부 마을의 작은 회사 사무원으로 일하며 노동조합이나 사회운동과는 관련 없이 살아왔던 가요에게도 그것은 명백한 일로 다가왔다. 오키나와가 일본으로 복구하기 전에 택시 회사에서 일하던 무렵, 가요의 동료 운전기사가 캠프 한센(Camp Hansen)에서 복무 중인 미군 병사에게 살해되는 사건이 벌어졌다. 승객으로 가장해 탄 미군 병사 두 명이 현금을 빼앗으려고 뒷좌석에서 동료의 목을 칼로 찔렀다. 병원에 도착했을 때는 과다출혈로 인해 이미 호흡이 멈춰 있었다고 한다. 동료에게는 소학생인 아이가 두 명 있었다. 아이 셋을 키우고 있던 가요는 고별식에서 쓰러져 울던 동료의 아내 모습을 보고 슬픔과 괴로움에 온몸의 떨림이 멈추지 않았다. 그건 언젠가 자신도

발족하였고 기노완(宜野灣)시 공군기지를 헤노코 앞바다에 건설하기로 합의했다. 그러나 이 문제는 지금도 여전히 일본, 미국, 오키나와 사이의 첨예한 쟁점으로 남아 있다.

34 텍스트는 곽형덕 역의 「버들붕어」, 『오키나와문학 선집』(2020, 소명)에 따른다.

같은 일을 당할지도 모른다는 불안함의 표출이기도 했다. 미군 병사가 자신을 지켜줄 리 없다, 오히려 자신을 위협하는 존재일 뿐이다 그렇게 생각하게 된 것은 그 사건 때문만은 아니다. 오키나와 전쟁 당시 가요가 살고 있던 마을이 미군의 공습을 받았다. 동급생 가족이 숨어 있던 방공호가 직격탄을 맞아서 모두가 생매장당해 죽었다. (중략) 그 가족이 숨어 있던 방공호 근처에는 일본군 진지가 있어서 폭격이 집중됐다. 일본군 옆에 있으면 안전하다고 생각했던 마을 사람들은 자신들의 생각이 얼마나 잘못된 것인지를 깨달았다. 미군은 일본 군대가 주둔하고 있는 곳을 가장 먼저 노린다. 그것을 알고 난 후부터 가요는 일본군이든 미군이든 근처에 있으면 위험하다고 생각해 왔다.(403~405쪽)

소설은 주인공 가요(カヨ)가 오우라자키(大浦崎) 수용소 관련 기사를 접하고 당시의 기억이 떠올라 딸과 함께 그곳을 방문하면서 전개된다. 그리고 어린 학생의 권유로 73년 전의 기억을 이야기하기 시작한다. 전쟁이 끝나고 미군 수용소로 이송[35]되어 "그 무렵엔 매일매일 살기 위해 필사적이었어"(417쪽)라는 말에서도 알 수 있듯이 닥치는 대로 배를 채우고 식량을 구하러 다녔다. 그 시절 가요도 동생 간키치(勘吉)와 함께 먹을 것을 구하러 바다에 나갔다가 동생을 잃고 만다. 그 후 필사적으로 몸부림치며

---

35 1945년 말부터 1947년까지 오키나와인들은 미군수용소에 억류되어 있었다. 수용소에서 풀려났을 때 오키나와현 면적의 약 8%에 해당하는 면적이 미군에게 징발되어 4만 명의 토지소유자들이 토지를 잃었으며, 1만 2천 가구가 가옥을 잃었다. 아무런 보상도 없는 일방적인 대규모 토지수용이었다. 토지와 생계수단을 잃은 대부분의 현민은 직업을 구하기 위해 섬을 떠나야 했다. 오키나와 사회는 이 과정을 '총검과 불도저'의 공포로 기억하고 있다. (개번 매코맥·노리마쓰 사토코, 앞의 책, 143쪽 참조)

전쟁 후 3년을 살아냈다. 전쟁이 끝나자마자 사유지 수용은 가속화되었으며 후텐마(普天間)[36] 비행장도 미군이 점령 초기에 건설해 점차 확장한 곳으로 오키나와에 미군기지가 집중되는 현실을 만들어 냈다.

주인공의 기억에 존재하는 그곳은 지금 헤노코 탄약고가 있고 공사가 진행 중이다. 가요는 살던 집을 떠나 다른 집으로 이사 가던 날을 회상한다. 집 우물에서 물을 퍼 보니 물통 속에 버들붕어가 있었다. 간키치가 넣었던 버들붕어일까 생각하며 동생 몫까지 살아내겠다고 결심했었다. 그러나 기억의 한 부분이 "결국엔 메워지는 걸까"(434쪽)라는 가요의 걱정에 딸 도모미(和美)는 "우리가 잊지 않고 기억할 거야", "작은아버지 살아계셨던 걸 우리가 기억해서 아이들에게도 손자들에게도 전해줄 거야"라고 응수하며 역사적 존재, 그 기억을 보듬어 준다.

소설에서 보여주듯이 '버들붕어(鬪魚)'의 상징성은 특별하다. 간키치는 전쟁 중에 죽었지만 버들붕어와 함께 마음속에 살아 있는 존재로 현현된다. 역사의 질곡 속에서 삶의 고통을 겪는 동안에도 버들붕어는 우물 안에서 건재했다. 그 우물이 있는 곳, 가요의 고향 집은 메워지더라도 헤노코로 향하는 덤프트럭의 폭력적 기세와는 달리 그곳을 기억하고 역사를 기억하는 행위를 계속할 것이라는 세대를 넘는 다짐이 버들붕어의 힘찬 움직임으로 현시되고 있다.

---

36 1960년대 후텐마 기지는 일본 본토에서 이주해 온 해병대 기지였다. 동서냉전이 완화되어 종언을 고하는 국제정세의 변화 속에서, 지역 발전에 걸림돌이 되는 후텐마 기지는 오키나와 현민의 요구에 따라 반환이 결정되었다. 그러나 후텐마의 반환에는 조건이 붙어 있었다. 후텐마를 돌려주는 대신 오키나와의 기지 기능을 저하시킬 수는 없으므로 다른 기지를 제공하라는 것이었다. 후보지로 오른 곳이 나고시 동해안의 헤노코였다. 후텐마를 대신할 기지를 헤노코에 만들면 이전부터 있던 캠프 슈와브와 연결해 군사적 효율성을 높일 수 있었다. (『오키나와 이야기』, 136쪽 참조)

〈그림 7〉 미군수용소에서 작업명령을 기다리는 주민들[37]

〈그림 8〉 오키나와전 당시 미 해병대에 사로잡힌 포로들[38]

---

37 『오키나와 현대사』 33쪽에서 발췌(사진 제공: 나하시역사박물관)

38 『오키나와 이야기』 76쪽에서 발췌

〈그림 9〉 오키나와현 헤노코 기지 공사를 위한 토사 매립 공사가 강행되자 주민들이 공사 중단을 요구하는 해상 시위를 벌이고 있다. (2018년 12월 14일)[39]

　이 작품에서 주인공과 그의 딸은 버들붕어를 매개로 하여 간키치를 기억하려고 한다. 간키치는 오키나와 전쟁의 폭력에 희생된 인물이다. 오키나와에는 과거의 역사와 아픔을 기억하려는 자와 현재의 평화와 발전을 위해 과거를 무너뜨리고 덮으려는 입장을 가진 자가 존재한다. 이는

39　1996년 4월 12일 당시 하시모토 류타로(橋本龍太郎) 일본 총리와 월터 먼데일 주일 미국대사는 기지를 "5~7년 내 전면 반환하겠다"고 약속했지만, 헤노코(邊野古) 기지 이전이 지연되면서 후텐마 기지 반환은 멀어졌다. 일본 정부는 후텐마 기지를 헤노코로 이전하기로 결정했으나 오키나와현 주민들은 후텐마 기지를 현 밖으로 옮길 것을 요구하며 반대해 왔다. 전투기 소음 등에 시달리는 주민들과 정부 간 갈등은 지금도 계속되고 있다. 한국일보 2021.4.12. "25년 지나도 기약 없는… 日 후텐마 미군기지 반환" 참조. (검색일 2021.8.20. https://www.hankookilbo.com/News/Read/A2021041210060001127?did=NA)

오키나와의 현 상황을 보여준다. 화해의 측면에서 보면, 누가 옳고 그른 가의 문제보다는 서로의 생각과 감정을 공감하는 것, 그 문제를 같이 해결하는 게 우선시 되어야 하는데 작품 속에서 이들은 서로 좁혀지지 않는 거리를 드러내면서 나뉘어져 있을 뿐이다.

노무라 고야(野村浩也)는 "일본인이 민주주의하에서 미군기지를 받아들이겠다는 결정을 했기 때문에 평등하게 기지 부담을 져야 하는데 실제로는 오키나와에 과중한 부담을 떠넘기고"[40] 있음을 지적한다. 달리 말하면, 오키나와에만 부담을 강요해 본토 사람들이 기지, 군대와 함께 사는 고통을 모른 채 살아가기 때문에 안보(체제)를 용인할 수 있다는 것이다. 본토 일본인이 스스로의 평화와 안전을 위해 당연하게 오키나와인을 희생시키고 반성하지 않는 행위는 인간적 감성을 의심케 한다.

후텐마 기지의 헤노코 이전이 보여주는 심각성은 '구조적 차별',[41] 즉 인간다운 삶을 지향하는 인류의 보편적 가치에 반하는 문제이기도 하다. 국가적 정체성, 국민 정체성을 위해 희생된 그들에게 인간으로서의 정체성, 그 중요성을 상기할 필요가 있다. 그동안 정치적 도구와 수단으로 취급받아 온 역사를 기억하며 희생을 강요하는 구조의 부당함을 인식해야 할 것이다. 오키나와 전투로부터 교훈을 찾고 오키나와의 문제를 자신의 문제로 파악하는 것부터가 화해 노정의 첫걸음이다. 기지 이전 문제를 둘러싼 움직임에서 우리가 기억할 것은 "인간이 인간으로, 인간답게 산다는 것은 무엇인가"이다. 기본적 인권이 보장되는 평화로운 삶을 동등하게 누릴 수 있는 권리, 차별에 대한 무감각과 고통에 대한 무관심을 벗어나 공

---

40 野村浩也, 2005, 『無意識の植民地主義—日本人と美軍基地と沖縄人』, お茶の水書房, 25~41쪽.
41 개빈 매코맥·노리마쓰 사토코, 정영신역, 2014, 앞의 책, 415~417쪽.

감의 감수성이 요구된다.

'오키나와 문제'로 분리하여 본토 사람들과는 무관한 것으로 만드는 현실에 대한 올바른 비판과 협력도 긴요하다. "일본 국가의 특수성과 왜곡, 근대국가의 한계를 극복하고, 자기 존재와 또 다른 사회시스템을 생각하고자 하는 자립·독립론"[42]은 단순한 도식으로는 처리할 수 없다. 일본 국민의 잠재의식에 있는 오키나와에 대한 구조적 차별을 없애고 공생·평등의 이념, 평화를 향한 희망을 위해서는 오키나와가 처한 부조리한 상황을 이해할 필요가 있다.

IV. 맺음말

이상으로 오키나와의 갈등 양상으로 인한 파토스의 제 양상을 살펴보았다. 오시로 다쓰히로와 메도루마 슌의 문학 작품을 통해 오키나와인의 삶과 죽음, 살아남은 자의 전쟁 기억 등을 살펴보고 오키나와의 잠재적 트라우마의 치유 가능성과 화해를 모색해 본 결과는 다음과 같다.

파토스는 안에 응축된 힘을 통해 외적 변화를 도모하는 토대가 된다. 치유와 평화의 섬이라는 외피를 씌우기 위해 내부의 파토스에 침묵과 눈감기를 자행해 왔던 오키나와에는 모호한 용서와 형식적인 애도와 침묵이 자리하고 있다. 오키나와의 오랜 갈등과 분노는 '누구에게 분노하는가'의 문제로 이어지는데 이것은 결국 화해의 문제와도 연결된다.

역사 인식에는 균형이 요구되는 만큼 피해와 가해 양쪽 모두를 인식

---

42 가와미츠 신이치, 이지원 역, 앞의 책, 62쪽.

해야 하고 이를 기반으로 현재를 마주할 수 있어야 한다. 오키나와 내부에서도 역사의 비극, 폭력과 저항의 상흔을 경험하면서 저항 의식, 무력감, 비애의 정서가 존재하고, 다른 한편에서는 개발과 평화를 기대하는 희망의 정서가 존재한다. 두 정서가 서로 양립하며 상충하고 있어 정서적으로도 '화해'는 쉽지 않은 노정이다. 그러나 오키나와의 고단한 역사, 전쟁의 고통, 혼란한 정체성의 경험을 공통의 기억으로 전환하는 움직임이 다양하게 표출되고 있음은 중요한 의미를 갖는다.

따라서 오키나와를 이질적·단절적·모순적 역사공간으로 한정 짓기보다, 동아시아라는 현재적 공간으로 전유하여 미래를 위한 디딤돌로 만들기 위해서는 먼저 인간에 대한 이해, 그 내면 '들여다보기'와 '마주보기'가 선행되어야 할 것이다. 다시 말해 서로의 파토스를 공감하려는 태도를 가지고 화합과 연대의 장으로 나아가야 할 것이다.

참고문헌

1. 텍스트

메도루마 슌, 곽형덕 역, 2017, 「평화거리라 이름 붙여진 거리를 걸으면서」, 『어군기』, 문,
  149~232쪽.
_____, 2020, 「버들붕어」, 『오키나와문학 선집』, 소명출판, 401~435쪽.
오시로 다쓰히로, 손지연 역, 2016, 「신의 섬」 『오키나와 현대소설선』, 글누림, 19~160쪽.
오시로 다쓰히로, 곽형덕 역, 2020, 「2세」, 『오키나와 문학 선집』, 소명출판, 169~235쪽.

2. 단행본 및 학술잡지

가와미츠 신이치, 이지원 역, 2014, 『오키나와에서 말한다』, 이담, 62쪽, 252쪽.
개번 매코맥 · 노리마쓰 사토코, 정영신 역, 2014, 『저항하는 섬, 오키나와』, 창비,
  20~458쪽.
곽형덕, 2015, 「마타요시 에이키 문학에 나타난 '타자와의 교섭'과정」, 『탐라문화』 49, 제
  주대학교 탐라문화연구소, 37쪽.
_____, 2016, 「메도루마 슌 문학과 미국」 『오키나와 문학의 힘』, 역락, 158쪽.
곽형덕 편역, 2020, 『오키나와 문학 선집』, 소명출판, 450쪽.
김재용, 2016, 「오키나와에서 본 베트남 전쟁」, 『오키나와문학의 힘』, 역락, 214쪽.
메도루마 슌, 안행순 역, 2013, 『오키나와의 눈물』, 논형, 69쪽.
손지연, 2020, 『전후 오키나와문학을 사유하는 방법』, 소명출판, 310쪽.
아라사키 모리테루, 김경자 역, 2019, 『오키나와 이야기』, 역사비평사, 74~82쪽.
아라사키 모리테루, 정영신 역, 2019, 『오키나와 현대사』, 논형, 294쪽.
오키나와타임즈 편집, 김란경 · 김지혜 · 정현주 역, 2020, 『철의 폭풍』, 산처럼, 518쪽.
오시로 다쓰히로, 손지연 역, 2016, 『신의 섬』, 글누림, 168쪽.
윤상인, 2009, 『문학과 근대와 일본』, 문학과지성사, 208쪽.
조정민, 2017, 『오키나와를 읽다』, 소명출판, 183쪽. 185쪽, 201쪽.

石原昌家 他, 2002, 『爭點・沖縄戰の記憶』, 社會評論社, 19쪽.

野村浩也, 2005, 『無意識の植民地主義－日本人と美軍基地と沖縄人』, お茶の水書房,

    25~41쪽.

한국일보 2021.4.12. "25년 지나도 기약 없는… 日 후텐마 미군기지 반환"

(검색일 2021.8.20. https://www.hankookilbo.com/News/Read/A2021041210060001127?did=NA)

8

일본의 독도영유 주장과 근대 논리의 한계

곽진오 동북아역사재단 연구위원

I. 머리말

일본이 독도(獨島)영유를 주장하면서 내세우는 근대 논리는 "일본은 울릉도로 건너가는 중간 정박지 및 어장으로서 죽도(竹島, 독도)[1]를 이용하였고 적어도 17세기 중반에는 죽도의 영유를 확립했습니다"와 "1905년 2월 22일 시마네현 고시40호[北緯 37度 9分 30初, 東經 131度 55分, 오키시마

---

1 "독도(獨島), 우리나라에서 부르는 이름이지만 일본에서는 죽도(竹島, 다케시마)라 한다. 한편 이 글에서는 다케시마를 '죽도'라 부르기로 한다. 일본에서 부르는 다케시마는 옛날 울릉도를 그렇게 불렀는데 1905년 독도가 시마네현에 강제편입 되면서 일본은 17세기 중엽 일본인들이 울릉도 근해에서 어업 한 경험이 있다는 이유를 들어 기존의 송도(松島, 마쓰시마)라는 이름을 버리고 지금의 독도를 다케시마로 부르게 되었다." 곽진오, 2020, 「일본중학교 교과서 검정과 독도: 일본 국회 의사록 분석을 중심으로」, 『한림일본학』 제36집, 한림대학교 일본학연구소, 6쪽.

(隱岐島)에서 서북으로 85해리 거리에 있는 섬을 다케시마(竹島)라고 칭하고 지금 이후부터는 본현(本縣) 소속의 오키 도사(島司)의 소관으로 정한다)"[2]이다. 이에 대해 나이토 세이추(內藤正中)는 일본의 독도영유 주장은 모순이며 그 이유에 대해 전자의 경우는 일본의 독도영유 주장에 대한 근거가 부족하다고 비판한다. 그 내용은 다음과 같다.

"일본이 무엇을 가지고 영유권을 확립했는가에 대해서는 그 근거에 관한 어떠한 설명도 하지 않고 있다."[3]

이는 일본 정부의 독도영유 주장을 정면으로 부정하는 것으로, "당시 일본 어부들이 울릉도로 가기 위해 독도를 정박지 및 어장으로 이용하였다고 해서 독도가 일본 영토가 되는 것은 아니다"라는 것이다. 후자에 대해서도 시마네현 고시 40호는 국제법과는 거리가 먼 공시였다는 것이다.

"일본은 죽도(竹島)의 영토편입에 대하여 관보공시(官報公示)도 하지 않고, 시마네현(島根県)에 훈령을 내려 관내(管內)에서 공시한 것으로 보아, 시마네현은 1905년 2월 22일에 오키 도사의 소관(所管)으로 된 것을 고시하고 『시마네현보(島根県報)』에서 발표했다. 그리고 그 지역의 산음신문(山陰新聞)은 같은 해 2월 24일 자에서 '오키의 새로운 섬'

---

2 https://www.kr.emb-japan.go.jp/territory/takeshima/g_hennyu.html(검색연월일, 2020.10.17)

3 內藤正中, 2008, 『竹島=獨島問題入門』-日本外務省「竹島」批判, 新幹社, 25쪽.

이라고 보도했다. 이는 확실히 비밀리에 진행되었다고는 할 수 없지만, 국제법에 비추어 「유효하게 실시되었다」고 하기에는 거리가 먼 공시였다. 그래서 시마네현의 고시(告示)는 내부 회람용이란 도장을 찍어 관보에 게시된 바 없이 「시마네현 고시(島根縣告示) 제40호」를 고시하였다고 보여진다."[4]

나이토의 내용과 상반되는 선행연구로는 1952년 4월 28일 샌프란시스코 평화조약이 발효되고 한일국교정상화를 위한 양국의 접촉 과정에서 가와카미 겐조(川上健三)의 『죽도의 영유(竹島の領有)』(1953.8)와 다무라 세이자부로(田村淸三郞)의 『죽도문제연구(竹島問題の研究)』(1955.5)가 작성되었다. 이들은 각기 일본 외무성 조약국과 시마네현 총무과에서 독도영유와 관련한 사료 검토를 담당하던 관원이다. 이 두 저작은 후일 수정·증보되어 『죽도의 역사지리학적 연구』(川上健三, 1966)와 『시마네현 죽도의 신연구(新研究)』(田村淸三郞, 1965)로 간행되었다. 이처럼 가와카미와 다무라는 독도와 관련된 일본 중앙정부와 지방정부의 담당 관리로서 당시의 시대적 필요성에 의해 사료를 모아 책으로 정리했는데 이 책들이 여전히 일본 외무성의 독도영유 주장 논리를 형성하고 있다.[5]

가와카미가 연구한 주된 내용은 첫째, 한국의 문헌이나 사료에 등장하는 울릉도와 우산도는 동일한 섬(1도설)이고 조선시대에 한국인들은 독도를 인지하지 못하였으며,[6] 둘째, 울릉도에서 독도는 목(눈)측으로 볼 수 없

---

4   内藤正中, 2008, 앞의 책, 44쪽.

5   송휘영, 2018.9, 『동양정치사상연구』 제17권 2호, 170쪽.

6   川上健三, 1966, 274~275쪽.

었기에 한국인들은 독도의 존재를 몰랐다는 것이다.[7] 『세종실록』「지리지」나 『동국여지승람』, 『고려사』 등에 나타나는 '우산·울릉', '무릉·우산'이라는 명칭은 모두 울릉도를 가리키는 이칭(다른 이름)이라는 것이다. 가와카미의 이러한 논리는 다무라의 연구에서도 그대로 연결되어 있다. 이는 지금의 '죽도문제연구회(竹島問題研究會)'[8]가 주장하는 일련의 논리로 계승되고 있다.[9]

그런가 하면 최근에는 독도가 일본의 고유영토가 될 수 없다는, 이른바 기존 선행연구와는 다소 상반되는 주장을 하는 연구자가 있는데 이케우치 사토시(池内敏)이다. 이케우치는 문헌사료의 고증(考證)에 의한 독도 관련 연구로는 일본의 「고유영토론」이 성립하지 않는다고 결론을 내리고 있다. 그러나 그의 논리는 일본과 한국의 중간에 있는 독도를 과거 일본이 일본의 판도로 인식하지 못했지만 그렇다고 해서 한국이 독도를 영토로 인식했다는 증거도 불충분하다는 양비론적(兩非論的) 입장을 견지한다.[10] 즉 당시의 독도는 한일 어느 나라도 자국의 영역으로 간주하여 지배했다고는 할 수 없다는 것이다.

---

7   川上健三, 1966, 281~282쪽.

8   이 연구회는 시마네현 총무과 소속으로 2005년 3월 시마네현 의회에서 「죽도의 날을 제정하는 조례」가 가결되고 같은 해 6월에 설립된 「Web죽도문제연구소」부속이다. 이 연구회에서는 한국의 독도영토주권행사에 대응하는 정책을 제안하고 그간 4회에 걸쳐서 '죽도문제에 관한 조사연구'를 발행했다. https://www.pref.shimane.lg.jp/admin/pref/takeshima/web-takeshima/takeshima01/(검색연월일: 2020.11.6)

9   송휘영, 2018.9, 앞의 책, 170쪽.

10   池内敏, 2009, 「일본에도시대의 다케시마·마츠시마의 인식」, 『독도연구』 6, 영남대학교독도연구소, 199~221쪽; 池内敏, 2012, 『竹島問題とは何か』, 名古屋大学出版会; 池内敏, 2011, 「竹島·独島と石島の比定問題-ノ―ト」, 『hersetec』4-2, 1~9쪽.

그러나 이들이 주장하는 독도 얘기는 사실이 아니다. 먼저 독도는 울릉도에서 보이는 섬이다. 그 근거는 이하 몇 가지를 예로 들 수 있다. 첫째, 세종실록지리지(1454년 권153) 강원도 울진현조를 보면 "우산, 무릉 두 섬은 현(울진현)에서 바로 보이는 동쪽 바다 가운데 있으며, 두 섬은 거리가 멀지 않아 날씨가 맑으면 가히 바라볼 수 있다(于山武陵二島 在縣 正東海中 二島相距不遠 風日淸明 則可望見)"라고 기록되어 있다. 이는 우산과 무릉은 두 개의 섬이며, 울진현의 동쪽으로 바다 한가운데 있다는 것이고, 두 섬의 상호 거리가 멀지 않아 날씨가 청명한 날에는 볼 수 있다는 것이다. 첨언하자면, 날씨가 청명한 날 울릉도에서 볼 수 있는 섬은 독도 외에는 없다. 그리고 무릉(武陵)이 울릉도의 또 다른 이름이라는 것은 이미 확인된 사실이다. 그렇다면 여기서 우산(于山)은 독도가 분명하다. 우산이 울릉도 저동 앞에 있는 죽서(竹嶼, 댓섬·죽도)를 말한다는 일본 측의 주장도 있지만, 죽서는 비가 오고 안개가 있는 날에도 볼 수 있다. 둘째, 1694년 장한상(張漢相, 1656~1724)[11]이 '삼척첨사'라는 직위로 첫 울릉도 수토관(守討官)으로 명명되어 같은 해 음력 9월 19일에 삼척을 출발하여 9월 20일부터 10월 3일까지 13일간 체류하면서 울릉도를 조사하였다. 10월 6일에 삼척으로 돌아와 왕에게 복명한 울릉도사적(鬱陵島事蹟)에

---

11 "초대 울릉도 수토관 장한상이 1694년(숙종 20) 울릉도 지역을 조사했을 당시는 안용복 사건으로 울릉도·독도 일대를 둘러싸고 일본과 갈등을 겪던 시기였다. 장한상은 조선시대 무신(1676년 3월 21일 무과(武科)에 급제)으로 그의 생에 주요 관직은 경상좌도·함경북도·전라도병마절도사(慶尙左道·咸鏡北道·全羅道兵馬節度使)로 알려져 있다. 한편, 장한상은 1712년(숙종 38) 청나라와 국경을 획정할 때 함경북도 병마절도사로서 백두산 남쪽 지형을 그려 바친 바도 있다. 1716년(숙종42) 경기도 수군절도사, 영변부사, 1723년(경종 3) 다시 함경도 병마절도사, 황해도 병마절도사 등을 지냈다." 곽진오, 2020,「독도 영유권과 장한상의 수토 활동에 관한 연구」,『일본학보』제117집, 한국일본학회, 126~127쪽.

는 "먼 동쪽 바다 가운데 진방면(辰方面)에 크기가 울릉도의 1/3 미만이고 300리가 되지 않는 곳에 섬이 있다"고 기록하고 있다. 이는 지금의 독도 위치와 거리가 거의 일치한다. 셋째, 동북아역사재단 독도연구소에서 2008년 7월부터 2009년 12월까지 1년 6개월 동안 울릉도에서 독도를 관측하는 이른바 「독도 가시일수(可視日數)」조사사업을 했는데 울릉도에서 독도를 평균 월 4회 볼 수 있었다. 그러나 가와카미·다무라의 연구는 '울릉도에서 독도 가시'의 가능에 대해서 간과했다. 그러면서 이들은 "울릉도에서 독도가 보이지 않기 때문에 독도는 한국과는 무관하다"는 주장을 폈다.

한편 이 글의 구성은, 첫째 서론, 둘째 한일 문헌 속의 독도, 셋째 일본이 주장하는 근세의 독도, 넷째 일본이 주장하는 근대의 독도, 그리고 다섯째, 결론으로는 한일 간의 독도 쟁점에 대한 분석으로 이 글을 갈무리하려 한다.

II. 한일 문헌 속의 독도

일본이 한국의 독도영유 주장 대응 논리로 자주 사용하는 말은 "한국의 고문헌과 고지도에는 독도가 있습니까?"이다. 그러면서 "아닙니다, 한국 고문헌과 고지도에 나오는 '우산도'를 한국은 지금의 독도라고 주장하고 있으나, 이 주장은 근거가 결여된 것입니다"[12]라며 스스로 답하고 있다. 이에 대한 좀 더 구체적인 내용으로, 예를 들면, 일본 정부의 독도영유 주

---

12 https://www.mofa.go.jp/mofaj/area/takeshima/index.html(검색연월일: 2020.11.6)

장 논리는 "죽도는 역사적 사실에 비추어도 또한 국제법상으로도 분명히 일본고유의 영토입니다"[13]이다. 그리고 "한국은 일본이 죽도를 실질적으로 지배하고 영유를 재확인한 1905년 이전에 죽도를 지배하고 있었던 것을 나타내는 명확한 근거를 제시하지 않고 있습니다"[14]이다. 일본은 그 근거로 다음과 같이 설명하고 있다. "현재의 죽도는 일본에서 일찍이 '송도(松島, 마쓰시마)'로 불렸으며, 울릉도는 '죽도' 또는 '기죽도(磯竹島)'로 불렸습니다. 죽도 또는 울릉도의 명칭에 대해서는 유럽의 탐험가 등에 의한 울릉도 측위(測位)의 잘못에 따라 일시적인 혼란이 있었지만, 일본이 '죽도'와 '송도'의 존재를 옛날부터 인지하고 있었던 것은 각종 지도나 문헌에서도 확인할 수 있습니다."[15]

위의 내용들은 일본이 독도영유를 주장하기 위해 반복적으로 사용하는 구절들로, 일본은 독도영유에 대해 근대 논리를 뒷받침하기 위해서 한일 양국의 중세 문헌뿐만 아니라 근세 그리고 근대 문헌까지 예로 들고 있다. 일본의 독도영유 주장 논리는 시대구분 없이 일본에게 유리하다고 판단되는 한일 양국의 문헌을 총동원하고 있는 실정이다. 예를 들면, 일본이 한국의 독도영유 주장을 부정할 때 자주 사용하는 내용으로는 "한국 측은 조선의 고문헌에 나오는 기술을 바탕으로 '울릉도'와 '우산도'라는 두 개의 섬을 예로부터 인지하고 있었으며, 그 '우산도'가 지금의 다케시마(독도)라고 주장하고 있습니다. 그러나 조선의 고문헌에서 우산도가 지금의 다케시마라는 한국의 주장을 뒷받침할 증거는 발견되지 않았

---

13 https://www.mofa.go.jp/mofaj/area/takeshima/index.html(검색연월일: 2020.11.22)

14 https://www.mofa.go.jp/mofaj/area/takeshima/index.html(검색연월일: 2020.11.22)

15 https://www.mofa.go.jp/mofaj/area/takeshima/index.html(검색연월일: 2020.11.22)

습니다"[16]이다. 그리고 『세종실록지리지』(1454)와 『신증동국여지승람』(1531)에 "우산·울릉의 두 섬이 (울진)현의 동쪽 바다에 있다"고 기록되어 있는데, 우산도가 다케시마라고 주장하고 있다. 그뿐만 아니라 우산도가 지금의 독도가 아님을 명확히 나타내는 조선의 고문헌도 있다고 주장하면서 다음과 같이 얘기한다.

"『태종실록』 33권에 나오는 '태종 17년 2월조(1417)에는 안무사 김인우(金麟雨)가 우산도에서 돌아와, 섬의 산물인 큰 대나무를…헌상하고, 주민 3명을 데리고 왔다. 그 섬의 인구는 대략 15호에 남녀 합하여 86명(按撫使金麟雨還自于山島 獻土産大竹水牛皮生苧綿子撿撲木等物 且率居人三名以来 其島戸凡十五口男女并八十六)'이라고 기술되어 있지만, 독도에는 대나무가 자라지 않으며, 86명이나 되는 사람이 거주할 수 없다. 또 『동국문헌비고』(1770) 등에 '울릉과 우산은 모두 우산국의 영토이며, 우산은 일본에서 말하는 마쓰시마(松島)이다'라고 기록되어 있는데, 18세기 이후의 문헌에 기술된 것은 1696년 일본에 밀항한 안용복이라는 인물의 신빙성 없는 진술에 따른 것이다. 또한 18세기와 19세기의 문헌에 '우산은 일본에서 말하는 마쓰시마이다'라고 기록했더라도 그것이 『세종실록지리지』, 『신증동국여지승람』의 우산이 독도가 되는 것은 아니라는 것이다."[17]

그러나 일본의 이 같은 한국 독도영유 주장에 대한 반박 논리는 사실

---

16 https://www.mofa.go.jp/mofaj/area/takeshima/index.html(검색연월일: 2020.12.3)

17 https://www.mofa.go.jp/mofaj/area/takeshima/index.html(검색연월일: 2020.12.3)

과 다르다. 「팔도총도」에는 독도가 울릉도의 왼쪽에 그려져 있는데 그 이유는 『세종실록지리지』와 『신증동국여지승람』에 독도와 울릉도를 설명하는 내용이 '우산(于山)·우릉(鬱陵)'으로 시작되기 때문이다. 그러나 18세기 중반 정상기의 「동국대전도(東國大全圖)」를 시작으로 중국에서 제작된 한국 관련 지도에도 독도가 울릉도의 오른쪽에 위치하고 오늘날의 울릉(鬱陵)·우산(于山)으로 바뀌었다. 그래서 한국의 고문헌에 등장하는 우산·울릉은 한국이 예로부터 울릉도와 독도를 각각 다른 섬으로 인지하고 있었다는 증거다. 그런데도 일본은 「팔도총도」에 그려진 우산도가 지금의 독도가 될 수 없다는 주장을 다음과 같이 강변한다.

"한국 측에는 16세기 이래로 조선 지도에 다케시마가 우산도로 그려져 있다는 논의도 있지만 지금까지의 조선 지도에서 볼 수 있는 우산도는 모두 다케시마가 아닙니다. 예를 들어 『신증동국여지승람』에 첨부되어 있는 「팔도총도」에는 울릉도와 '우산도'의 2개 섬이 그려져 있습니다. 만약 한국이 주장하듯 '우산도'가 다케시마를 나타내는 것이라면, 이 섬은 울릉도의 동쪽에 울릉도보다 훨씬 작은 섬으로 그려졌을 터입니다. 그러나 이 지도상의 '우산도'는 한반도와 울릉도 사이에 위치하고 또한 울릉도와 거의 같은 크기로 그려져 있습니다. 따라서 이 '팔도총도'의 우산도는 울릉도를 2개의 섬으로 그린 것이거나 또는 가공의 섬이지 울릉도의 훨씬 동쪽에 위치한 다케시마가 아닙니다."[18]

---

18 https://www.mofa.go.jp/mofaj/area/takeshima/index.html(검색연월일: 2020.12.3)

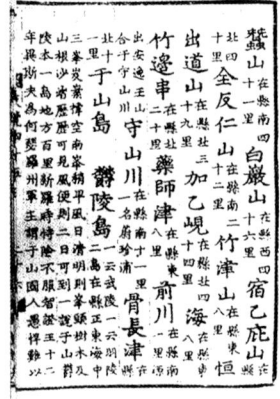
신증동국여지승람(1630)

팔도총도(1631)

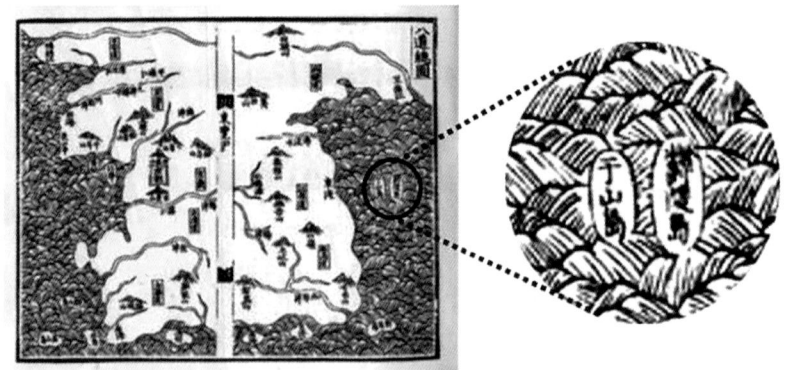
팔도총도 그리고 우산도 울릉도

〈그림 1〉 신증동국여지승람과 팔도총도 그리고 우산도·울릉도

하지만 〈그림 1〉에서 보듯이 「팔도총도」의 우측 하단에 붉은 도장이 찍힌 부분에 대마도(對馬島)가 한국 영토로 되어 있다. 이에 대해 한국은 일부 시민단체를 제외하고 대마도를 한국의 영토와 무관한 섬으로 보고 있다. 왜냐하면 옛날에는 오늘날과 달리 지도를 그리는 기술에 있어서 정밀도가 떨어지기에 지도상에서는 대마도가 한국의 영유가 되기도 했다.

그렇다면 독도 관련 일본 고지도에 대해서 일본 정부의 주장은 어떠한가?

일본 외무성 홈페이지에는 19세기 중반 나가쿠보 세키스이(長久保赤水)가 일본정부의 명을 받아 그렸다는 「개정일본여지노정전도(改正日本興地路程全図)」(1846)가 게시되어 있다. 이를 두고 일본은 '울릉도와 죽도를 한반도와 오키제도 사이에 정확하게 기재하고 있는 지도가 다수 존재합니다'[19]라고 주장하고 있다. 그러나 이는 사실이 아니다. 나가쿠보의 「개정일본여지노정전도」는 교통지도로서 1775년에 완성되어 1778년에 에도막부(江戶幕府, 이하 막부) 관허(官許)를 얻어 1779년에 초판이 나왔다. 경위선 없이 울릉도와 독도가 다른 나라와 같이 취급되어 채색되어 있지 않다.

게다가 일본 외무성 홈페이지에서 확인할 수 있는 「개정일본여지노정전도」는 나가쿠보의 1779년 초판이 아닌 총 아홉 판 중 마지막 판본에 해당하는 1846년 판본임을 알 수 있다. 어떻게 이것을 대표적인 것으로 올려놓은 것일까? 일본 외무성이 의도하는 바를 알 수가 없다. 왜냐하면 필자가 확인한 나가쿠보의 1779년 「개정일본여지노정전도」 초판은 〈그림 2〉의 왼쪽 그림에서 보듯이 울릉도와 독도가 일본 영역 밖에 위치해 있다. 그리고 「개정일본여지노정전도」는 초판에서부터 마지막 판까지 울릉도와 독도가 표시된 부분에 『은주시청합기(隱州視聽合記)』(1667)의 "울릉도와 독도 두 섬은 사람이 살지 않는 땅이지만 고려에서 보기에는 운주에서 은주를 바라보는 것 같다(此二島無人之地, 見高麗如自雲州望隱州)"라는 내용이 적혀 있다. 즉 『은주시청합기』에서 운주는 일본이므로 운주가 은주(오키섬)를 같은 일본의 영토로 보듯이, 울릉도와 독도는 고려의 영토이기에

---

19   https://www.mofa.go.jp/mofaj/area/takeshima/index.html(검색연월일: 2020.12.6)

「改正日本輿地路程全図」(1779)

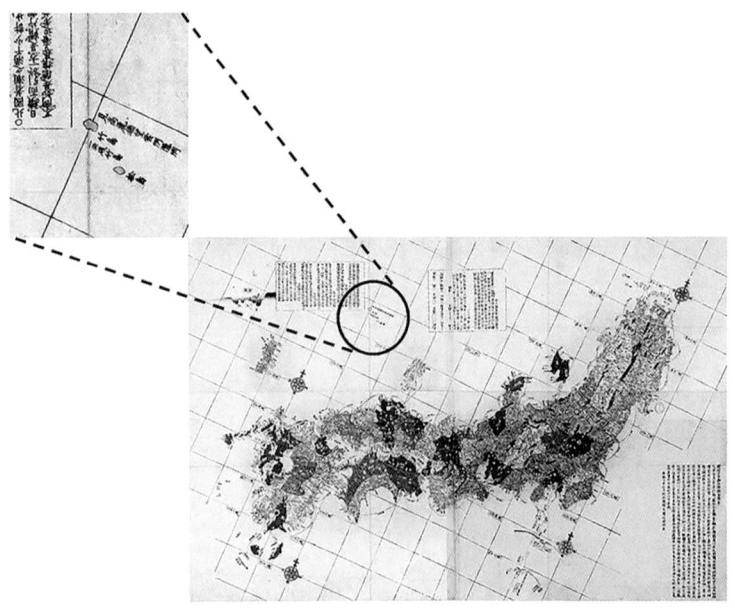

「改正日本輿地路程全図」(1846)

〈그림 2〉 울릉도·독도 관련 일본 영역 밖과 안에 그려진 「개정일본여지노정전도」

"일본의 서북한계는 오키섬까지다(然則日本之乾地, 以此州爲限矣)"라는 것이다. 따라서 일본 정부를 대표하는 외무성 홈페이지의「개정일본여지노정전도」를 통한 독도영유 주장은 누가 보더라도 모순이다. 그래서 한국 문헌에서는 독도가 존재하나 일본 문헌에서는 독도가 일본과는 무관하게 표시되어 있음을 확인할 수 있다.

III. 일본이 주장하는 근세의 독도

앞에서도 언급했듯이 독도영유를 주장하는 일본의 문헌(文獻) 근거는 특정 시기에 머무르지 않고 다양하다. 일본은 독도가 한국과 무관하다는 근세 시기의 내용에 대해서는 다음과 같이 주장하고 있다. 예를 들어 독도가 일본 영토가 되었다는 논리로는 돗토리번(鳥取藩)의 오야 진키치(大谷甚吉)·무라카와 이치베(村川市兵衛)가(家) 어부들이 울릉도 근해에서 어업 활동을 했다는 기록과 안용복의 도일 활동에 대한 비판이 주요 내용이다. 한편 일본은 오야·무라카와가의 울릉도에서의 어로 활동 기록을 근거로 독도가 일본 영토라는 논리를 펴고 있다.[20] 그러나 한일 양국의 공문서에 등장하는 안용복의 활동에 대해서는 모두 부정적인 내용들만 나열하고 심지어는 일본의 공문서 내용까지 부정하면서 안용복의 행적을 왜곡하고 있다. 일본이 안용복의 행적을 크게 왜곡하는 것은 두 가지다. 첫째, 안용복은 조선을 대표하지 않았다. 둘째, 안용복 진술의 신빙성에 대한 의구심이다.

---

20 https://www.kr.emb-japan.go.jp/territory/takeshima/g_ryoyu.html

일본이 말하는 '안용복이 조선을 대표하지 않았다'라는 의미가 무엇인지 이해하기 어렵다. 일본은 17세기 오야·무라카와가 어부들이 동해에서 어업 했던 근거를 가지고 '일본이 먼저 독도를 인지하고 있었기에 독도가 일본의 고유영토이다'고 주장한다. 한편 안용복은 당시 일본의 오야·무라카와가 어부들이 돗토리번 출신의 일본사람이었던 것처럼 부산 동래 출신의 조선 어부였다. 그런데 안용복이 조선을 대표하지 않았다니 이게 무슨 뜻인지 이해가 가질 않는다. 그러면서 일본은 안용복의 당시 대일활동에 대해서 다음과 같이 폄훼하고 있다.

"아래와 같은 점에서 안용복이 조선을 대표하지 않았던 것은 분명합니다. 『숙종실록』에는 안용복의 도일(渡日)에 대해 다음과 같이 서술되어 있습니다. '동래부사 이세재가 왕에게 말하기를, 쓰시마의 사신이 지난해 귀국인(貴國人)이 진정서를 내려고 했는데, 조정의 명령에 의한 것인가(去秋貴国人有呈単事出於朝令耶)'라고 물었다, 이에 대해 이세재가 '만약 말할 것이 있으면 역관을 에도(江戸)[21]로 보내지, 무엇을 꺼려 우매한 어민을 보내겠는가(若有可弁送一訳於江戸 顧何所憚而乃送狂蠢浦民耶)'라고 말했다. …비변사는 '…바람에 떠도는 어리석은 백성이 설령 뭔가 했더라도 조정이 알 바는 아니다(…至於漂風愚民 設有所作為 亦非朝家所知)'라고 말했다. 이렇게 쓰시마의 사신에게 말해도 되는지 묻자 왕이 이를 윤허했다(請以此言及館倭允之)'(숙종 23년 정축 2월 을미조). 이 점은 조선국 예조참의 이선박이 쓰시마 번주(藩主) 앞으로 보낸 서한 속에서 다음과 같이 일본에 전달되었습니다. '작년에 표착한

<hr />

21 당시 에도막부의 수도(지금의 도쿄).

사람의 일입니다만, 바닷가 사람들은 배를 젓는 일을 가업으로 삼고 있으며, 큰바람을 만나면 순식간에 풍랑에 휩쓸려 월경하여 귀국에 도달합니다(昨年漂氓事濱海之人率以舟檝為業驪風焱忽易及飄盪以至冒越重溟轉入貴国). …만약 진정서를 냈다면 참으로 그것은 무지망작의 죄에 해당합니다(…若其呈書誠有妄作之罪). 그래서 이미 법에 따라 유형에 처했습니다(故已施 幽殛之典以為懲戢之地).'"[22]

위 내용은 일본이 안용복의 단면만을 발췌해서 왜곡하고 있다. 하지만 1696년 안용복의 2차도일(渡日) 때 있었던 오키섬에서의 안용복 취조 과정에서 일본인 관리가 기록했다는 이른바 '「원록구병자년조선주착안일권지각서(元祿九丙子年朝鮮舟着岸一卷之覺書)」(1696)'와 그에 따른 문건에 대해서 일본은 왜 언급하지 않는가? 그러면서 일본은 오야·무라카와가의 울릉도에서 어로 활동을 근거로 독도가 일본의 고유영토라고 주장하고 있지 않는가? 일본은 안용복의 일본에서의 행적을 숨기거나 왜곡하여 비판하는 데 초점을 맞추고 있다. 반대로 오야·무라카와가 문서에는 독도가 울릉도의 부속으로 되어 있고 동시에 민간 기록이지만 일본은 어부들이 독도를 인지했다는 것만으로도 독도가 일본의 고유영토라고 주장하고 있다.

하지만 안용복 관련 〈그림 3〉의 문서는 2005년에 오키섬 무라카미 조쿠로(村上助九郎) 서고에서 발견되었는데 안용복이 2차 도일 때 오키섬 관리에게 언급한 울릉도(竹島)와 독도(松島) 관련 내용으로, 두 섬 모두 강원도 소속임을 밝히고 있다. 그리고 일본의 안용복에 대한 두 번째 왜곡은

---

22 https://www.mofa.go.jp/mofaj/area/takeshima/index.html(검색연월일: 2020.12.17)

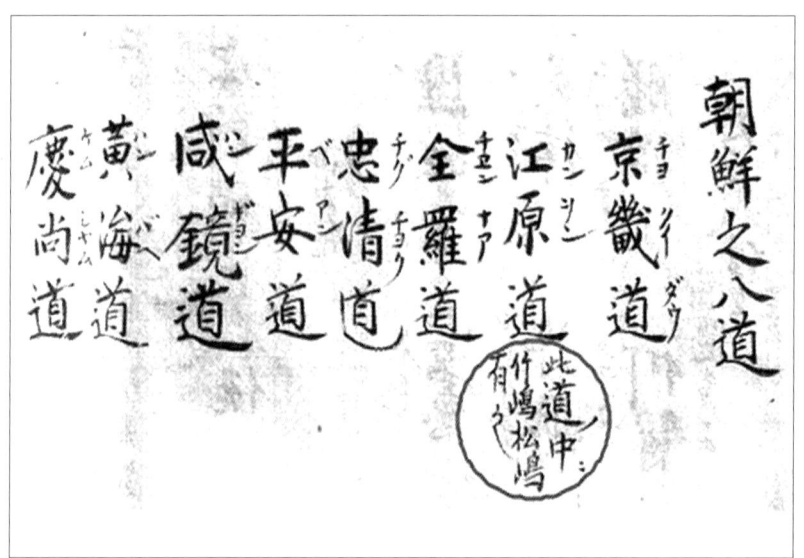

〈그림 3〉 원록구병자년조선주착안일권지각서(1696)

안용복의 진술이 거짓임을 강조하는 대목으로 내용은 다음과 같다.

"또한 한국 측의 문헌에 따르면 안용복은 1696년 일본에 왔을 때 울릉도에는 다수의 일본인이 있었다고 말하였다고 합니다. 그러나 안용복의 도일은 막부가 일본 어부들에게 울릉도로의 도항을 금지하는 결정을 내린 후의 일이며, 당시 오야·무라카와 양가는 울릉도로 도항을 하지 않고 있었습니다"[23]

이는 일본 외무성 홈페이지에 있는 내용으로 안용복이 두 번째로 도

---

23 https://www.mofa.go.jp/mofaj/area/takeshima/index.html(검색연월일: 2021.1.2)

일했을 당시 그의 행적이 거짓이라는 점을 강조하기 위해서 설명해 놓은 것이다. 다시 말해서 1693~1696년, 동해상에서 안용복과 일본 어부들 사이에 이른바 '이권다툼'이 울릉도 영유 문제로 이어지자, 막부는 1696년 1월 28일부로 일본 어부(오야·무라카와 양가)들에게 울릉도 도해 금지령을 내렸다. 일본은 이때 내린 막부의 도해금지령은 울릉도 도항만 해당할 뿐 독도[당시 송도(일본명 마쓰시마, 松島)]에 대한 언급은 없었기 때문에 독도 도항은 금지되지 않았다고 주장한다. 그래서 이때부터 독도는 일본 영토가 명확하다고 주장하기도 한다. 또한 일본은 울릉도 도해 금지령 이후 일본 어부들은 울릉도에 가지 않았다고 주장한다. 그리고 안용복의 2차 도일(1696.5.8~1696.8.6) 날짜를 보았을 때 1696년 1월 28일 이후에도 안용복이 울릉도 근해에서 일본 어부들을 보았다는 기록을 두고 안용복의 주장에 신빙성이 없다는 것이다. 하지만 사실은 다르다. 돗토리번이 안용복의 1차 도일사건을 막부에 보고하자 막부는 울릉도 도해의 당사자인 돗토리번의 의견을 듣기 위해 질문했다. 돗토리번은 울릉도에 대한 막부의 질문["울릉도(죽도) 외에 인백(因伯) 양국(兩國)에 부속된 섬은 있는가"]에 답하는 과정에서 "죽도는 이나바(因幡),[24] 호우키 양국에 소속된 섬이 아니라는 점을 명확히 했다"[25]고 언급하였다. 이에 대해 나이토는 "일본이 이전에는 독도의 존재를 모르고 있다가 돗토리번의 막부에 대한 답변서를 보고 독도의 존재를 처음 알았다"고 한다.

"돗토리번이 '죽도·송도 그 외에 양국에 부속의 섬은 없다(竹島松島其

---

24 현재의 돗토리현(鳥取縣) 동부, 별명(別名) 인슈(因州)

25 內藤正中, 2008, 『竹島＝獨島問題入門』-日本外務省「竹島」批判, 新幹社. 30쪽.

外両国に付属の島はない)'라고 회답한 것으로 보아 막부는 울릉도인 죽도 옆에 송도가 있는 것을 처음으로 알았다. 이 때문에 다시 송도에 대한 상세한 내용을 돗토리번에 조회하게 한다. 돗토리번에서는 호우키국(伯耆國)에서 송도까지의 거리, 돗토리번령이 아니라는 점과 죽도로 가는 도중 들러서 고기잡이를 하는 점, 인백(因伯, 因州·伯州) 양국 이외의 사람이 나가는 일은 없는 점 등을 회답했다. 이렇게 해서 송도에 대해서도 죽도와 함께 막부로서는 돗토리번령의 섬이 아니라는 것을 확인하고, 돗토리번령의 인백 양국 이외에 출어하고 있는 자가 없는 이상은 돗토리번의 관계자에게만 죽도 도해를 금지하면 된다고 판단한 것이다. 죽도 도해 도중에만 들르는 송도에 대해서는 언급할 필요가 없었던 것이다. 따라서 송도에 도항 금지를 명기하지 않은 것은 송도를 일본 영토라고 생각했기 때문이라는 식으로 말할 수는 없는 것이다."[26]

나이토의 주장대로라면 오야·무라카와가의 울릉도에서의 어로 활동 기록을 근거로 독도가 국제법적으로 일본 영토라는 이른바 '독도에 대한 영유 논리'는 잘못된 것이다. 그리고 1696년 1월 28일 이후에도 안용복이 울릉도 근해에서 일본 어부들을 보았다는 내용이 사실인 이유에 대해 나이토는 "이 금지령은 당장은 돗토리번과 쓰시마번에만 전해져 돗토리번 관계자에게 전달은 귀국 때가 좋다고 했기에 8월 1일에 오야·무라카와 두 사람에게 전하여 승낙서를 받았다. 쓰시마번은 이 사실을

---

26 内藤正中, 2008, 앞의 책 32쪽.

10월 16일에 조선국 동래부(東萊府)에 통고했다"[27]는 것이다. 이는 안용복이 5월에 울릉도 근해에서 일본 어부들을 보았다는 주장이 사실임을 뒷받침하는 내용이다. 왜냐하면 1696년 1월 28일에 결정된 막부의 울릉도 도해 금지령이 오야·무라카와가에 전달되지 않았기 때문에 이들이 울릉도 근해에서 어업을 했고, 이로 인해 안용복 일행이 이들을 조우하고 난 뒤 항의 차 도일했던 것이다. 그러나 일본은 안용복의 도일과 관련해서 그의 행적 등을 의심하고 있다. 일본이 안용복과 관련해 첫 번째 의문점으로 꼽는 것은 안용복이 사람이 사는 섬에서 왔다는 점을 들고 있다.

> "안용복이 타고 있던 배에는 '조울량도감세장신안동지기(朝鬱両島監税将臣安同知騎)'라는 깃발이 세워져 있었고, 안용복은 '울릉우산량도감세장(鬱陵于山両島監税将)'이라고 자신을 밝혔다고 하지만, 이 관명은 가공의 것이며 안용복 자신이 사칭했던 것을 인정하고 있습니다. 안용복이 '감세'나 '감세장'이라고 칭한 것은 울릉도와 우산도의 징세관을 의미하는 듯합니다. 안용복은 우산도를 큰 섬으로서 사람이 살고 있다고 믿었던 것 같습니다."[28]

두 번째 의심으로는 안용복이 울릉도에서 일본인을 보았다는 시기에 대한 내용이다.

---

27 内藤正中, 2008, 위의 책 30쪽.

28 https://www.mofa.go.jp/mofaj/area/takeshima/index.html(검색연월일: 2021.2.15)

"1696년 5월에 도일했을 때 울릉도에 다수의 일본인이 있었다고 진술했다고 합니다. 그러나 같은 해 1월에는 이미 막부가 일본 어부들에게 울릉도로의 도항을 금지하는 결정을 실시하고, 그 지시가 돗토리번에 전달되었으며, 오야·무라카와 두 가문에게 부여했던 '도항 면허'는 반납되었습니다. 한국 측에는 이 안용복의 진술을 토대로 마치 1696년 안용복의 도일에 의해 막부가 일본인의 울릉도 도항 금지를 결정한 것처럼 주장하는 논의도 있지만, 안용복이 일본에 온 시기는 막부가 울릉도 도항을 금지한 4개월 후입니다."[29]

이 같은 안용복에 대한 일본의 의구심은 나이토의 설명을 통해 해소되었다고 볼 수 있다. 즉, 오야·무라카와가 두 가문이 막부의 울릉도 도해 금지령을 알게 된 것은 1696년 8월 1일이고 쓰시마번이 막부의 울릉도 도해 금지령 관련 서류를 동래부에 전달한 것은 같은 해 10월 16일이기 때문에 안용복이 1696년 5월에 울릉도에서 다수의 일본인을 보았다고 진술한 것은 사실이라는 것이다. 그러나 일본은 안용복에 대한 세 번째 의구심으로 '안용복이 일본을 오지 않았다'는 주장까지 하는데 그 내용은 다음과 같다.

"안용복은 귀국 후 조사에서 일본인을 향해 '송도(松島)는 즉 자산도(子山島)이며, 이 또한 우리나라 땅이다. 너희는 왜 이곳에 사느냐(松島即子山島, 此亦我国地, 汝敢住此耶)'라며 따졌다고 진술하고 있습니다. 이 해에 일본인은 울릉도로 도항하지 않았기 때문에 이 이야기도 사실이

---

29 https://www.mofa.go.jp/mofaj/area/takeshima/index.html(검색연월일: 2021.2.20)

아닙니다. 또한 안용복은 우산도에 사람이 살고 있을 것이라고 착각하고 있었던 것 같습니다. 안용복은 1693년에 울릉도에서 고기잡이를 하고 있었을 때 동료들을 통해 울릉도 동북쪽에 있는 섬이 우산도인 것을 알게 되었고[죽도기사(竹島紀事)], 일본에 끌려왔을 때는 '울릉도보다 매우 큰 섬'을 목격했다고 합니다[변례집요(辺例集要)]. 안용복이 '송도는 자산도이다'라고 한 것은, 1693년에 일본에 끌려 온 시기에 알게 된 송도(오늘날의 다케시마)의 이름을, 조선이 전통적인 지식으로서 가지고 있던 우산도에 적용시킨 결과라고 생각되지만, '송도는 자산도이다'라는 것도 명칭상의 것으로 오늘날의 다케시마를 가리키고 있었던 것은 아닙니다."[30]

일본의 이 같은 주장은 안용복의 도일 자체를 의심하는 내용이다. 그러나 1696년 5월 안용복 일행이 2차 도일한 사실 규명은 2005년 오키섬의 무라카와가 서고에서 발견된 문서(〈그림 3〉)를 통해 명백하게 밝힐 수 있다. 안용복은 오키섬에서 「조선팔도지도」를 보여주고 강원도 안에 죽도와 송도, 즉 울릉도와 자산(우산)도가 있으며, 이 두 섬이 조선의 영토라고 주장하자 그 사실을 일본의 관리가 기록하였다. 이는 그동안 안용복의 언행이 거짓이라던 일본의 주장이 잘못된 것임을 드러낸 것이다.[31]

---

30 https://www.mofa.go.jp/mofaj/area/takeshima/index.html(검색연월일: 2021.2.22)

31 内藤正中, 2008, 앞의 책 36쪽.

IV. 일본이 주장하는 근대의 독도

일본은 근대 시기에 독도가 왜 일본 영토가 되었는지를 다음과 같은 내용으로 설명하고 있다.

"오늘날의 다케시마에서 본격적으로 강치를 포획하게 된 것은 1900년대 초입니다. 그러나 그로부터 얼마 후 강치 포획은 과당경쟁 상태가 되었기 때문에 시마네현 오키섬 주민인 나카이 요자부로(中井養三郎)는 사업의 안정을 꾀하기 위하여 1904년 9월 내무, 외무, 농상무 3대신에게 '리앙코섬'[32]의 영토편입 및 대하원(貸下願)을 청원하였습니다. '리앙코섬'은 다케시마를 의미하는 서양식 이름 '리앙쿠르섬'의 속칭, 당시 유럽 탐험가의 측량 오류 등에 따라 울릉도가 '마쓰시마'로 불리게 되었고, 현재의 다케시마는 '리앙코섬'이라고 불리게 되었습니다. 나카이의 청원을 받은 정부는 시마네현의 의견을 청취한 후, 다케시마를 오키 도청(島廳)의 소관으로 해도 문제없다는 것과 '다케시마'의 명칭이 적당하다는 것을 확인하였습니다. 이를 근거로 1905년 1월 각의 결정을 거쳐 다케시마를 '오키 도사(島司)의 소관'으로 결정함과 동시에 이 섬을 '다케시마'로 명명하였으며, 이러한 취지의 내용을 내무대

---

32 독도는 외국어로 '리앙쿠르 암(암초)Liancourt Rocks'으로 불린다. 그 이유는 프랑스 고래잡이 어선인 리앙쿠르호가 1840년대 말 서양 배로는 처음으로 독도를 발견했는데 1851년에 프랑스의 수로지에 독도를 발견한 배(일설에는 배 선장의 이름이라고도 함)의 이름을 '리앙쿠르 암(암초)'으로 소개했기 때문이다. 이를 안 일본은 독도를 '죽도' 이외에도 '리앙코도, 량코도 또는 량코 등으로 불렀다.

신이 시마네현 지사에게 전달하였습니다.[33] 이 각의 결정에 따라 일본은 다케시마의 영유에 대한 의사를 재확인하였습니다."[34]

그러나 일본이 주장하는 독도에 대한 근대 영유 논리는 다음 두 가지 이유에서 모순이 된다. 첫째, 나카이가 독도에서 어업을 위해 내무, 외무, 농상무 3대신에게 '독도 영토편입 및 대하원(りやんこ島領土編入幷二貸下願, 이하 대하원)'을 신청했는데 그 내용은 사업을 위해 독도에 많은 투자를 했을 경우 이후 문제가 생기면 막대한 손해를 볼 수 있다는 우려에서 한국 울릉도의 가까이에 있는 독도에서 사업을 할 수 있도록 일본 정부가 편의를 봐달라는 것이다. 나카이의 '대하원'은 어디까지나 개인이 사업을 목적으로 일본 정부에 제출한 청원서이지 영토주권과는 상관이 없어 보이는 문건이다. 그런데도 일본이 이를 두고 독도영유 주장의 근대 논리의 근거로 포장해서 얘기하는 것은 이치에 맞지 않는다. 그리고 일본이 나카이의 청원을 받아들여 1905년 1월 각의결정을 거쳐 죽도를 '오키도사(島司)의 소관'으로 결정함과 동시에 이 섬을 '죽도'로 명명하고 죽도의 영유에 대한 의사를 재확인했다는 주장은 사실과 다르다. 나카이가 '대하원'을 일본 정부에 제출하게 된 배경은 '사업을 위해 독도에 많은 투자를 했을 경우 이후 문제가 생기면 막대한 손실을 볼 수 있다는 우려'에서라고 했지만, 사실은 독도에서 잡은 강치 사업이 제법 큰 이익을 내자 독도에서 어로를 독점하기 위해 도쿄에 상경한 것이다. 그리고 도쿄에서 지인의 소개로 마

---

33 독도(獨島)가 우리나라에서는 경상북도 울릉군 울릉읍 독도리에 위치한 대한민국 최동단 섬인 데 비해 일본에서는 독도를 죽도(竹島, 다케시마)로 부르고 소속은 시마네현(島根縣) 은기군(隱岐郡) 오키노시마쵸(隱岐の島町) 소관으로 되어 있다.

34 https://www.mofa.go.jp/mofaj/area/takeshima/index.html(검색연월일: 2021.2.26)

키 나오마사(牧朴眞) 수산국장, 기모쓰키 가네유키(肝付兼行) 해군성 수로
부장, 그리고 야마자 엔지로(山座圓次郎) 외무성 국장 등을 만났다.[35] 이 과
정에서 내무성의 이노우에 가즈에노카미(井上主計頭) 서기관은 "일본이
일개 불모의 암초를 취하여 여러 나라로부터 한국을 병탄하려 한다는 의
심을 사는 것은 이익이 적은 데 반해 국익에 더 큰 손실이 있을 수도 있다"
하여 '대하원'에 대해 부정적이었다.[36] 그러나 외무성의 야마자 국장의 생
각은 달랐다. 야마자는 '대하원'에 대해서 당시 러일전쟁과 관련한 시국(時
局)을 예로 들면서 "오히려 영토로 편입시키는 것이 급선무이며 그곳에 망
루를 세우고 무선 혹은 해저 전선을 설치하면 적함을 감시하는 데 어려울
것이 없지 않겠는가" 하여 '대하원'을 서둘러 외무성에 회부토록 했다.[37] 이

---

35 『竹島問題100問 100答』에 대한 비판(2014), 경상북도, 29쪽.

36 內藤正中·朴炳涉, 2007, 『竹島=獨島論爭-歷史資料から考える』, 新幹社. 44쪽. 이노우
    에가 나카이의 '독도영토편입 및 대하원'에 대해 부정적이었던 이유는 1875년에 나
    카무라 겐키(中村元起)의 관련 보고서와 1877년의 태정관지령을 살펴본 후였다. 이
    는 1904년 당시 일본에서는 독도가 일본과 무관하다는 태정관지령을 확인하고서도
    1905년에 독도를 시마네현에 편입했다는 것이기에 일본의 독도 무주지 선점론과 고
    유영토론은 물론이고 국제법적으로도 일본 영토가 될 수 없게 된다.

37 본문에서는 언급하지 않았지만 당시 나카이의 '대하원'에 관여했던 사람들은 독도가
    일본과 무관하다는 사실을 알고 있었다는 게 일반적이다. "수산국장 마키는 1903년
    1월에 출간된 『한해통어지침(韓海通漁指針)』의 발간사를 썼는데 이 책의 강원도 편에
    독도를 '량코도'라는 이름으로, 위치는 '울릉도 동남쪽으로 약 30리'로, 맑은 날에는 울
    릉도 산봉우리 높은 곳에서 이를 볼 수 있다고 기술하고 있다. 또한 해군성 수로부장
    기모쓰키는 1883년과 1886년에 각각 『환영수로지(寰瀛水路誌)』, 1894년과 1899년도
    에는 『조선수로지(朝鮮水路誌)』에 독도를 울릉도와 함께 '리앙쿠르 열암'이라고 상세히
    설명하고 있다. 그리고 야마자는 1904년에 발간한 『최신한국실업지침(最新韓國實業指
    針)』의 서문을 썼는데 이 책 수산 편에 울릉도와 함께 강원도에 소속되어 있는 량코도
    에 대한 설명이 자세히 나오기 때문에 독도가 한국 영토임을 잘 알고 있었다." 그런데
    도 독도에 대해서 무주지 선점이라고 강변하는 것은 억지에 불과하다. 『竹島問題100問
    100答』에 대한 비판, 2014, 경상북도, 37쪽.

를 근거로 일본은 독도가 국제법적으로 일본의 고유영토라고 주장한다.

둘째, 나카이는 독도를 오키 열도에서 서북쪽으로 85리이며 한국 울릉도의 동남쪽에서는 55리에 위치한 육지에서 멀리 떨어진 섬이라고 표현하였다. 이를 통해 독도를 일본과는 무관한 섬으로 보았다는 것을 알 수 있다. 1911년에 작성한 나카이의 「사업경영개요(事業經營槪要)」는 1905년 일본이 독도 편입을 무리하게 추진할 수밖에 없었던 이유에 대한 중요한 단서를 제공하고 있다. 나카이는 당시 상황을 다음과 같이 설명하였다.

"이 섬이 울릉도에 부속한 조선의 영토라고 생각하여 장차 통감부에 가서 할 바가 있지 않을까 하여 상경해서 여러 가지 획책 중에 당시 수산국장 마키 보쿠신의 주의로 말미암아 반드시 조선령에 속하는 것은 아니지 않을까 하는 의문이 생겨서 그 조사를 위하여 여러 가지로 분주한 끝에 당시 수로국장 기모쓰키 장군에 의뢰한바 이 섬이 전적으로 무소속인 것을 확신하게 되었다"[38]

그렇다면 나카이의 '대하원'에 의한 일본의 독도 편입은 국제법적으로 타당한가?

이에 대한 답변으로 시마네현이 운영하고 있는 '웹죽도문제연구소'의 '죽도문제연구회'가 집필한 『竹島問題100問100答』에는 일본이 "1905년 1월 28일 각의 결정을 통해 독도를 시마네현 소속으로 하고, 같은 해 2월 22일에 '시마네현 고시 40호'에 의해 오키 도사 소관으로 결정했다"[39]고

---

38 https://www.mofa.go.jp/mofaj/area/takeshima/index.html(검색연월일: 2021.3.5)

39 https://www.mofa.go.jp/mofaj/area/takeshima/index.html(검색연월일: 2021.3.5)

밝혔다. 다시 말하면 당시 일본이 독도 영유를 확립했다고 주장하면서 '시마네현 고시 40호'로 영토편입 조치를 한 것이다. 이는 일본이 근대국가로서 독도 영유 의사를 '재확인'한 것이다.[40]

"1618년 돗토리번(鳥取藩) 호키국(伯耆國) 요나고(米子)의 주민 오야·무라카와는 돗토리번의 번주(藩主)를 통하여 막부로부터 울릉도에 대한 도항 면허를 취득하였습니다. 그 이후 양가(兩家)는 교대로 일 년에 한 번 울릉도로 도항하여 전복 채취, 강치 포획, 수목 벌채 등에 종사하였습니다. 양가는 …(생략), 이처럼 일본은 죽도에 대해 일본사람들이 활동했던 유래를 보더라도 역사적으로 주인의 자격이 있었습니다. …(생략), 따라서 1905년의 죽도 편입은 적어도 1905년 당시까지 일본이 죽도를 일본 영토의 일부로 생각하지 않았다는 반증을 보여주는 것은 아닙니다. 또한 일본 영토로 편입한 것 자체가 그 시기에 죽도가 일본 영토가 아니었음을 보여주는 것이라고 할 수 없습니다. 분명 근대국제법은 일본처럼 일정한 시기에 유럽에서 시작된 근대국제법에 따라서 그 규율이 되는 국제사회의 일원이 된 나라에게 영토 영유 의사를 재확인할 것을 반드시 요구한 것은 아니었습니다. 그러나 다른 한편으로 근대국제법은 확립된 역사적 권원을 강화하고 또한 이에 대해 의심의 여지를 없애기 위해 '재확인'이라는 조치를 취하는 것도 금지하지 않았습니다."[41]

---

40 『竹島問題100問100答』WiLL(2016), 46쪽.

41 『竹島問題100問100答』WiLL(2016), 46~47쪽.

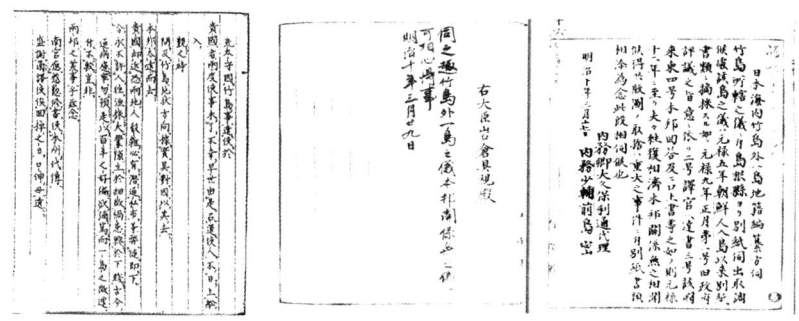

1696년 1월 막부에 의한 울릉도   태정관지령, '울릉도 외 1도' 일본과 무관함을 명심할 것
출어금지 서간(신용하 교수 제공)

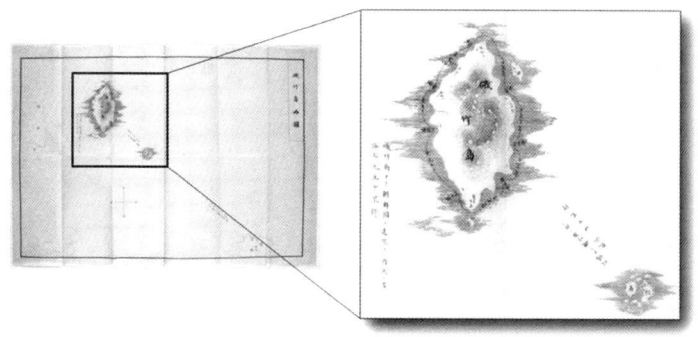

태정관지령 관련 '울릉도 외 1도'를 그린 '기죽도약도'

〈그림 4〉 울릉도·독도가 일본과 무관함을 나타내는 일본공문서

　　이처럼 일본은 독도가 일본의 고유영토가 되는 근거로 오야·무라카
와가의 울릉도 근해에서의 어로 활동에 대한 기록과 이를 근거로 독도를
일본 영토로 '재확인'했다는 것이다. 그러나 일본의 독도에 대한 근대 논
리는 다음과 같은 이유에서 '견강부회'다.

　　첫째, 위에서 언급했듯이 일본이 주장하는 오야·무라카와가의 울릉
도 근해에서의 어업기록을 보면 '죽도근변송도(竹嶋近邊松嶋, 1659.6.21),

죽도지내송도(竹嶋之內松嶋, 1660.9.5), 죽도근소지소도(竹嶋近所之小嶋, 1662.9.8)'에 독도가 울릉도의 부속으로 되어 있다. 둘째, 막부는 1695년 12월부터 1696년 1월에 걸쳐 돗토리번과 협의 과정에서 죽도(울릉도)와 송도(독도)가 돗토리번에 속하는 섬이 아니라는 것을 확인한 다음, 막부로서도 일본령이 아니라는 결론을 내고 1696년 1월에 일본인의 죽도 도해를 금지했다.

셋째, 1877년 메이지 정부의 태정관은 시마네현의 '죽도 외 일건(竹島外 一件)'의 취급에 대한 질문에 대해 정부 차원에서 조사한 뒤, 「'죽도 외일도'는 우리나라와 관계없다(竹島外一島本邦無關係)」라고 결정했다. 그리고 넷째, 일본이 1905년 영토편입을 영유의 '재확인'이라고 하는 주장은 틀린 것이다. 왜냐하면 막부와 메이지 정부는 독도에 대한 영유를 주장한 적이 없고, 역으로 이 두 정부는 1696년과 1877년, 두 번에 걸쳐 독도가 일본령이 아니라고 명확히 밝혔기 때문이다. 한편 영토편입의 각의 결정에는 독도에 대해서 "무주지(無住地)라는 것을 확인하여 영토에 편입했다"고 되어 있다. 그래서 무주지라고 말한 이상 고유영토라고는 말할 수 없다. 문제는 당시 독도는 무주지가 아니었기 때문이다.

V. 맺음말

일본이 한국의 독도영유 주장을 부정하는 논리로는 첫째, '한국의 고문헌과 고지도에는 독도가 있습니까?'와 둘째, '한국은 독도를 불법으로 점거하고 있다.' 그리고 셋째, '독도는 역사적으로, 국제법적으로 일본의 고유영토입니다' 등이다. 그러나 이를 뒤집어보면 첫째, '일본고문헌과 고지도에는 독도가 있습니까?' 둘째, '일본은 한국으로부터 독도를 불법으로 빼앗으려 하고 있습니다.' 셋째, '독도는 역사적으로, 국제법적으로, 그리고 지리적으로 한국의 고유영토입니다'가 된다.

한편 일본의 고문헌에는 독도가 없다. 지금 일본이 부르는 독도 명칭은 1905년 2월 22일 '시마네현 고시 40호' 이전까지는 울릉도를 지칭했기 때문이다. 일본의 독도영유 주장은 한국의 독도를 불법으로 빼앗기 위한 시도이기에 독도는 역사적으로, 국제법적으로 일본의 영토가 아니다. 하지만 일본은 근대 논리에 근거해서 다음과 같이 독도영유를 주장하고 있다. 첫째, "일본은 울릉도로 건너가는 중간 정박지 및 어장으로서 죽도(독도)를 이용하였고 적어도 17세기 중반에는 죽도의 영유를 확립했습니다."[42] 둘째, "시마네현 지사는 각의결정 및 내무대신의 훈령에 근거하여 1905년 2월 죽도가 '다케시마'로 명명되었고, 오키 도사의 소관이 되었다는 취지의 내용을 고지하는 동시에, 오키 도청에도 이 내용을 전달하였습니다. 또한 당시 신문에도 이 내용이 게재되어 널리 일반인에게도 알려지게 되었습니다"[43]로 일관하고 있다. 독도는 울릉도 도항의 바닷길에 위치하여 배의 중간 정박지로서 또는 어장으로서 이용되었던 것이 사실이다. 그러나 그것을 가지고 당장 "죽도의 영유를 확립했다"고 할 수 없는 것은 자명한 일이다. 그리고 '시마네현 고시 40호' 다음 날 산인신문에 게재된 독도 관련 신문내용 및 보도 규모를 보면 이는 누구도 알아 볼 수 없을 정도의 조그마한 지면을 할애했으며 더 나아가서 이는 지방지에 불과했다. 그러나 일본은 이를 근거로 독도가 한국 영토임을 부정하며 다음과

---

42 https://www.mofa.go.jp/mofaj/area/takeshima/index.html(검색연월일: 2021.3.10)

43 https://www.mofa.go.jp/mofaj/area/takeshima/index.html(검색연월일: 2021.3.10)

같이 주장하고 있다. 그리고 셋째, "국제법상 어떤 섬이 자국 영토와 거리
적으로 가깝다는 점이 그 섬의 영유와 관계가 있습니까?"라는 질문에 스
스로 답하면서 영토 관련 국제재판 판례를 예로 들며 한국의 독도영유 주
장을 부정하고 있다.

> "한국 측은 울릉도와 다케시마가 지리적으로 가깝다는 이유로 '다
> 케시마는 지리적으로 울릉도의 일부'라고 주장하고 있으나 국제법
> 상 지리적으로 가깝다는 이유만으로 영유가 인정되는 것은 아닙
> 니다. 이것은 국제 판례에서도 나타나고 있습니다. 오래된 예를 들자
> 면 1920년대에 미국과 네덜란드가 다툰 팔마스섬 사건에서 '영역 주
> 권의 근거라고 하는 근접성에 따른 권원은 국제법상 근거가 없다(no
> foundation)'고 판시되었습니다. 또 최근의 예로도 2007년에 온두라
> 스와 니카라과가 다툰 카리브해 영토·해양 분쟁 사건의 판결에서 국
> 제사법재판소(International Court of Justices)는 분쟁 당사국들이 주장
> 한 지리적 근접성을 영유의 근거로 인정하지 않았습니다. 그 외에도
> 2002년에 인도네시아와 말레이시아가 다툰 '리기탄 섬·시파단 섬'
> 사건에서는 귀속이 정해져 있는 섬에서 40해리 떨어져 있는 두 섬을
> 부속도서라고 하는 주장들이 기각되었습니다."[44]

이처럼 일본이 독도를 이야기할 때 국제법 판례를 드는 이유는 근대
국제법에 의해서 독도가 합법적으로 일본 영토가 되었다는 것을 강조하
기 위해서다. 다시 말해서 일본은 독도가 무주지 선점에 의한 일본의 고

---

44 https://www.mofa.go.jp/mofaj/area/takeshima/index.html(검색연월일: 2021.3.17)

유영토인데 지금 한국이 불법으로 점거하였기에 이 문제를 해결하고자 ICJ에 제소하려 했으나 한국이 이를 거부하고 있다는 것이다. 그러나 위의 판례들은 일본이 독도영유를 주장하는 과정에서 강조하는 근대 논리에 의한 영유 심판과는 거리가 먼 판례들이다. 또한 일본은 독도영유 주장에 있어서 근대 논리를 강화하기 위한 수단으로 한국에는 오늘날의 독도를 지칭하는 문헌이 존재하지 않는다고 홍보하고 있다. 그러나 이 글 서론에서 가와카미·타무라의 선행연구에서 언급했듯이 국제법적 의미에서 '맨눈으로 보인다'는 것은 특별한 의미를 갖는다 할 수 있다. 특히 '발견(discovery)'과 지리 접근성(geographical contiguity)인데, 이들은 영토 권원으로 완전하게 인정받기가 어렵다. 하지만 울릉도에서 독도가 보이는 것은 다르다. 일본에서도 얘기하듯이 독도는 한때 무인고도의 절해(無人孤島의 絶海)였지만 울릉도에서는 사람들에 의해 아주 오래전부터 일상으로 보이는 섬이었다.[45] 그래서 울릉도 사람들은 독도는 울릉도의 부속 섬으로 보았던 것이다.

독도가 울릉도의 부속 섬이라는 것은 오야·무라카와가의 어업문서도 인정하고 있다. 이는 옛날 일본인들도 독도를 울릉도의 부속 섬으로 여겼음을 보여준다. 그뿐만 아니라 독도가 국제법적으로도 일본과 무관하다는 것에 대해 미국 하와이대학의 반 다이크(Van Dyke) 교수는 논문에서 "맑은 가을날 울릉도에서 독도가 보인다는 사실은 울릉도와 독도의 연결을 더욱 강화시키며, 이 두 섬이 역사적으로 한국의 주권에 놓여 있었다는 것을 간접적으로 입증해 준다"고 했다.[46] 한편 1905년 당시 일본은 독

---

45 홍성근 외, 2011, 「독도! 울릉도에서는 보인다」, 동북아역사재단. 18쪽.

46 동북아역사재단 뉴스레터(2011년 4월호).

도 영토편입에 대해 관보에서 공시하지 않고, 시마네현에 훈령을 내려 관내(管內)에서 공시를 지시한 것으로 보아, 시마네현은 2월 22일에 오키 도사의 소관으로 된 것을 고시하고, 『시마네현보(島根県報)』에서 발표했다. 그리고 그 지역의 산인신문(山陰新聞)[47]은 2월 24일 자에서 '오키의 새로운 섬'이라는 제목을 달고 보도했다. 이 조치는 확실히 비밀리에 진행되었다고 할 수는 없지만, 국제법에 비추어 '유효하게 실시되었다'고 하기에는 거리가 먼 공시였다고 말하지 않을 수 없다. 그래서 일본의 독도에 대한 근대 논리는 허구가 되는 것이다.

---

47 1882년 설립. 松陽신문과 합병(1942년)을 거쳐 시마네신문(島根新聞)에서 산인신보(山陰新報)로의 명칭 변경을 거쳐 現 산인중앙신보(山陰中央新報). http://www.sanin-chuo.co.jp/

참고문헌

곽진오, 2020, 「일본중학교 교과서 검정과 독도: 일본국회 의사록 분석을 중심으로」, 『한림 일본학』 제36집, 한림대학교 일본학연구소, 6쪽. DOI: https://doi.org/10.10.18238/ HALLYM.36.1

_____, 2020, 「독도 영유권과 장한상의 수토활동에 관한 연구」, 『일본학보』 제117집, 한국일본학회, 126~127쪽. DOI: https://doi.org/10.15532/kaja.2018.11.117.125

홍성근 외, 2011, 『독도! 울릉도에서는 보인다』, 동북아역사재단, 18쪽.

齋藤豊仙, 1677, 『은주시청사기(隱州視廳舍記)』

内藤正中, 2008, 『竹島=獨島問題入門』-日本外務省「竹島」批判, 新幹社. 30쪽.

内藤正中・朴炳渉, 2007, 『竹島=獨島論爭: 歷史資料から考える』, 新幹社. 66쪽.

金柄烈 著・韓 誠 譯, 2006, 『明治 三十八年 竹島編入小史』, インタ-出版. 189쪽.

奧原碧雲, 1907, 『竹島及鬱陵島』, 報光社. 11~13쪽.

_____, 1907, 『竹島及鬱陵島』, ハベスト出版(2005 復刻版). 65쪽.

송휘영, 2018.9, 「독도에 대한 일본의 '고유영토론'과 독도인식」, 『동양정치사상연구』 17, 동양정치사상학회, 170쪽.

이케우치 사토시, 2009, 「일본 에도시대의 다케시마-마츠시마 인식」, 『독도연구』 6, 영남대학교 독도연구소, 199~221쪽.

池内敏, 2012, 『竹島問題とは何か』, 名古屋大学出版会,

_____, 2011, 「竹島 / 独島と石島の比定問題・ノート」, 『HERSETEC』 4-2, 1~9쪽.

동북아역사재단 뉴스레터(2011년 4월호).

일본외무성홈페이지. (http://www.mofa.go.jp/mofaj/)

산인중앙신보(山陰中央新報). http://www.sanin-chuo.co.jp

駐韓日本大使館. http://www.japanem.or.kr

https://terms.naver.com/entry.nhn?docId=2407671&cid=51704&categoryId=51711

『竹島問題100問100答』에 대한 비판, 2014, 경상북도. 37쪽.

『竹島問題100問100答』 WiLL, 2013. 46~47쪽.

『竹島問題に関する調査研究報告書』(竹島問題研究會, 2007).

『竹島問題に関する 調査研究 最終報告書』(竹島問題研究會, 2012).

『竹島問題に関する 調査研究 最終報告書』(竹島問題研究會, 2014).

https://www.kr.emb-japan.go.jp/territory/takeshima/g_ryoyu.html

찾아보기

1492년 79

ㄱ

가르시아 칸클리니(García Canclini) 85

가와카미 겐조(川上健三) 293

가토 히로유키(加藤弘之) 166, 178, 186

강원도 295, 311, 314

강치 312, 313, 316

개발도상국의 민주주의, 라틴아메리카 86

경제성장 이데올로기 278

고려사 294

고유영토론 294, 314

공모된 침묵 268

광서제(光緒帝) 230

구조적 차별 285, 286

국제사법재판소 78, 96~100

국제헌법재판소 82

군사기지 256, 260

군신대의(君臣大義) 220, 221, 223, 230,

244, 248

궁즈쩐(龔自珍) 226

권(權) 177

권상연 115, 125~129, 135

권이(權理) 177

그라몽((Jean-Joseph de Grammont) 113

근대 15, 17, 35, 83, 86, 160, 227, 235,
256, 259, 291, 297, 312, 313, 317,
319~322

근대국가 85, 267, 286, 316, 15

근대화 83, 85~87

기모쓰키 가네유키(肝付兼行) 313, 315

기지의 섬 272

ㄴ

나가쿠보 세키스이(長久保赤水) 301

나이토 세이추(內藤正中) 292

나카이 요자부로(中井養三郎) 312

남인 109, 115~117, 123~125, 127, 129,

130, 132, 133, 136, 137, 141, 143

노상추 130, 132

ㄷ

다무라 세이자부로(田村淸三郞) 293, 294, 296

대마도(對馬島) 300

대민족주의 226, 230, 233, 236, 249

대의(大義) 219, 220, 244

대의각미록(大義覺迷錄) 219, 221, 222, 224, 227~231, 233~246, 248~250

대일통(大一統) 223, 226, 242, 245, 246, 249

대중국(大中國) 243

대중화(大中華) 243, 246

대하원(貸下願) 312~315

댓섬 295

데이비드슨(John N. Davidson) 174

도해금지령 307

독도 가시일수 296

독도(獨島) 78, 291, 293~298, 301, 303, 306, 307, 312~319

돗토리번(鳥取藩) 303, 304, 307, 308, 310, 316, 318

동국대전도(東國大全圖) 299

동국문헌비고 298

동국여지승람 294

동래부(東萊府) 309, 310

디킨스(Frederick V. Dikens) 171, 172, 180

ㄹ

량치차오 234, 235, 237, 238

로렌스(W. B. Lawrence) 179

로버트슨(Russell Robertson) 161, 162, 165, 167, 170

로잔 조약 64

로크 17, 23

뤼류량(呂留良) 223, 237~239, 244

류샤오둥(劉曉東) 242

류큐처분(琉球處分) 256

리마 조약(Tratado de Lima) 95

리앙코섬 312

리즈팅(李治亭) 244, 245

ㅁ

마리아 루스호 149, 151, 153~177, 179~182, 185~187, 189~191

마키 나오마사(牧朴眞) 313

마틴(William A. Martin, 丁韙良) 178, 181

막부 179, 306~310, 316, 318

만국공법(萬國公法) 167, 173, 174, 178~179, 181~183, 185, 190

만주족 221~228, 230, 233~236, 239, 241~244, 248~250

멍썬(孟森) 238

메도루마 슌(目取眞俊) 257, 271, 286

메디슨(James Madison) 18, 19

메흐메드 2세 48

명·청 교체 220, 221, 223

명분론(名分論) 223,

명예혁명 23, 24, 28, 29, 35

무라카미 조쿠로(村上助九郎) 305

무라카와 이치베(村川市兵衛) 303

무릉(武陵) 294, 295

무부무군(無父無君) 120, 121, 128

무쓰 무네미쓰(陸奧宗光) 160, 187

문천상(文天祥) 247

문화적 모더니즘 83

미군 수용소 281

미군기지 문제 278

미언대의(微言大義) 223, 242, 244

밀(John Stuart Mill) 177

ㅂ

박종악(朴宗岳) 135, 136, 140, 142

박지원 129, 130

반 다이크(Van Dyke) 321

반청복명(反淸復明) 220, 227, 236

버크(E. Burke) 33

번주(藩主) 305, 316

범슬라브주의 45, 54, 60, 62, 73

범터키주의 69, 73

범투르크주의 69, 73

법 19, 38, 39, 82, 165, 167, 186, 190

베를린 조약 60, 61

베스트팔렌 조약 48

벤슨(E. S. Benson) 168, 169

벽위편 114, 135, 139

벽파((僻派) 109, 125, 143, 144

복수론(復讎論) 222

본토 결전 264

볼리비아 78, 88, 90~95, 99, 101, 102

부왕령 79, 80, 87, 90

불법 이민자 102

비스마르크 60

ㅅ

사상통제 225, 226, 237

사석(捨石)작전 264

사업경영개요(事業經營槪要) 315

사학(邪學) 116, 122, 131

상상된 공동체 83, 84

샌프란시스코 평화조약 293, 260

샤오이산(蕭一山) 238

서양사정(西洋事情) 178, 182~184, 190

세종실록 294

세종실록지리지 295, 298, 299

셰퍼드(Charles O. Shepard) 164

소에지마 다네오미(副島種臣) 160

송도(松島) 291, 297, 307, 308, 310, 311, 318

수기(隨記) 135, 136

숙종실록 304

슐레이만대제 48, 49

스마일스(Samuel Smiles) 177

스미스(Peshine Smith) 170

스키너(Quentin Skinner)

시마네현 291~294, 312~316, 318~319,
　322

시파(時派) 109, 123~125

신유사옥 109~112, 141, 142, 144

쓰시마번 308, 310

ㅇ

아델란타도제도(Adelantado) 79

아르메로(Armero) 173, 174

아리스토텔레스 16

아리카(Arica) 93~95, 99

아이언 듀크(Iron Duke) 161, 162

아타카마(Atacama)사막 92, 95, 96

악비(岳飛) 247

안보조약 279

안용복 303~311

안콘(Ancon) 조약 94

알렉산드르스 2세 55, 176

야마자 엔지로(山座圓次郞) 314

에도 304

에르도안(Recep Tayyip Erdoğan) 67, 70

여론(opinion) 21, 33, 110, 111, 141, 188

영국 22, 24~26, 35, 55, 88, 96, 154, 157,
　161~163, 166~168, 177, 179, 190

영토분쟁 77

예 · 창기약정(芸 · 娼妓約定) 157, 186

예카테리나 2세 52, 54, 57, 58

오륜(五倫) 220, 230, 241

오시로 다쓰히로(大城立裕) 257, 260, 264,
　286

오야 진키치(大谷甚吉) 303

오에 다쿠(大江卓) 165

오족공화(五族共和) 226, 227, 236, 237,
　249

오쿠 요시사다(奧義制) 155

오키나와 전투(沖繩戰, Battle of Okinawa)
　259, 260, 264, 266, 271, 285

오키나와(沖繩) 255~272, 274~287

옹정제 219, 224, 226, 229, 230, 238,
　244

와하비운동 50

왓슨(R. G. Watson) 162~165, 169, 170

왕징웨이(汪精衛) 231, 233, 234

우산 294, 295, 298, 299

우산도 293, 296~300, 309~311

운주 301

울릉 294, 296, 299

울릉도 291~297, 299~301, 303,
　305~321

울진현조 295

웨이위안(魏源) 226

웹죽도문제연구소 315

유녀봉공(遊女奉公) 170, 171

유녀해방 187

윤기(尹愭) 127~129, 132

윤지충 115, 120, 125~129, 135

은주시청합기(隱州視聽合記) 301

의리 220, 221, 223, 229~231, 238, 244

이(夷) 223~225, 231

이노우에 가오루(井上馨) 187

이노우에 가즈에노카미(井上主計頭) 314

이슬람주의 49, 50, 56, 63, 68

이승훈((李承薰) 113~116, 126, 127, 130~132

이적(夷狄) 220, 223, 231, 232, 237

이토 히데요시(伊藤秀吉) 188

인권 151~153, 158, 159, 177, 182~184, 186, 189, 191

일국사회주의 63

일본 복귀 260, 269, 271, 278

일본 154~159, 161~166, 168~174, 173, 177, 181, 182, 184~187, 189, 190, 235, 256, 259, 260, 262, 264, 269, 271, 272, 274, 278, 281, 286, 292, 293, 295, 296, 301, 303, 306~310, 312~314, 316, 317, 320

입미(入美) 257

입헌파 226, 236, 237, 244, 249

ㅈ

자산도(子山島) 310, 313

자유무역협정 102

장춘위(莊存與) 226

장한상((張漢相) 295

전략적 요충지 256, 272

전쟁 책임 268, 271, 278

정당 18, 19

정순왕후(貞純王后) 109, 142~144

정조(正祖) 109, 113~117, 120, 122, 124, 126, 130, 134, 138, 140, 141, 144

정파 17, 20, 21, 23, 26

제국주의 240, 250, 264, 272

조선 109, 111, 132, 299, 304

조선팔도지도 311

조화진 139, 140

족군(族群: ethnic group) 220, 221, 250

존왕양이(尊王攘夷) 220, 222, 223, 240, 242, 244

죽도 외 일건(竹島 外 一件) 318

죽도(竹島) 291~295, 301, 307, 308, 311~313, 316, 318, 319

죽도문제연구회(竹島問題研究會) 294, 315

죽서(竹嶼) 295

준비주의 63, 64

중남미 77~80, 82, 83, 85, 87, 102

중외일체(中外一體) 242

중화(中華) 220, 224, 225, 235, 236, 243

중화대의(中華大義) 243, 244

중화민족 221, 222, 244, 246~248, 250

중화민족공동체 (중화민족 대가정론) 246, 248

중화민족주의 221, 246, 249

진방면 296

진숭천(金松岑) 235

집단 자결 259, 265~268

쩡궈판(曾國藩) 226, 227

쩡징(曾靜) 222~224, 237, 238, 242, 244, 245

ㅊ

창기해방 187, 188

창기해방령(娼妓解放令) 157, 158, 186, 188

채제공 116, 117, 121~125, 127, 132, 133, 141

천명(天命) 사상 220, 223

천취빙(陳去病) 235

천황제 259, 264, 271, 276

청 왕조 219, 223, 226, 232, 236, 246, 248, 249

청교도혁명 26

청제손위조서(淸帝遜位詔書) 243

초석 92, 95, 96

최필공(崔必恭) 133, 134, 136, 138, 139, 142

최필공전 133, 134, 136, 142

춘추(春秋) 220, 223, 231, 242, 244

칠레 77, 78, 80, 82, 91~95, 97~99, 101, 102

ㅋ

카를로비츠 조약 56

캉유웨이 228, 230, 231~237

케말(Mustafa Kemal) 51, 63, 64

콘코르디아(Concordia) 97

쿠축 카이나르지 조약 58

쿨리(苦力, coolie) 154, 155, 157~159, 162~166, 170, 171, 175, 176, 180, 185, 186, 189, 190

크롬웰 25, 36, 37

크리올 78, 80~84, 87

크림전쟁 45, 59

ㅌ

타크나(Tacna) 93~95

탄쓰퉁(譚嗣同) 228

탄지마트 50

탈아입구(脫亜入欧) 256

태정관 173, 318

태종실록 298

태평양전쟁 82, 86, 90, 93, 95, 96, 99, 101, 102, 257

토리 22, 23, 26~29, 35

통일다민족국가론 246, 248

ㅍ

파벌 18, 20, 21, 26, 36, 37

파토스(Pathos) 255~259, 264, 269, 270,
    278, 279, 286, 287

팔도총도 299, 300

패전 89, 257, 278

퍼비스(ホルウキス) 160

페루 77~80, 82, 87~97, 101, 102

평화의 섬 258, 268, 271, 286

표트르 대제 43, 53, 54, 56, 72

ㅎ

하나부사 요시모토(花房義質) 169~171

하원 22, 24, 25, 36

한국 37, 39, 296, 298~300, 303, 306,
    310, 313, 315, 319, 320

한넨(Nicholas J. Hannen) 170, 172

한둥위(韓東育) 242

허샤오팡(何曉芳) 240, 241

헌법 제9조 271

헌정 33, 38

헤노코(辺野古) 279, 280, 282, 284, 285

혁명사관 237~239, 249

혁명파 227, 229, 230, 235, 236, 238,
    244, 249

홈즈(O. W. Holmes) 33, 39

홉스(Thomas Hobbes) 15, 22, 23

홍낙안(洪樂安) 115~117, 119~121,
    123~127, 129, 132, 141

홍양호 133, 134, 136

화(華) 223, 224, 232, 233, 242

화이일가(華夷一家) 220~222, 226, 230,
    235~237, 239~243, 245~250

화이일통(華夷一統) 220, 221, 226, 233,
    235, 236, 239, 242

화이지변(華夷之辨) 220, 222, 225, 227,
    236, 240, 241, 245, 248, 249

화해 43, 45, 46, 47, 72, 73, 74, 77, 79,
    222, 250, 257, 258, 275, 279, 285,
    287

황제교황주의 53

후쿠자와 유키치(福沢諭吉) 183~185

후텐마(普天間) 기지 282, 285

후한민(胡漢民) 229, 230, 283

휘그 23, 26~29, 35, 37, 38

휘튼(Henry Wheaton) 179, 181

흄 17~29, 31~39

히카르도 에레이라(リカルド・ヘレーロ)
    160

힐(George Walles Hill) 167

동북아역사재단 연구총서 107

역사화해의 이정표 Ⅲ
－역사적 콘텍스트와 근대성을 중심으로

초판 1쇄 인쇄 2022년 12월 10일
초판 1쇄 발행 2022년 12월 20일

지은이 이병택, 이동수, 민원정, 소진형, 송경호, 이동욱, 신현선, 곽진오
펴낸이 이영호
펴낸곳 동북아역사재단

등록 제312-2004-050호(2004년 10월 18일)
주소 서울시 서대문구 통일로 81 NH농협생명빌딩
전화 02-2012-6065
팩스 02-2012-6186
홈페이지 www.nahf.or.kr
제작·인쇄 니케북스

ISBN   978-89-6187-756-5 94910
         978-89-6187-533-2 (세트)